Seyran Ateş
Selam, Frau Imamin

Seyran Ateş

SELAM, FRAU IMAMIN

Wie ich in Berlin eine liberale Moschee gründete

Ullstein

Ullstein ist ein Verlag der Ullstein Buchverlage GmbH

ISBN 978-3-550-08155-2

Lektorat: Claudia Schlottmann
Gesetzt aus der Quadraat Pro
Satz: Pinkuin Satz und Datentechnik, Berlin
Druck und Bindearbeiten: GGP Media GmbH, Pößneck
Printed in Germany

Für Zoe

Für die künftigen Generationen, denen wir hoffentlich
Mut machen können, keine Angst vor Veränderungen
und Fortschritt zu haben

Für Frieden zwischen den Religionen

INHALT

EINLEITUNG

EINE MOSCHEE DER LIEBE
UND DER VIELFALT

Ich bin gläubige Muslimin, dennoch gab es bisher keine Moschee, in der ich meinen Glauben frei und selbstbestimmt praktizieren konnte. Der konservative Islam der allermeisten deutschen Moscheegemeinden ist mit meinen religiösen Überzeugungen nicht vereinbar. Mir geht es beim Moscheebesuch um die gemeinsame Begegnung aller Gläubigen mit Gott, durch die vorherrschende Geschlechtertrennung fühle ich mich aber als Frau, zumal als nicht Kopftuch tragende Frau, diskriminiert. Meine Spiritualität kann sich nicht entfalten, wenn ich – wie es vielerorts der Fall ist – mit meinen Geschlechtsgenossinnen in einen separaten, lieblosen Raum verbannt werde. Zudem stellen traditionelle Imame oft nicht die Liebe zu Gott und den Menschen in den Vordergrund, sondern betonen immerfort das Trennende: zwischen den Geschlechtern, zwischen den einzelnen Strömungen des Islam, zwischen »uns« Muslimen und den anderen, den vermeintlich Ungläubigen.

Lange Zeit habe ich nur davon geträumt, dass sich friedliebende, liberale Muslime zusammenfinden, um einen Islam zu leben, der eine gleichberechtigte Teilhabe aller an den Gebeten und der Gemeinschaft der Gläubigen möglich macht, unabhängig von Geschlecht oder Glaubensrichtung. Ich habe darauf gewartet, dass solch eine Moschee eröffnet wird, von Menschen, die sozusagen koranfester sind als ich. Irgendwann fühlte es sich an wie das Warten auf Godot. Schließlich beschloss ich, meine Vision selbst zu realisieren, anstatt darauf zu hoffen, dass andere es für mich tun würden.

Unsere neugegründete Moschee soll ein solcher Ort sein: eine spirituelle Heimat nicht nur, aber vor allem für Frauen und Männer, die sich in traditionellen Moscheen nicht wohl fühlen und die sich nicht vorschreiben lassen wollen, wie sie ihre Religion zu leben haben. Wir Gründerinnen und Gründer der Ibn-Rushd-Goethe-Moschee wollen den Islam von innen heraus reformieren und mit einer zeitgemäßen Auslegung des Koran Toleranz, Gewaltfreiheit und Geschlechtergerechtigkeit in den Vordergrund unserer Religionsausübung stellen. Da manche Muslime Probleme mit dem Wort Reform haben, wenn es um ihre Religion geht, können wir auch gerne von der Notwendigkeit einer Erneuerung sprechen, wie es kürzlich sogar der Sprecher der renommierten Al-Azhar-Universität in Kairo tat.

Besonders in der jetzigen Zeit mit ihren zunehmenden Polarisierungen und Konflikten wünsche ich mir nicht nur, dass Muslime friedlich zusammenleben, sondern dass wir alle das tun: Angehörige aller Konfessionen ebenso wie Atheisten. Und zwar überall auf der Welt. Unsere Moschee soll einen kleinen, bescheidenen, aber hoffentlich spürbaren Beitrag dazu leisten.

Bis dieses Ziel erreicht sein wird, ist es noch ein weiter Weg, dessen sind wir uns bewusst, dennoch wollten wir endlich den ersten Schritt tun, ohne den es keine Veränderung geben kann.

ISLAM GLEICH GEWALT?

Seit dem 11. September 2001 fällt es immer schwerer, Menschen im Westen davon zu überzeugen, dass nicht alle oder zumindest nicht die meisten Muslime Terroristen sind. Obwohl das eigentlich auf der Hand liegen sollte, bei geschätzten 1,57 Milliarden Muslimen weltweit. Angesichts der grausamen islamistischen Anschläge mit zahllosen unschuldigen Opfern scheint es nahezu unmöglich, eine Lanze für den friedlichen Islam zu brechen. Trotzdem will ich zumindest den Versuch unternehmen, es zu tun. Denn ich glaube an den liebenden, barmherzigen Allah und an das positive Vorbild Mohammeds für alle Muslime. Meine Religion besteht nicht nur aus Gewalt und Angst, davon bin ich fest überzeugt. Ich selbst gehöre zu den vielen friedlichen Muslimen, von deren Existenz man immer wieder hört, die aber kaum jemand zu kennen scheint.

Die Furcht vor dem Islam und die Ablehnung seiner Gebräuche nehmen bisweilen skurrile Formen an. Sogar gute Wünsche zu einem muslimischen Feiertag können in diesen Zeiten Gemüter erhitzen. So geschehen im Jahr 2016, als ich mit einem harmlosen Facebook-Post zur Regaib-Nacht (türk. Regaib Kandil) Empörung erntete. Diese Nacht bildet den Beginn der gesegneten drei Monate und fällt traditionell auf den ersten Freitag im

Monat Radschab, dem siebten Monat des muslimischen Kalenders. Gebete, die in dieser Nacht gesprochen werden, gelten als besonders verdienstvoll und segensreich, und es heißt, die Wahrscheinlichkeit, dass sie erhört werden, sei um ein Vielfaches höher als an normalen Tagen. Manche meinen sogar, dass Gebete in dieser Nacht auf jeden Fall erhört werden. Einige Wochen darauf folgt zunächst die Miradsch-Nacht (türk. Miraç), in der an die Himmelfahrt des Propheten erinnert wird, dann die Berat-Nacht – die Nacht der Vergebung –, bis schließlich zwei Monate nach Regaib Kandil der Fastenmonat Ramadan beginnt. Diese drei Nächte dienen der Vorbereitung auf den Ramadan. Gläubige Muslime fasten an diesen Tagen, beten und lesen im Koran, allein oder in Gemeinschaft. Sie suchen Allahs Barmherzigkeit und unternehmen alles, um sich ihm nahe zu fühlen.

Als aktive Facebook-Nutzerin hatte ich, genau wie ich es zu Weihnachten und Ostern sowie zum jüdischen Chanukkafest tue, öffentlich gepostet und allen meinen Freundinnen und Freunden frohe Regaib Kandil gewünscht. Nach dem Vorbild Margot Käßmanns schloss ich in die guten Wünsche auch meine Feinde mit ein. Die ehemalige EKD-Ratspräsidentin hatte nach den blutigen Anschlägen von Brüssel im März 2016 dazu aufgerufen, dem Terror nicht mit Hass und Gewalt, sondern mit Gebeten und Liebe zu begegnen. Sie berief sich dabei auf Jesu Worte: »Liebt eure Feinde; tut wohl denen, die euch hassen.« Diese Haltung ist angesichts der Brutalität solcher Terrorakte für viele Menschen schwer nachvollziehbar. Wie auch eine Reaktion auf meinen Post zu dem muslimischen religiösen Ereignis deutlich machte. Ein »Freund« schickte mir auf Facebook wütend eine Aufstellung, wie viele Menschen 2014 und 2015 von Islamisten getötet worden waren. Dem stellte er eine Liste mit Opfern christlicher Terroristen gegenüber, deren Zahl deutlich geringer ausfiel als die der Opfer von fanatischen Muslimen.

In meinem Jurastudium habe ich gelernt, dass man Leben nicht gegeneinander aufrechnen darf. Meine Moral und meine Ethik verbieten mir das ohnehin. Ich weigere mich, von Terroristen getötete Menschen in Zahlenkolonnen einander gegenüberzustellen. Nicht um den islamistischen Terror zu verharmlosen, sondern um mich nicht auf dieselbe Stufe zu stellen und zwischen vermeintlich wertvollem und vermeintlich unwertem Leben zu unterscheiden. Beziehungsweise überhaupt Menschen nach ihrer Religion oder Herkunft zu sortieren.

Die islamistischen Attentate schaden meiner Ansicht nach ohnehin vor allem dem Islam selbst. Wir müssen unsere Religion vor diesen Fanatikern retten! Dazu gehört, dass wir modernen, liberalen Muslime uns mit noch größerer Leidenschaft als bisher bemühen sollten, dem zeitgemäßen Islam ein Gesicht zu geben. Wir sollten uns um Reformen, um Erneuerungen bemühen, und ein wichtiger Ansatzpunkt dafür ist, dass wir über die Zeitgebundenheit unserer heiligen Schriften aufklären. Genau wie die Bibel kann man den Koran nicht in allen Punkten wörtlich nehmen.

Nun gibt es aber Menschen, die der Ansicht sind, der Islam sei nicht reformierbar. Das verkünden die konservativen muslimischen Verbände in Deutschland, aber auch viele Islamkritiker, beide Seiten mit der Begründung, der Koran sei das Wort Gottes, und das könne man nicht verändern. Islamhasser argumentieren sogar, der sogenannte Islamische Staat tue genau das, was Mohammed auch tun würde, nämlich die Ungläubigen bekämpfen und die gesamte Welt islamisieren. Die Terroristen legitimierten ihr Tun schließlich mit Zitaten aus dem Koran und den Hadithen, den Überlieferungen der Aussprüche und Taten Mohammeds und seiner Zeitgenossen. Ja, das stimmt, das machen die Islamisten. Insofern ist die oft gehörte Entschuldigung »Das hat alles nichts mit dem Islam zu tun« falsch. Natürlich hat es etwas mit dem Islam zu tun, wenn Muslime aus vermeintlich religiösen Gründen Bluttaten begehen und die ganze Welt missionieren wollen. Es trifft aber selbstverständlich nicht zu, dass diese mörderischen Taten mit dem Glauben an die allumfassende Barmherzigkeit Allahs vereinbar sind, den die große Mehrheit der Muslime praktiziert. Nirgendwo steht geschrieben, dass wir Muslime aufgerufen sind, uns zu jeder Zeit zu bewaffnen und Ungläubige zu töten oder zum Islam zu bekehren. Im Gegenteil, die Islamisten ignorieren vollkommen, dass Gläubige keinen Zwang ausüben sollen, wie es zu Beginn von Sure 2, Vers 256 heißt: »In der Religion gibt es keinen Zwang (d. h. man kann niemanden zum (rechten) Glauben zwingen).« (Paret)[1] Die meisten Muslime kennen diesen Vers und leben friedlich danach.

Wenn wir liberalen, weltoffenen Muslime dem sogenannten Islamischen Staat, al-Qaida, den Taliban, Boko Haram, der Hamas und wie sie alle heißen nichts entgegensetzen, wenn wir ihnen unsere Religion überlassen, dann dürfen wir uns nicht wundern, wenn sie

---

1 Der in Klammern gesetzte Name hinter Zitaten aus dem Koran bezieht sich auf die jeweils verwendete Übersetzung (genaue Angaben siehe Literaturverzeichnis).

immer weiter Hass und Gewalt säen. Dasselbe gilt für unsere Haltung gegenüber fundamentalistischen, konservativ-islamischen Staaten wie Iran, Katar, Saudi-Arabien und inzwischen teilweise sogar der Türkei. Auch diesen unterdrückerischen Regimen müssen wir Einhalt gebieten oder es im Rahmen unserer Möglichkeiten zumindest versuchen. Denn Menschen sind nicht nur für das verantwortlich, was sie tun, sondern auch für das, was sie unterlassen. Der Begriff »unterlassene Hilfeleistung« ist zwar eine juristische Kategorie und hier sicher nur im übertragenen Sinne anwendbar. Er macht jedoch deutlich, dass sich jeder Muslim und jede Muslimin die folgende Frage gefallen lassen muss: Was tust du dagegen, dass deine Religion derart missbraucht und diskreditiert wird?

Ein erster Schritt gegen die verbreitete Ohnmacht im Angesicht dieser historischen Herausforderung könnte sein, dass wir uns auf die friedlichen Grundlagen unserer Religion besinnen und einen Islam praktizieren, der sich gegenüber jedem Leben demütig zeigt. Allein und in der Gemeinschaft von Gleichgesinnten, so wie es all diejenigen tun, die die Ibn-Rushd-Goethe-Moschee mit mir gegründet haben.

Den Terroristen mit Liebe zu begegnen, so wie Margot Käßmann es zumindest auf spiritueller Ebene gefordert hat, ist eine Art des Umgangs mit Feinden, die dem Islam nicht fremd ist. Auch wenn das Thema Nächstenliebe bei Mohammed nicht so offensichtlich im Vordergrund stand wie bei Jesus, gibt es im Koran durchaus Stellen, die sich mit dem Gebot der Feindesliebe im Christentum vergleichen lassen. So heißt es in Sure 41, Vers 34–35:

»Nicht gleich sind die gute und die schlechte Tat. Wehre ab mit einer Tat, die besser ist, da wird der, zwischen dem und dir eine Feindschaft besteht, so, als wäre er ein warmherziger Freund. Aber dies wird nur denen verliehen, die geduldig sind, ja, es wird nur dem verliehen, der ein gewaltiges Glück hat.« (Khoury)

Und mein Vater pflegte zu sagen: »Wenn jemand schlecht zu dir ist und dir Böses tut, dann beschäme ihn mit deiner Güte, tue etwas Gutes für diesen Menschen. Bleibe gut, was auch immer geschieht.« Ich wusste oder spürte vielmehr, dass es einen religiösen Hintergrund hatte, wenn er so etwas sagte und mehrheitlich danach handelte. Wie die allermeisten Muslime war er aber nicht koranfest und konnte mir seine Überzeugungen nicht im Detail mit Belegen aus den Schriften erklären. Er sagte meist nur: »Das entspricht unserer Religion und unserem Glauben.«

Die Liebe zu Gott und meinen Mitmenschen steht auch für mich im Zentrum unserer Religion und gibt mir unendlich viel Kraft. Gleichwohl bin ich der Ansicht, dass diese selbstlose Form der Nächstenliebe dort Grenzen haben muss, wo wir es mit Terror zu tun haben, sei er politisch oder religiös motiviert. Als Muslimin kann ich den bewaffneten Widerstand gegen den IS gut verstehen, obwohl ich eigentlich Pazifistin bin. Leider ist es wohl unvermeidlich, Krieg gegen Terroristen zu führen, die so viele unschuldige Menschen mit in den Tod reißen. Noch dazu mit der wahnwitzigen Vorstellung, dass zumindest die Männer dafür von Allah mit 72 Jungfrauen belohnt werden. Jungfrauen, die sich immer wieder erneuern und weder menstruieren noch schwanger werden können. Was sagen eigentlich aufgeklärte Gläubige dazu, wenn

Fanatiker jungen Menschen solch abstruse Männerphantasien derart glaubhaft vermitteln, dass die sich einen Sprengstoffgürtel umbinden und sich in einer Menge angeblich Ungläubiger in die Luft sprengen? Natürlich lehnen alle Menschen in meiner näheren Umgebung diese Form der Glaubensvermittlung ab. Dennoch erlebe ich erschreckend oft, dass sogar aufgeklärte Männer den Gedanken reizvoll finden, eventuell könnten wirklich 72 Jungfrauen im Paradies auf sie warten, wenn sie auf Erden gute Muslime waren.

KONSERVATIVE MOSCHEEN
POLARISIEREN

Die Biographien nahezu aller islamistischen Selbstmordattentäter stimmen insofern überein, als ihre Radikalisierung in Moscheegemeinden und sozialen Medien
stattgefunden hat. In Berlin konnte man das zuletzt am
Fall von Anis Amri sehen, der kurz vor Weihnachten 2016
mit einem LKW auf den Weihnachtsmarkt an der Gedächtniskirche fuhr, 12 Menschen tötete und Dutzende
teils schwer verletzte. Vor der Tat hielt er sich regelmäßig
in einer Moschee in Berlin-Moabit auf, die glücklicherweise inzwischen geschlossen wurde.

Obwohl seit vielen Jahren bekannt ist, wie junge Männer zu Attentätern werden, fehlt es an Gegenprogram-
men. Warum überfluten friedliche Muslime die sozialen
Medien nicht mit Videos über den barmherzigen Islam?
Warum arbeiten deutsche Moscheegemeinden nicht
Hand in Hand mit Schulen gegen die Radikalisierung
junger Menschen? Warum rufen nicht viel mehr Moscheevereine soziale Projekte für Jugendliche ins Leben,
denen es an Orientierung mangelt?

Hier fehlt nicht nur eine Gegensteuerung, viele Moscheegemeinden verschärfen das Problem sogar noch,
indem sie einen rückwärtsgewandten Islam vermitteln.
Sie erstellen Gutachten, um muslimische Schülerinnen

vom Biologie- und Schwimmunterricht zu befreien oder von der Teilnahme an Klassenfahrten zu entbinden. Sie unterstützen nachdrücklich das Kopftuch bei jungen Mädchen, fordern muslimische Gebetsräume in Schulen und predigen, man solle seine Kinder nicht zu Geburtstagen oder anderen Feierlichkeiten bei christlichen Familien gehen lassen. Unabhängig von den vielerorts üblichen Hasspredigten gegen die Mehrheitsgesellschaft hat eine große Zahl der in Deutschland aktiven Imame ein gelinde gesagt gestörtes Verhältnis zur Demokratie, zur Gleichberechtigung der Geschlechter, zu Homosexualität.

Aus der Schweiz kam im Frühjahr 2016 die Nachricht, ein Schulleiter habe zwei 14 und 15 Jahre alten Jungen zugestanden, dass sie ihrer Lehrerin zur Begrüßung und zum Abschied die Hand nicht mehr geben müssten, so wie es an der Schule eigentlich üblich war. Die Familie hatte argumentiert, der Islam verbiete den Jungen Körperkontakt zu weiblichen Personen außerhalb der Familie. Der Vater der Kinder war Imam an einer Moschee im selben Ort und lebte bereits seit fünfzehn Jahren in der Schweiz. Später wurde berichtet, einer der Söhne habe auf Facebook IS-freundliche Posts veröffentlicht. Die zuständige Schulbehörde entschied dann zwar, dass die Schüler unter Androhung einer Geldstrafe von umgerechnet bis zu 4500 Euro der Lehrerin die Hand geben müssen, weil das zur schweizerischen Kultur gehöre, dennoch zeigt der Fall, dass aufgrund von Verunsicherung oder falsch verstandener Toleranz zunächst oft nachgegeben wird, wenn Eltern sagen: »Das verlangt unsere Religion.« Der Fall wurde meines Erachtens auch deshalb am Ende so entschieden, weil die Öffentlichkeit inzwischen viel mehr Druck macht, wenn es gilt, falscher Rücksicht Grenzen zu setzen. Ohne das große mediale Echo wäre die Entscheidung auf Schulebene ganz sicher unangetastet geblieben. Das zeigt jedenfalls die Erfahrung der letzten Jahrzehnte bei vergleichbaren Fällen. Schulleiter und Lehrer weichen Auseinandersetzungen oft aus, wenn es beispielsweise um die Teilnahme von muslimischen Mädchen an Klassenfahrten geht. Man hängt die Dinge lieber nicht an die große Glocke, aus Angst vor Auseinandersetzungen mit den Eltern oder kritischer Berichterstattung in den Medien.

Wichtig ist die Entscheidung dieser Schweizer Schulbehörde insbesondere deshalb, weil hier unmissverständlich klargestellt wurde, dass das öffentliche Interesse an der Gleichstellung von Mann und Frau sowie der Integration von Ausländern deutlich schwerer wiegt als die Glaubensfreiheit. Mit dieser Einschätzung sollte sich meiner Ansicht nach unser Bundesverfassungsgericht genauer beschäftigen. Bisher haben deutsche Gerichte bei ähnlichen Grundrechtskollisionen nämlich mehrheitlich entschieden, dass die Glaubensfreiheit überwiegt.

Vor einigen Jahren gab es noch keine Berichte über die Gräueltaten des sogenannten Islamischen Staats. Damals hätte man die Entscheidung des Schweizer Schulleiters noch als Zeichen von Naivität deuten können. Heute, in Zeiten des Terrors, kann man sich in so einem Fall nur an den Kopf fassen und sagen, da hat der Westen seine eigene Verfassung nicht begriffen. Wir dürfen den Feinden der Freiheit keine Sonderrechte einräumen, damit sie unsere Freiheit beschneiden können!

In der Regel haben wir es hier nämlich nicht mit armen, unschuldigen Muslimen zu tun, die nur friedlich ihre Religion ausüben wollen. Nein, solche Leute sprechen oft ganz direkt die Sprache derer, die an den terroristischen Dschihad glauben und unsere freie Welt – also die Welt all jener Menschen, die an die Freiheit glauben und sich für sie einsetzen – von innen heraus zerstören wollen. Wer sie hofiert und unterstützt, muss sich nicht wundern, wenn sich der radikale Islamismus immer weiter ausbreitet.

In der dänischen Hafenstadt Aarhus recherchierte im Frühjahr 2016 eine Journalistin über Monate verdeckt in der Grimhojvej-Moschee und wurde Zeugin, wie der Imam offen zu Steinigungen bei Ehebruch aufrief, zu Auspeitschungen, Mord an Abtrünnigen sowie Gewalt an Kindern. Das ist nicht die erste Moschee in der EU, über die wir solche Dinge hören. Dennoch gab es meines Wissens bis Ende 2016 keine einzige staatlich angeordnete Moscheeschließung. Die von dem Attentäter Anis Amri besuchte Fussilet-Moschee kam der wegen islamistischer Umtriebe geplanten Schließung durch die Stadt Berlin im Februar 2017 zuvor und verließ die Räumlichkeiten von sich aus. Kurz darauf setzte der Berliner Innensenator das Verbot des Betreibervereins Fussilet 33 durch. Ob die Behörden bei den anschließenden Razzien genug belastendes Material fanden, um juristisch gegen den Verein vorgehen zu können, ist allerdings zu bezweifeln.

Es könnte sein, dass wegen der Umstände des Anschlags von Berlin nun endlich radikale Moscheen behördlicherseits geschlossen werden. Die Fussilet-Moschee soll bereits seit 2015 unter Beobachtung gestanden haben. Gegen mehrere weitere Moscheevereine soll es Ermittlungen geben.

Im Fall der Moschee im dänischen Aarhus konnten die Hassprediger nach einem kurzen Aufschrei in der gesamten europäischen Presse weiter Hass predigen. Vielleicht fehlte den Behörden, wie es leider häufig der Fall ist, das notwendige Beweismaterial für rechtliche Schritte. Und/oder das Personal, um Beweismaterial zu beschaffen. Es ist fatal, dass die offenen Gesellschaften immer noch nicht alles in ihrer Macht Stehende tun, um solche Imame daran zu hindern, ihren schädlichen Einfluss auf die Gläubigen auszuüben. Sehr viele radikale Ansichten sind von der verfassungsrechtlich garantierten Meinungsfreiheit gedeckt, umso mehr sollten liberale, demokratische Muslime sich auch in konservativen Moscheen einbringen, damit dort irgendwann kein Hass mehr gepredigt wird. Und damit im Zweifelsfall jemand da ist, der die Behörden informieren kann.

GEGEN DIE GESCHLECHTERTRENNUNG

Immer mehr Menschen, Männer wie Frauen, erzählen mir, dass sie sich einen Ort wünschen, an dem der friedliche, barmherzige Islam gelehrt wird, ein Islam, der im Dialog mit anderen Religionen steht. Sie wünschen sich eine Moschee fernab der etablierten konservativen Gemeinden, die keine kritischen Diskussionen zulassen und keine Zweifel an überkommenen Glaubensinhalten wie beispielsweise der Geschlechtertrennung. Diese Ungleichbehandlung von Frauen wird es in unserer Moschee nicht geben.

In Mekka beten Frauen und Männer gemeinsam, in den meisten Moscheen weltweit versammeln sie sich hingegen in getrennten Räumen. Wobei den Männern der zentrale Bereich vorbehalten ist und die Frauen entweder im hinteren Teil des Hauptraums hinter einem Paravent oder sogar in einem schmucklosen Nebenraum beten müssen. Auch in der großen Sultan-Ahmet-Moschee in Istanbul dürfen Frauen den zentralen Gebetsraum nicht betreten: Auf einem Schild ist eine durchgestrichene Frau zu sehen. An keinem anderen Ort fühle ich mich aufgrund meines Geschlechts derart diskriminiert, werde ich derart herablassend behandelt wie ausgerechnet in der Blauen Moschee. Dabei sind Frauen und Männer vor Allah gleichwertig. So heißt es zumindest an vielen Stellen im Koran, und auch in den Überlieferungen finden sich Hadithe, die auf die Gleichwertigkeit von Mann und Frau hinweisen.

Eine der wichtigsten Erzählungen dazu bezieht sich auf die Entstehungsgeschichte des Islam. Unsere Religion habe den Frauen überhaupt erst einen Wert und eine Würde gegeben, heißt es, denn in vorislamischer Zeit seien Neugeborene von den arabischen Stämmen lebendig begraben worden, wenn sie das falsche Geschlecht hatten, also weiblich waren. Diese vorislamische Unsitte findet in Sure 16, Vers 58-59 Erwähnung: »Wenn einer von ihnen von der Geburt eines Mädchens benachrichtigt wird, bleibt sein Gesicht finster, und er unterdrückt (seinen Groll). Er verbirgt sich vor den Leuten wegen der schlimmen Nachricht. Solle er es nun trotz der Schmach behalten oder es im Boden verscharren. Übel ist, wie sie da urteilen.« (Khoury)

In den anderen monotheistischen Religionen wird die Schöpfungsgeschichte in der Regel so erzählt, dass die Frau aus der Rippe des Mannes erschaffen worden sei. Das trifft für den Islam nicht zu, im Koran heißt es in Sure 4, Vers 1: »O ihr Menschen, fürchtet euren Herrn, der euch aus einem einzigen Wesen erschuf, und aus ihm seine Gattin erschuf und aus ihnen beiden viele Männer und Frauen entstehen und sich ausbreiten ließ.« (Khoury)

In Sure 2, Vers 35-36 wird zudem erklärt, Adam und Eva trügen gleich viel Schuld an ihrer Verbannung aus dem Paradies: »Und Wir sprachen: ›O Adam, bewohne du und deine Gattin das Paradies. Esst reichlich von ihm zu eurem Wohl, wo ihr wollt. Aber nähert euch nicht diesem Baum, sonst gehört ihr zu denen, die Unrecht tun.‹

Da ließ sie Satan beide vom Paradies fallen und vertrieb sie vom Ort, wo sie waren. Und Wir sprachen: ›Geht hinunter. Die einen von euch sind Feinde der anderen. Ihr habt auf der Erde Aufenthalt und Nutznießung für eine Weile.‹« (Khoury) Es gibt im Koran also keinen Anhaltspunkt dafür, dass Frauen für alle Missstände in der Welt verantwortlich gemacht werden können. Ausgenommen in einigen Hadithen, deren Echtheit aber von vielen Islamforschern bezweifelt wird.

Der erste Mensch, der mit dem Propheten Mohammed gebetet hat und dem Islam beigetreten ist, war seine Ehefrau Chadidscha (türk. Hatice), mit der er fünfundzwanzig Jahre lang monogam gelebt hat. Diese Tatsache sollte den Gläubigen in Moscheen sehr viel öfter vermittelt werden. Chadidscha war eine erfolgreiche Geschäftsfrau, verwitwet, also keine Jungfrau mehr, und sehr viel älter als der Prophet, außerdem war sie diejenige, die ihm den Heiratsantrag gemacht hat. Warum orientiert sich das Frauenbild der Muslime nicht sehr viel mehr an dieser Frau?

Unter den ersten Muslimen war es auch durchaus üblich, im Hofe des Propheten gemeinsam zu beten, weil die Gemeinde noch sehr klein war. Die Geschlechtertrennung und die Verhüllung der Frauen zum Schutz vor sexuellen Übergriffen kamen erst später.

Zwar besitzen alle monotheistischen Religionen ursprünglich patriarchale Strukturen, aber die sind – auch wenn es vielfach so scheinen mag – nicht in Stein gemeißelt. Wenn wir uns für eine zeitgemäße Auslegung unserer heiligen Schriften stark machen, können auch wir Musliminnen eine weitgehende Gleichberechtigung der Geschlechter erreichen, ähnlich wie es Christinnen und Jüdinnen geschafft haben. Dazu braucht es aber eine theologische Auseinandersetzung. Und einen Ort, an dem Debatten geführt werden können, die uns voranbringen, statt uns ins 7. Jahrhundert zurückzuversetzen, wie islamische Fundamentalisten es sich wünschen. Es braucht also viel mehr Orte wie unsere aufgeklärte Ibn-Rushd-Goethe-Moschee.

Ein wichtiger Punkt, den wir ändern werden, ist, dass bei uns Frauen genauso vorbeten können wie Männer. Zwar ist es auch anderswo möglich, dass Frauen ein Freitagsgebet leiten, nach traditioneller Lesart dürfen sie das aber nur vor ihren Geschlechtsgenossinnen tun, wie beispielsweise in den Frauenmoscheen in China, die es seit mehr als dreihundert Jahren gibt. Muslimische Chinesinnen entschieden sich damals, nicht getrennt von den Männern in derselben Moschee wie sie zu beten, sondern eigene Moscheen zu gründen. Wenn diese Frauen vor einer gemischtgeschlechtlichen Gruppe beten wollten, würden auch in China Fundamentalisten auf die Barrikaden gehen. Genauso wie sie es überall auf der Welt tun, wenn eine Frau in einer traditionellen Moschee vor Männern und Frauen vorbeten möchte, womöglich noch ohne Kopftuch.

DEMOKRATIE UND ISLAM
SIND VEREINBAR

Wir dürfen das öffentliche Bild des Islam nicht länger den konservativen islamischen Verbänden überlassen, die hierzulande in allen erdenklichen Gremien sitzen und bestimmen, was im Namen unser aller Religion propagiert und gelehrt wird. Ein wichtiger Schritt in diese Richtung wäre, dass Islamkundelehrer in Deutschland ausgebildet werden, statt wie bisher mehrheitlich in der Türkei. Ein Hoffnungsschimmer: Seit einigen Jahren entstehen an vielen Universitäten in der Bundesrepublik Lehrstühle und Institute für islamische Theologie. Erklärtes Ziel ist es – europäischen akademischen Standards entsprechend –, demokratisch gesinnte Lehrerinnen und Lehrer für islamischen Religionsunterricht an staatlichen Schulen auszubilden. Bisher hatte die Ditib, der Dachverband der türkisch-islamischen Moscheegemeinden und Ableger der staatlichen türkischen Religionsbehörde Diyanet, jahrzehntelang vom türkischen Staat bezahlte Imame hierhergeholt, die kein Wort Deutsch sprachen und die deutsche Kultur weder kannten noch schätzten. Da muss man sich nicht wundern, wenn mit den etablierten Verbänden und Moscheegemeinden ein aufgeklärtes Islamverständnis nicht zu haben ist.

Viele traditionelle muslimische Theologen bestreiten

wie gesagt, dass der Islam reformierbar, sprich veränderbar ist. Doch glücklicherweise fürchten nicht alle gläubigen Muslime den Untergang ihrer Religion, sobald die Schriften zeitgemäß interpretiert werden. Im Gegenteil, überall auf der Welt gibt es Menschen muslimischen Glaubens, die es nicht in quälende Gewissenskonflikte stürzt, wenn sie christliche oder jüdische Freunde oder gar Ehepartner haben; für die eine Begrüßung per Handschlag nicht gleichbedeutend ist mit Fremdgehen; die kein Kopftuch tragen und unbedeckte Haare nicht als nackt empfinden; die Alkohol trinken und sich dennoch zu Allah bekennen; die fünfmal am Tag beten, die fasten, Almosen geben und die Pilgerfahrt nach Mekka gemacht haben. All diesen Muslimen ist gemeinsam, dass sie neben ihrem unverrückbaren Glauben an Allah und den Propheten keinen Zwang in der Religion kennen und den Islam auch nicht zu politischen oder anderen Zwecken missbrauchen.

Für uns aufgeklärte Muslime ist der Islam selbstverständlich auch mit der Demokratie vereinbar. Das eine ist die Religion, das andere ein politisches System. So wie Christen, Juden, Buddhisten oder Hindus in einem demokratischen System leben können, so können das auch Muslime. Voraussetzung dafür ist allerdings, dass sie die Trennung von Staat und Religion anerkennen, wie sie in allen westeuropäischen Ländern (mehr oder weniger konsequent) vollzogen ist. In Demokratien ist kein Platz für die Scharia mit ihren gesetzlichen Regelungen, die von Konservativen als Richtschnur allen privaten und gesellschaftlichen Handelns betrachtet werden. Menschen, die den Koran, eine Schrift aus dem 7. Jahrhundert, als noch heute Wort für Wort verbindliches Gesetz ansehen. Für viele Fundamentalisten ist die Theokratie folglich die einzig legitime Staatsform. Für friedliebende Muslime wie Nicht-Muslime eine Horrorvision – siehe die Gräueltaten des sogenannten Islamischen Staates.

Wenn wir für die Befreiung unserer Religion kämpfen, wollen wir keineswegs den Islam christianisieren und entsprechend institutionalisieren. Nein, es geht darum, die Suren und Hadithe in unsere Zeit zu übersetzen, ohne den Kern unserer Religion zu verändern. Wir fragen uns: Was wollte Allah mit den einzelnen Suren zum Ausdruck bringen? Wie sind die Hadithe zu verstehen? Was würde Mohammed heute sagen?

»Bismillahirrahmanirrahim« – Im Namen Gottes des Erbarmers, des Barmherzigen: So beginnt der Koran, so beginnen fast alle Suren, und damit ist die herausragende Eigenschaft Allahs benannt, seine Barmherzigkeit. Das ist der Kern unserer Religion, darauf wollen wir uns konzentrieren.

Der persische Dichter, Gelehrte und Sufi-Mystiker Mevlana (1207–1273) hat uns Muslimen sieben Ratschläge erteilt, die in Moscheen ebenfalls sehr viel mehr gelehrt werden sollten:

»Sei großzügig und hilfsbereit wie ein Fluss.
Sei mitleidig und barmherzig wie die Sonne.
Sei wie die Nacht beim Bedecken der Fehler anderer.
Sei wie ein Toter bei Wut und Erregung.
Sei bescheiden und schlicht wie die Erde.
Sei wie das Meer vergebend und nachsichtig.
Entweder zeig dich, wie du bist, oder sei so,
wie du dich zeigst.«

Auch hier wird deutlich, dass der Islam sehr wohl das Gute, das Nachsichtige, das Ehrliche in uns anspricht. Vor allem aber die Liebe zu Gott und den Menschen.

Leider können wir nicht darauf hoffen, dass die Gewalt, die von Fundamentalisten ausgeht, von allein aufhören wird. Stattdessen müssen wir mit offenen, kritischen Debatten die Spreu vom Weizen trennen, also diejenigen bekämpfen, die Feindseligkeit predigen, und die anderen, die sich für Liebe und Vielfalt einsetzen, unterstützen. Wir brauchen keine Religionskriege à la IS. Ebenso wenig brauchen wir allerdings pauschale Kritik am Islam, die alle gläubigen Muslime über einen Kamm schert und ihre Ausgrenzung vorantreibt. Was wir brauchen, ist eine konstruktive Auseinandersetzung mit unseren Glaubensinhalten. Dafür müssen wir den Koran und die Hadithe kennen. Unter anderem zu diesem Zweck haben wir die Ibn-Rushd-Goethe-Moschee gegründet: Wir wollen den friedlichen Islam an dem Ort leben und weiterentwickeln, an dem es nur um die Verbindung zwischen Allah und dem Ich geht, in der Moschee.

KAPITEL 1

Wie die Idee entstand

MITGLIED DER DEUTSCHEN
ISLAMKONFERENZ

Bis 2009 wäre ich nie auf die Idee gekommen, dass ich
einmal eine Moschee gründen könnte. Der Gedanke, es
zu tun, ist dann über mehrere Jahre ganz allmählich in
mir gewachsen, wobei einer der ersten und wichtigsten
Auslöser meine Teilnahme an der Deutschen Islamkonferenz (DIK) war.

Von 2006 bis 2009 war ich Mitglied dieser Konferenz,
die auf Initiative von Wolfgang Schäuble, dem damaligen
Bundesinnenminister, damals gerade ins Leben gerufen
worden war. Oberstes Ziel war es, die Integration der
Muslime in Deutschland zu fördern, indem der Staat in
einen institutionalisierten Dialog mit ihnen trat. Man lud
Musliminnen und Muslime – mehrheitlich sunnitischer
Ausrichtung – ein und brachte sie dazu, miteinander und
mit Regierungsvertretern zu diskutieren, um gemeinsame Lösungen für gesellschaftliche und religiöse Probleme in Deutschland zu finden. Themen waren zum
Beispiel das Kopftuch, die Notwendigkeit der Anerkennung der deutschen Verfassung durch die Migranten und
die Forderung, dass Imame in Deutschland ausgebildet
werden sollten.

Als Mitglieder für das Plenum wurden auf Regierungsseite fünfzehn Vertreter von Bund, Ländern und

Kommunen ausgewählt, auf Seiten der Muslime je ein Vertreter der fünf großen muslimischen Verbände, mehrheitlich türkisch dominiert, sowie zehn Einzelpersonen aus verschiedenen Bereichen des öffentlichen Lebens, wie Kunst, Kultur oder Wirtschaft. Eine dieser Einzelpersonen muslimischen Glaubens, neben Navid Kermani, Necla Kelek oder Feridun Zaimoglu, war ich. Man hatte mich eingeladen, weil ich als Rechtsanwältin und Frauenrechtlerin dafür bekannt war, mich besonders für die Rechte muslimischer Frauen einzusetzen.

Die Gesandten der Verbände verbrachten viel Zeit damit, sich über uns Einzelpersonen auszulassen, weil wir ihrer Ansicht nach keine rechtmäßigen Repräsentanten des Islam seien, schließlich äußerten wir uns in der Öffentlichkeit angeblich immer nur kritisch über unsere Religion. Zudem vertraten wir ihrer Ansicht nach weder eine Gemeinde, noch sei erkennbar, für wen, außer uns selbst, wir unsere Stimme erheben könnten. Selbstverständlich hielten wir Unabhängigen mit unserer Kritik an den konservativen Verbänden ebenfalls nicht hinter dem Berg. So machten wir deutlich, dass überhaupt nur 15 Prozent aller Muslime in Deutschland in den Verbänden organisiert waren und auch kaum mehr deren Moscheen besuchten.

Neben den jährlichen Plenumssitzungen, in denen nur grobe Leitlinien besprochen wurden, gab es Arbeitsgruppen, die sich sehr viel detaillierter mit verschiedenen kontroversen Themen befassten und sich alle zwei Monate trafen. Ich war sowohl Mitglied des Plenums als auch einer Arbeitsgruppe zu »Religionsfragen im deutschen Verfassungsverständnis«. Die beiden anderen Arbeitsgruppen befassten sich mit der Werteordnung des Grundgesetzes sowie dem Beitrag, den Medien und Wirtschaft für eine bessere Integration leisten könnten.

Eines der wichtigsten Ziele meiner AG war, eine Basis für die Einführung des neuen Schulfachs »Islamischer Religionsunterricht« in deutscher Sprache zu schaffen. Als Erfolg ist daher zu bewerten, dass wir 2008 ein entsprechendes rechtliches Grundlagenpapier vorlegen konnten. Umgesetzt werden musste das dann in den einzelnen Bundesländern, die ja die Bildungshoheit innehaben.

Bekanntermaßen ist die Teilnahme muslimischer Schülerinnen und Schüler an koedukativem Schwimmunterricht, Sexualkunde oder Klassenfahrten nicht mehr selbstverständlich. Viele muslimische Eltern wünschen aus religiösen Gründen eine Befreiung ihrer Kinder von diesen schulischen Veranstaltungen. In den 70er und 80er Jahren gab es diesbezüglich kaum Probleme, doch seit den 90er Jahren häufen sich solche Fälle, wobei vor allem Mädchen betroffen sind. Meine Arbeitsgruppe machte sich Gedanken darüber, wie es gelingen könnte, dass muslimische Schülerinnen und Schüler ohne Bedenken der Eltern an allen schulischen Veranstaltungen teilnehmen dürfen. Die Haltung der Verbände hierzu war Folgende: Generell sprachen sie sich für die Teilnahme aller am Unterricht aus, beim Thema Klassenfahrten und Schwimmunterricht zeigten sie jedoch Verständnis für die Wünsche der Eltern. Mit dem Argument, man könne Mädchen nicht zwingen, einen Badeanzug anzuziehen oder sich Jungen in Badehose anzusehen.

Natürlich wurde auch über das Kopftuch gesprochen. Während uns die Regierungsseite eine religionswissenschaftliche Aufarbeitung zum Thema bot, die sehr sachlich und neutral war – mit dem Tenor, sowohl die Verhüllung als auch die Nicht-Verhüllung hätten ihren Platz im Islam –, interessierte die muslimischen Verbände vor allem, wie sehr Frauen und Mädchen mit Kopftuch diskriminiert würden. Mein Vorschlag, in unseren Abschlussbericht die Forderung aufzunehmen, dass wenigstens in der Grundschule noch keine Kopftücher getragen werden sollten, wurde von den Verbänden und der Politik strikt abgelehnt, weil das angeblich nicht mit dem Grundgesetz vereinbar sei. Inzwischen sieht man sogar schon im Kindergarten kleine Mädchen, die ihre Haare bedecken, ein Phänomen, das meines Erachtens verharmlost wird, denn es handelt sich hier keineswegs um Einzelfälle.

Weitere Themen, mit denen wir uns in der AG beschäftigten, waren Moscheebau und muslimische Bestattungen. Grundlage aller Debatten, bei denen es nicht zuletzt um die Erarbeitung von Handreichungen für die Politik ging, war die deutsche Gesetzeslage, der zufolge Kirche und Politik getrennt sind. Das sogenannte Staatskirchenrecht regelt das Zusammenwirken von Staat und Religionsgemeinschaften, und entsprechend kam der Wunsch auf, auch den Islam als eine Art Religionsgemeinschaft betrachten zu können, bei der klar ist, mit wem man es zu tun hat.

Aber wer repräsentiert eigentlich die Muslime in Deutschland? Mit dieser Frage mussten sich die Initiatoren und Organisatoren der DIK vorab intensiv beschäftigen – eine erste große Herausforderung, denn von dieser Bewertung hing ab, wer für die Deutsche Islamkonferenz gewonnen werden sollte. Rund vier Millionen Muslime verschiedenster Glaubensrichtungen lebten zu dem

Zeitpunkt in Deutschland, wobei nur die wenigsten von ihnen Mitglied in einem religiösen Verein oder in einer Moscheegemeinde waren, und das ist heute kaum anders. Diese Menschen stammen aus den verschiedensten Ländern der Erde, auch wenn die Mehrheit aus der Türkei kommt und dem sunnitischen Islam angehört. Die vielen Ausrichtungen des Islam, wie es sie von Marokko bis Indonesien gibt, finden sich in Deutschland ebenso wieder wie die Konflikte, die in islamischen Ländern unter den unterschiedlichen Rechtsschulen ausgetragen werden. Die Initiatoren der DIK wollten der Vielfalt gerecht werden, indem sie versuchten, Vertreter der verschiedenen Richtungen einzuladen. Meines Erachtens ist das zumindest in der ersten Runde bis 2009 nicht zufriedenstellend gelungen, denn die Mehrzahl der muslimischen Vertreter, mich eingeschlossen, waren sunnitische Muslime aus der Türkei.

Herr Schäuble betonte während der gesamten ersten Konferenzphase immer wieder, dass es ihm als Person, vor allem aber in seiner Rolle als Bundesinnenminister nicht um eine Einmischung der Politik in die muslimische Religion gehe. Dazu habe er weder die Kompetenz noch die Befugnis. Ihm liege vor allem daran, die Zukunft unserer Gesellschaft gemeinsam zu gestalten. Um das zu erreichen, müssten sowohl Alltagsprobleme als auch grundsätzliche Probleme des Zusammenlebens zwischen Muslimen und Nicht-Muslimen in Deutschland gelöst werden. Neben der Bekämpfung des Extremismus gehe es auch um die Themen Arbeitslosigkeit und Bildungsbenachteiligung. »Wir wollen einen ständigen Dialog«, sagte er, »wie es im Koalitionsvertrag steht, da Muslime in Deutschland nicht mehr länger eine ausländische Bevölkerungsgruppe darstellen, sondern Bestandteil unserer Gesellschaft geworden sind.« Damit hat er meines Erachtens gesagt, dass der Islam zu Deutschland gehört. Nur mit anderen Worten.

Die Islamkonferenz war während meiner Zeit dort keine Harmonieveranstaltung. Das lag zum großen Teil daran, dass die muslimischen Verbände uns Einzelpersonen, wie gesagt, nicht als würdige Vertreter der Muslime in Deutschland anerkannten. Bei jeder Sitzung konfrontierten sie das Plenum neu mit dem Thema, dass einige Personen nicht berechtigt seien, mit am Tisch zu sitzen. Vor allem der Publizistin Necla Kelek und mir als Frauenrechtlerin wurde immer wieder bescheinigt, wir seien eigentlich gar keine Musliminnen. Die Regierungsvertreter hörten sich diesen Vorwurf regelmäßig geduldig an, kommentierten ihn aber nicht, da sie darüber nicht zu befinden hatten. Dennoch hatten wir in der Islamkonferenz die Möglichkeit, die Verbände sehr viel direkter mit Themen wie Geschlechtergerechtigkeit zu konfrontieren als bei gewöhnlichen Podiumsdiskussionen oder in Fernseh-Talkshows. Die Verbände mussten uns so ernst nehmen, wie wir sie ernst nehmen mussten.

ORGANISIERT EUCH!

Mit der Zeit legte sich der Widerstand der Verbände ein wenig, was meines Erachtens vor allem daran lag, dass sie sich mit den Politikern auf eine gute zukünftige Zusammenarbeit geeinigt hatten. Die Verbände hatten erkannt, dass sie die einzigen organisierten Muslime waren und die Politik daher eher auf sie zugreifen würde als auf die Einzelpersonen. Diesem Umstand dürfte auch zu verdanken gewesen sein, dass Necla Kelek und ich an der nächsten Runde der Islamkonferenz nicht mehr teilnehmen durften. Begründet wurde die Entscheidung damit, dass andere Einzelpersonen ebenfalls zu Wort kommen sollten. Das konnte ich akzeptieren, sofern tatsächlich andere eingeladen wurden, was aber erst nach zwei weiteren Runden geschah.

Inzwischen sitzen nur noch Vertreter von Verbänden in der Islamkonferenz; der Tatsache, dass die wenigsten Muslime organisiert sind, wird also nun gar nicht mehr Rechnung getragen. Dazu muss man wissen, dass der Islam keine Organisationsform kennt, die der Verfasstheit der christlichen und jüdischen Religionsgemeinschaften verwandt wäre. Bei uns gibt es keine Institution, die sich direkt aus der islamischen Lehre legitimieren lassen würde. Insofern lässt sich der Islam auch nicht so einfach unter dem Staatskirchenrecht erfassen. Es wurde daher als weitere Aufgabe der DIK betrachtet, einen Weg zu finden, wie die große Bevölkerungsgruppe der Muslime dennoch dessen Organisationserfordernissen gerecht werden könnte, so dass eine rechtliche Gleichbehandlung mit den Religionsgemeinschaften möglich wäre.

Dieses Unterfangen gehörte und gehört meines Erachtens zu den größten Herausforderungen für die DIK. Hier eine zufriedenstellende Lösung zu finden scheint mir allerdings unter den gegebenen Umständen so gut wie unmöglich. Mit der Forderung nach einer kirchenähnlichen Institutionalisierung des Islam würde ihm eine Struktur auferlegt, die unsere Religion nicht kennt und nicht zulässt. Außer Allah und Mohammed gibt es nur noch einfache Menschen, die sich am Koran und den Hadithen orientieren sollen. Organe, die die Religion repräsentieren, existieren im Islam nicht.

Wolfgang Schäuble fasste diese Situation mit den Worten zusammen: »Beim Dialog mit den christlichen Kirchen, den es intensiv gibt, tun wir uns nicht nur aus geschichtlichen Gründen leicht, sondern auch deswegen, weil die christlichen Kirchen klar verfasst und organisiert sind. Die Muslime sind das nicht; das ist für uns neu.«

Diese Worte des Hausherrn und Initiators der Islamkonferenz brachten die vier großen muslimischen Verbände dazu, sich auf die Suche nach einer möglichen Organisationsform zu machen, die ihnen die staatliche Anerkennung als Religionsgemeinschaft einbringen sollte. Eine Lösung kam, so schien es zunächst, von Asiye Köhler, der Ehefrau des damaligen Vorsitzenden des Zentralrats der Muslime, Axel Köhler. Sie hatte sich schon seit Jahren darum bemüht, vor allem die Männer, die den großen deutsch-türkischen Verbänden vorsaßen

und sich ständig untereinander beharkten, zusammenzubringen. Ergebnis ihrer Bemühungen war 2007 die
Gründung des »Koordinationsrats der Muslime«, be-
stehend aus der Türkisch-Islamischen Union der Anstalt für Religion (Ditib), dem Islamrat für die Bundesrepublik Deutschland (IRD), dem Zentralrat der Muslime
(ZMD) sowie dem Verband der Islamischen Kulturzentren (VIKZ). Mit Gründung dieser Dachorganisation, so
glaubten die Vorsitzenden, sei den Anforderungen des
Gesetzes Genüge getan. Daher folgte umgehend der An-
trag auf Anerkennung als Körperschaft des öffentlichen
Rechts. Die Herren hatten sich jedoch geirrt und warten
bis heute auf eine solche Bestätigung. Sie hatten sozusagen die Rechnung ohne den Wirt gemacht. Der Wirt,
also die deutsche Politik, weiß inzwischen nämlich sehr
wohl, dass man die Gemeinschaft der Muslime nicht
auf diese Art organisieren kann. Die Anerkennung als
Religionsgemeinschaft scheiterte daran, dass der Koor-
dinierungsrat nicht alle Muslime in Deutschland vertritt.
Wenn es denn irgendeine Organisationsform für die
hier lebenden Muslime braucht, um ihre Gleichberechtigung im Gefüge der Religionsgemeinschaften sicher-
zustellen, dann sollte es auf keinen Fall eine sein, die
politisch gelenkt wird. Besonders kritisch ist daher zu
bewerten, dass die Ditib an der Islamkonferenz beteiligt ist und dort als Vertreterin von über 900 Moscheegemeinden in Deutschland zudem ein Schwergewicht
darstellt. Es ist ja kein Geheimnis, dass dieser Verband
unter der Aufsicht des staatlichen türkischen Amtes für
Religionsangelegenheiten Diyanet steht und von ihm
finanziert wird. So saß und sitzt sozusagen immer der
türkische Staat mit am Tisch der DIK. Dies ist ganz sicher

keine unbedeutende Nebensache, schon gar nicht bei der derzeitigen politischen Situation in dem Land.

Im Grunde waren die Worte des Bundesinnenministers zur Frage der Organisation der Muslime der erste Anstoß für meinen Beschluss, eine Moschee zu gründen. Ebenso wie die Tatsache, dass für die Politik vor allem die konservativen Verbände als Dialogpartner in Sachen Islam in Betracht kamen. Ich gelangte zu der Überzeugung, dass wir liberalen Muslime uns ebenfalls zusammentun müssen, wenn wir wahrgenommen werden und den Islam reformieren wollen.

Es reicht nicht, sich über die rigide Haltung der Konservativen und Fundamentalisten aufzuregen und sie bei jeder Gelegenheit zu kritisieren. Wir modernen Muslime müssen Alternativen anbieten, wir müssen den Menschen zeigen, dass der Islam auch zeitgemäß, frei und ohne ideologische Abgrenzung von den westlichen Gesellschaften, in denen wir leben, praktiziert werden kann.

Wolfgang Schäubles Frage an mich, wo denn die fortschrittlichen Muslime organisiert seien, konnte ich damals nicht beantworten, weil es noch keine derartigen Zusammenschlüsse gab. Außerdem war ich ja der Überzeugung, dass es gegen den Kern des Islam verstößt, wenn wir uns organisieren. Inzwischen hat sich meine Einstellung dazu geändert. Inzwischen glaube ich, dass es an der Zeit ist, sich zusammenzutun und eigene Moscheen zu gründen, wenn wir den Fundamentalisten nicht das Feld überlassen wollen. Moscheen, die allen gehören, in denen keine Politik betrieben und keiner bestimmten politischen Partei das Wort geredet wird.

Die Deutsche Islamkonferenz hat sich meines Erachtens leider in die falsche Richtung entwickelt. Einer ihrer größten Fehler war, dass sie von Anfang an der Ditib eine Schlüsselrolle und damit die Deutungshoheit über den Islam zugestanden hat. So ließ sich die Politik immer mehr das Heft aus der Hand nehmen und übertrug sozusagen das Hausrecht nach und nach den Verbänden. Das führte dazu, dass die DIK zu einer inhaltslosen Show-Veranstaltung wurde. Hinter den Kulissen gelang es den Verbänden – durch die immer wiederkehrende Drohung, ansonsten nicht mehr teilzunehmen –, Staatsverträge mit einzelnen Bundesländern zu erarbeiten. So sitzen sie nun in allen wichtigen Gremien, die über die Zukunft des Islam und vor allem des Islamunterrichts an deutschen Schulen und Universitäten entscheiden. Moderne, liberale und kritische Stimmen, die sich eine zeitgemäße Auseinandersetzung mit ihrer Religion wünschen, sucht man in allen maßgeblichen Gremien vergeblich.

Einen weiteren Beweis für diese unheilvolle Koalition lieferte die Feier zum zehnjährigen Bestehen der Islamkonferenz im September 2016 in Berlin, zu der ich als ehemaliges Mitglied eingeladen war. So wurde eines der Grußworte auf Seiten der Muslime von Bekir Alboğa gesprochen, Ditib-Beauftragter für interreligiösen Dialog, obwohl zu diesem Zeitpunkt niemand mehr leugnen konnte, dass die Türkisch-Islamische Union der Anstalt für Religion der verlängerte Arm der repressiven türkischen Politik ist.

Seit der Jubiläumsfeier sind immer neue skandalöse Informationen über die Ditib bekannt geworden: »Unerwünschten« Muslimen wird der Zutritt zu deren Moscheen verwehrt, Kritiker der türkischen Regierung werden in Deutschland von Ditib-Imamen bespitzelt, verfassungsfeindliche Äußerungen wurden getätigt, bis hin zum Ruf nach der Scharia in Deutschland. »Demokratie ist für uns nicht bindend, uns bindet Allahs Buch, der Koran« – diese Worte verbreitete ein Funktionär der Ditib aus Hamburg über Facebook.

Die deutsche Politik würde gut daran tun, sich im Hinblick auf den Islam endlich differenzierter beraten zu lassen. Die Entscheidung, bei der Deutschen Islamkonferenz auf der muslimischen Seite nur noch die Verbände zuzulassen, war das Todesurteil für die DIK. Denn damit lieferte man sich ausgerechnet denen aus, die bisher keinerlei Fortschritte in Sachen Deradikalisierung und Integration erzielt haben und das auch in Zukunft nicht tun werden, schließlich gehen sie überall gegen liberale Strömungen vor, auch in den eigenen Reihen. Im Kampf gegen den islamistischen Terror sollte die Politik der Pluralität der Muslime in Deutschland Rechnung tragen und auf andere Verbündete setzen.

KAPITEL 2

Terror im Namen meiner Religion

BALANCEAKT

Wie schafft man es, über Islamismus und islamistischen Terror zu schreiben, ohne das Phänomen einerseits zu verharmlosen, andererseits aber auch nicht die Islamfeindlichkeit von Teilen der Bevölkerung zu bedienen? Ich habe mich entschieden, einfach meine Sicht der Dinge so differenziert wie möglich darzustellen. Dabei hoffe ich natürlich auf Leserinnen und Leser, die wissen, dass ich als gläubige Muslimin nicht automatisch Islamistin bin. Genauso wenig wie ich als Kritikerin eines radikalen Islam der AfD oder Pegida nahestehe. Dies möchte ich hier einmal klar und deutlich aussprechen, denn mir ist durchaus bewusst, dass sich immer wieder falsche »Freunde« meiner Argumente bedienen. Ich komme aus der linken Szene, war einst Hausbesetzerin im Ostteil Berlins und bin Feministin, gehöre mit meinen Überzeugungen also keinesfalls dem rechten politischen Spektrum an. Allerdings würde ich mich als wertkonservativ bezeichnen.

Meines Erachtens tun wir uns keinen Gefallen, wenn wir uns zu bestimmten Problemen nicht äußern, aus Angst, womöglich ungewollt den politischen Gegner zu unterstützen. Sich aus falscher Rücksichtnahme oder aus Angst vor der »Rassismuskeule« nicht einmal gegenüber radikalen Islamisten oder muslimischen Nazis zu positionieren, nenne ich Ignoranz. Meiner Ansicht nach ist das eine Schande, die sich eine offene Zivilgesellschaft nicht leisten sollte. Über falsch verstandene Political Correctness habe ich in meinem Buch »Der Multikulti-Irrtum« 2007 ausführlich geschrieben. Hier möchte ich nur noch einmal darauf hinweisen, dass meiner Ansicht nach auch derjenige Verantwortung für eine gesellschaftliche Fehlentwicklung trägt, der es unterlässt, etwas zu tun, was getan werden müsste. Man wird nicht dadurch zu einem guten Menschen, dass man bei Minderheiten eine andere Messlatte anlegt und die Menschenrechte plötzlich nicht mehr universell sind, also für alle gleichermaßen gelten. Dass die Populisten um AfD und Pegida so stark geworden sind, hat sicher auch damit zu tun, dass wir ihnen bei bestimmten Themen das Feld überlassen haben. Und wozu es führt, wenn wir den Populisten das Feld überlassen, haben wir letztes Jahr in Großbritannien beim Brexit-Votum und später bei den Präsidentschaftswahlen in den USA gesehen. Auch in Frankreich, Ungarn und Polen werden die Rechten immer stärker. Wie bei einer gescheiterten Liebesbeziehung sollten wir uns hier meines Erachtens fragen, welchen Anteil wir an dieser Fehlentwicklung haben.

Sicher werde ich auch mit diesem Buch wieder einige Leute verärgern. Aber das nehme ich in Kauf, denn unsere Welt ist wunderbar bunt und plural, auf Neudeutsch auch *diverse*, also vielfältig. Die alles andere als selbstverständliche gesellschaftliche Vielfalt weiß ich sehr zu schätzen, und um Vielfalt und Toleranz werden wir uns auch in unserer liberalen Ibn-Rushd-Goethe-Moschee bemühen, über deren Gründung und Ziele ich später noch ausführlich berichten werde.

KÄMPFEN ODER RESIGNIEREN?

Seit dem 11. September 2001 wird die Welt von einem islamistischen Terroranschlag nach dem anderen erschüttert. Einige Politiker im Westen vertreten inzwischen schon die Ansicht, wir müssten uns an diese mörderischen Taten gewöhnen, weil sie eine Erscheinung unseres Jahrhunderts seien. Wenn ich so etwas höre, fühle ich mich ohnmächtig und wütend zugleich, denn mit Terror kann und will ich mich nicht abfinden. Wenn wir uns daran gewöhnen, bedeutet das doch, dass wir uns der Gewalt unterwerfen, dass wir gar nicht mehr versuchen, ihr etwas entgegenzusetzen.

Mich erschreckt nach wie vor jeder Anschlag, der im Namen Allahs – oder in wessen Namen auch immer – begangen wird. Bei jedem einzelnen dieser Vorfälle verspüre ich dieselbe Wut und dasselbe Entsetzen wie beim Anblick der einstürzenden Türme im September 2001. Nur so, nur wenn wir innerlich nicht abhärten, können wir die nötigen Anstrengungen unternehmen, um Strategien gegen den Terror zu entwickeln.

Im Sommer 2016 überschlugen sich die Ereignisse derart, dass man kaum noch zur Besinnung kam und nur noch hoffte, es möge irgendwann wieder aufhören. Am 14. Juli 2016 richtete in Nizza ein junger Mann ein entsetzliches Blutbad unter friedlich feiernden Menschen an, als er mit einem LKW in die Menge raste. Am nächsten Abend wurde die Türkei von einem Putschversuch erschüttert, und es dauerte nicht lange, bis Staatspräsident Erdoğan den Prediger Fethullah Gülen als dessen Urheber ausgemacht und mehr als dreitausend ihm angeblich nahestehende Juristen, Richter und Staatsanwälte suspendiert hatte. Am 18. Juli griff ein junger Mann in einem Regionalzug bei Würzburg Reisende mit einer Axt an. Wenige Tage darauf, am 24. Juli, kam es zu einem Selbstmordanschlag in Ansbach, bei dem dank der Wachsamkeit eines Security-Mannes nur der Attentäter selbst ums Leben kam. Auch diese beiden Taten waren islamistisch motiviert.

Zwei Tage darauf, ich schrieb gerade an einem Artikel über den Putschversuch in der Türkei, ereilte mich die Nachricht, dass in dem kleinen französischen Örtchen Saint-Étienne-du-Rouvray bei Rouen zwei junge Angreifer in einer katholischen Kirche einen greisen Priester mit einem Messer überfallen und getötet hatten. Ich war fassungslos. Was mussten das für Monster sein, die einen alten, unschuldigen, gläubigen Menschen derart brutal abschlachteten, noch dazu in einem Gotteshaus. Und wie immer bei islamistischen Anschlägen hatten sie während der Tat »Allahu Akbar« gerufen. Mehrere Stunden lang befand ich mich in einer Art Schockstarre, und mir wurde klar, dass der Terror damit eine neue Dimension angenommen hatte. Anfangs war er mehr oder weniger gegen den Kapitalismus gerichtet, wie beim Anschlag auf das World Trade Center in New York. Seit einiger Zeit nun wurde die ganze Art, wie wir im Westen leben, attackiert; so in Paris im Januar 2015 beim Anschlag auf die Satirezeitschrift *Charlie Hebdo* oder bei der verheerenden Anschlagsserie vom 13. November desselben Jahres, bei der in Paris und Saint-Denis 130 Menschen getötet und über 350 verletzt wurden. Und jetzt machten die Angreifer nicht einmal mehr vor Repräsentanten anderer Religionen halt, sondern griffen scheinbar wahllos einen einzelnen Priester heraus, in einem kleinen, unbedeutenden Örtchen, in einer winzigen Kirche mit kaum mehr als einer Handvoll Besuchern pro Tag.

Für einen Moment dachte ich resigniert, was lohnt es sich noch zu analysieren, was lohnt es sich noch zu schreiben und über die Zukunft nachzudenken, wenn wir es mit derart unberechenbaren Menschen zu tun haben, dass wir nur noch auf den nächsten Anschlag warten können?

Der Politikwissenschaftler Bassam Tibi, auf den die Idee des »Euro-Islam« zurückgeht, also eines Islam, der sich den europäischen Werten verpflichtet fühlt und die Trennung von Religion und Staat akzeptiert, hatte ein paar Wochen zuvor in einem Interview mit der Zeitschrift *Cicero* erklärt, dass er kapituliere und sich zurückziehen werde. Er glaube nicht mehr an die Idee eines europäischen Islam, er habe die Hoffnung aufgegeben, dass sich seine Religion von Europa aus reformieren lasse. Der Euro-Islam habe gegenüber dem Kopftuch-Islam verloren.

Ein bitteres Fazit, das ich in dieser Konsequenz nicht teile. Meiner Ansicht nach gibt es nämlich durchaus eine Art Euro-Islam, der zeitgemäß und säkular ist, einen Islam des Friedens, der Barmherzigkeit und der Liebe – auch wenn er sich zugegebenermaßen noch nicht als Mainstream durchgesetzt hat. Natürlich ist es nicht »der« Islam, der diese Überzeugungen lebt und sich für ihre Verbreitung einsetzt, sondern es sind ganz konkrete Menschen.

Daher gebe ich Bassam Tibi recht, wenn er verlangt, dass hier lebende Muslime sich entscheiden müssen, Bürger Europas zu werden, und zwar von ganzem Herzen. Mit einem deutschen Pass allein wird man weder Staatsbürger noch Demokrat. In Deutschland gibt es zwar keine wirkliche Trennung von Kirche und Politik, aber eine unvollständige Säkularität ist immer noch besser als gar keine. Schließlich trägt dieses System Deutschland schon viele Jahre und hat eher zur Befriedung Europas beigetragen als zum Krieg.

In der islamischen Welt hingegen herrscht, seit Männer sich um die Rechtsnachfolge des Propheten streiten, also seit dessen Tod, ununterbrochen Krieg. Krieg zwischen den einzelnen Rechtsschulen und Ausrichtungen des Islam. Deshalb betrifft der islamistische Terror auch bei weitem mehr Muslime als Christen und Juden, weitaus mehr islamische als westliche Länder.

Womit jedoch nichts über die Motivation für die heutige Gewalt gesagt ist, denn die hat durchaus einen starken Bezug zum Westen. Islamisten jeglicher Couleur wenden sich gegen die Art, wie wir hier leben, gegen die Freiheit, die wir hochhalten, gegen die Demokratie, die wir mit allen Mitteln verteidigen. Und sie laufen Sturm gegen den Einfluss unserer Lebensweise auf die Bevölkerung in den mehrheitlich islamischen Staaten.

Die Terrorgruppe Boko Haram geht gegen westliche Bildung vor, der sogenannte Islamische Staat unter anderem gegen die Demokratie; die Taliban, al-Qaida, Hamas, sie alle bekämpfen die Freiheit, eine eigene Meinung zu haben und ein selbstbestimmtes Leben zu führen. Sie existieren nur für das Jenseits und wollen auch uns verbieten, das Leben im Diesseits zu genießen. Sie bekämpfen die Freude am Leben.

Müssen wir also wie Bassam Tibi sagen, dass es keinen Sinn mehr hat, für einen friedlichen Islam zu kämpfen? Müssen wir wirklich kapitulieren? Nein! Genauso wenig wie ich glaube, dass Bassam Tibi sich wirklich zurückziehen wird, dürfen wir freien Menschen insgesamt uns zurückziehen. Wenn wir dem weltweiten Terror etwas entgegensetzen wollen, wenn wir weiterhin in Freiheit leben wollen, dann muss jetzt etwas passieren, dann dürfen wir die Hände nicht in den Schoß legen und resignieren.

Alle Muslime tragen eine Mitverantwortung dafür, wenn ihre Religion von Terroristen missbraucht und in Misskredit gebracht wird. Deshalb müssen wir das Schweigen brechen und uns laut und deutlich von der Gewalt distanzieren. Nicht nur, um uns den Nichtmuslimen gegenüber zu erklären, sondern um den gewaltbereiten Islamisten zu zeigen, dass wir nicht auf ihrer Seite stehen. Jede Muslimin, jeder Muslim muss in ihrer oder seiner Welt, und sei sie noch so klein, alles nur Mögliche tun, um dem Terror die Stirn zu bieten. Die Gründung moderner, zeitgemäßer Moscheen ist ein wichtiger Schritt dazu, denn damit zeigen wir, dass es uns auch gibt, uns moderne Muslime, die gegen Gewalt und Terror und für einen friedlichen Islam kämpfen.

Wenn man sich mit der Gewalt beschäftigt, die im Namen Allahs verübt wird, liegt es nahe, auch einen kurzen Blick auf das Thema Gewalt in anderen Religionen zu werfen. Das kann und soll keinesfalls dazu dienen, den islamistischen Terror und die Gefahr, die er für die westliche wie die islamische Welt bedeutet, zu relativieren oder zu verharmlosen. Aber dass es beispielsweise Zeiten gab, in denen man in Europa mehr Angst vor dem Christentum haben musste als vor dem Islam, gibt mir Hoffnung, dass auch in der muslimischen Welt eines Tages die Gewaltfreiheit siegen kann.

GEWALT IN ANDEREN
RELIGIONEN

Nicht nur im Koran, sondern auch in der Bibel gibt es Textstellen, bei deren Lektüre wir heute erschaudern, weil sie zu Gewalttaten auffordern. Wenn es um Feinde, Andersgläubige und Frauen geht, ist besonders das Alte Testament nicht viel freundlicher als der Koran. Schauen wir uns ein paar Beispiele aus den Büchern des Mose an, zitiert nach der Lutherbibel von 1984.

Im 4. Buch Mose gibt es einen Aufruf zum Töten von männlichen Kindern und von Frauen: »So tötet nun alles, was männlich ist unter den Kindern, und alle Frauen, die nicht mehr Jungfrauen sind; aber alle Mädchen, die unberührt sind, die lasst für euch leben.« (4. Mose 31,17-18)

Im 5. Buch Mose wird die Todesstrafe für vergewaltigte Frauen und Mädchen gefordert: »Wenn eine Jungfrau verlobt ist und ein Mann trifft sie innerhalb der Stadt und wohnt ihr bei, so sollt ihr sie alle beide zum Stadttor hinausführen und sollt sie beide steinigen, dass sie sterben, die Jungfrau, weil sie nicht geschrien hat, obwohl sie doch in der Stadt war, den Mann, weil er seines Nächsten Braut geschändet hat; so sollst du das Böse aus deiner Mitte wegtun.« (5. Mose 22,23-24) Diese Textstelle erinnert daran, dass unser Strafrecht teils noch von uralten Rechtsvorstellungen geprägt ist: Die vergewaltigte Frau trägt eine Mitschuld, wenn sie sich nicht deutlich genug gewehrt und nicht laut genug geschrien hat. Glücklicherweise wurde im Jahr 2016 das deutsche Sexualstrafrecht in diesem Punkt reformiert, ein Erfolg der von Feministinnen, Frauenverbänden und Politikerinnen gemeinsam initiierten »Nein heißt Nein«-Kampagne. Inzwischen gehen wir juristisch von einer Vergewaltigung aus, wenn die betroffene Frau nein gesagt hat.

Das Thema Homosexualität ist in allen Religionen prekär. In einigen islamischen Ländern wird Homosexualität heute noch mit dem Tode bestraft, wobei man sich hier nicht auf den Koran beruft, sondern auf die Überlieferungen des Propheten. In der Bibel ist das Thema im Alten Testament geregelt, und auch hier wird die Todesstrafe gefordert: »Wenn jemand bei einem Manne liegt wie bei einer Frau, so haben sie getan, was ein Gräuel ist, und sollen beide des Todes sterben; Blutschuld lastet auf ihnen.« (3. Mose 20,13)

Auch die Haltung zu Andersgläubigen stellt sich im Alten Testament nicht viel anders dar als bei den Salafisten oder Islamisten heute. In Psalm 139,19 heißt es: »Ach Gott, wolltest du doch die Gottlosen töten!«

Wenn Islamisten heute verkünden, der Islam sei die einzig wahre Religion und jeder Mensch müsse sich entweder dazu bekehren oder sterben, können sich weder Christen noch Juden zurücklehnen und sagen, das hat es bei uns nicht gegeben, in unseren Schriften steht so etwas nicht. Sie müssen einerseits zu ihrer Geschichte stehen, andererseits können sie sich aber auch darauf berufen, dass ihre Religionen diese Zeiten und Sichtweisen weitestgehend überwunden haben.

Der Paradigmenwechsel innerhalb der Bibel, genauer

gesagt innerhalb des Neuen Testaments, wird mit dem Gebot der Nächstenliebe eingeläutet: »Jesus aber sprach zu ihm: ›Du sollst den Herrn, deinen Gott, lieben von ganzem Herzen, von ganzer Seele und von ganzem Gemüt.‹ Dies ist das höchste und erste Gebot. Das andere aber ist dem gleich: ›Du sollst deinen Nächsten lieben wie dich selbst.‹« (Matthäus 22,37-40; Lutherbibel 2017) Dieses Doppelgebot der Liebe ist das, was den allermeisten Christen heute als Erstes einfällt, wenn sie nach christlichen Werten gefragt werden. Und das ist auch gut so. Dennoch wurde im Namen ihrer Religion jahrhundertelang unbeschreiblich viel Leid über die Menschheit gebracht.

Wenn man an die Geschichte der katholischen Kirche im Mittelalter denkt, kommen einem unweigerlich Kreuzzüge, Hexenverbrennungen und Inquisition in den Sinn. Die Kreuzzüge dauerten ungefähr zweihundert Jahre. Vordergründig waren sie religiös motiviert und hatten als Hauptziel, das Heilige Land von der Herrschaft der Ungläubigen zu befreien, sprich von den Muslimen. Seitens der jeweiligen Machthaber spielten aber auch wirtschaftliche und politisch-strategische Faktoren eine nicht unerhebliche Rolle. Die Religion wurde also als Mittel zum Zweck benutzt. So sollte die Bevölkerung beispielsweise dazu gebracht werden, die Erhöhung von Steuern und Abgaben klaglos hinzunehmen. Diese würden schließlich für eine gute Sache – zum Beispiel die Rückeroberung Jerusalems – verwendet. Soldaten versprach die katholische Kirche für die Teilnahme an einem Kreuzzug einen sogenannten vollständigen Ablass, bei dem ihre Sünden komplett vergeben würden. Das erinnert sehr an das Versprechen manch eines islamischen Gelehrten, man habe einen gesicherten Platz im Paradies, wenn man im Kampf für Gott und den Islam sterbe. Die Bezeichnung Heiliger Krieg ist übrigens keine Erfindung von Muslimen, sondern taucht schon in der Antike auf. Und von den Christen wurde er zur Rechtfertigung ihrer blutigen Kreuzzüge verwendet.

Der Publizist Klaus Harpprecht schrieb 2010 in einem Zeit-Artikel über König Heinrich IV. mit Blick auf diese Epoche: »Wer heutzutage naiv genug ist, den fromm drapierten Terror der Islamisten für eine beispiellose Verirrung zu halten, der lese in der Geschichte der europäischen Religionskriege nach, zu welch viehischen Schlächtereien, zu welch absurden Gräueln, zu welcher Verwüstungs- und Vernichtungswut die katholischen wie die protestantischen Heerscharen im Namen Gottes fähig waren!«[2]

Das Mittelalter liegt zwar lange zurück, dennoch gibt es auch heute noch Christen, die die friedliche Botschaft Jesu missachten und zu Gewalt greifen oder zumindest Gewalt androhen, wenn sie ihre eigenen Interessen missachtet sehen. So erhielt der Bürgermeister der hessischen Stadt Neu-Isenburg im März 2016 einen anonymen Drohbrief, der an verschiedene Parteien des Stadtparlaments gerichtet war:

»Achtung. Dies ist eine Warnung an die CDU, SPD, die Grünen und die Linken im Stadtparlament. Hört auf damit euch so stark für Muslime in Neu-Isenburg einzusetzen. Der Löwenanteil dieser Menschen ist Aggressiv und Böse und sie möchten hier nur ihre scheiß Reli-

---

2 http://www.zeit.de/2010/20/Henri-IV

gion durchsetzen. Wir sind eine Gruppe Christen beiden Deutschen Konfessionen und wir haben die Schnauze voll uns anfeinden, defarmieren und beleidigen zu lassen. Wir haben es auch satt das wir ständig gesagt bekommen das der Islam die einzig wahre Religion wäre, obwohl wir alle wissen das diese Religion der letzte Dreck ist. Die deutschen Kinder gehen in den Schulen durch die Hölle und unsere Politiker tun nichts dagegen. Damit ist jetzt Schluss. Wir sind bewaffnet und bereit. Hört auf damit euch so stark für Muslime zu engagieren, andernfalls beginnen wir mit Erschießungen bei Angehörigen dieser Volksgruppe. Wir machen keinen Spaß, uns ist mittlerweile die Lust am Leben in diesem Land vergangen. Finden unsere Forderungen trotzdem kein Gehör, so werden wir mit Erschießungen von Kommunalpolitikern weitermachen. Wir lassen uns nicht Islamisieren. Wir sind Christen und verteidigen unser Land. Achtung dies ist eine Warnung.«[3]

Glücklicherweise wurde die Drohung nicht in die Tat umgesetzt. Doch falls sich die politische Stimmungslage in Europa weiter so entwickeln sollte wie in letzter Zeit, falls also der extreme Nationalismus, wie wir ihn in verschiedenen Ländern heute sehen, weiter geschürt wird, dürfte nicht auszuschließen sein, dass auch fundamentalistische Christen irgendwann zu Gewalt gegenüber Andersgläubigen oder Andersdenkenden greifen.

Auch im Judentum gibt es religiösen Fanatismus, heute offenbar besonders noch unter Siedlern im Westjordan-

---

3 Zitiert nach http://www.fr.de/rhein-main/drohbriefe-morddrohungen-gegen-buergermeister-a-369484 (inzwischen nicht mehr aufrufbar)

land. Die Beschäftigung mit israelischer Politik würde hier zu weit führen, aber ich empfehle die Lektüre eines Artikels von Avichai Apel, einem Rabbiner aus Frankfurt am Main, der sich unter der Überschrift »Das Judentum verbietet Gewalt« gegen die aggressive Landnahme durch Glaubensbrüder und -schwestern ausspricht.[4]

4 http://www.ordonline.de/religion-aktuelles/dwar-thora/das-juden-tum-verbietet-gewalt/

GEWALT IM ISLAM

Bei islamistischen Terroranschlägen sehen wir bekanntermaßen zumeist junge Männer am Werk. Ein Zusammenhang zwischen Geschlecht und Gewaltbereitschaft ist schwer zu leugnen, schließlich geht in praktisch allen Gesellschaften physische Gewalt mehrheitlich von Männern aus. Aber wie kommt ein junger Mensch auf die Idee, sich selbst und möglichst viele andere in die Luft zu sprengen, noch dazu im Namen Allahs? Sind es die 72 »Huris«, also Jungfrauen, die angeblich im Paradies auf Märtyrer warten? Was für eine unglaubliche Vorstellung, dass junge Männer, die sich nach Sex sehnen, zu Mördern und Selbstmördern werden, anstatt ihre Bedürfnisse im Diesseits auszuleben.

Wie so oft bei den heiligen Schriften des Islam lässt sich auch in diesem Punkt nicht letztgültig sagen, wie die entsprechenden Textstellen gemeint sind. Auf Arabisch soll das im Koran verwendete Wort Huri »blendendweiß« bedeuten. Doch ist das wirklich so? Oder handelt es sich, wie Christoph Luxenburg in seinem Buch »Die syro-aramäische Lesart des Koran« schreibt, vielmehr um weiße Trauben, so dass Selbstmordattentäter lediglich ein Obstteller erwarten würde? Als Beleg für seine Theorie nennt der Koranforscher, dass Mohammed nicht Arabisch, sondern Syro-Aramäisch gesprochen habe, so wie es zu der Zeit in Mekka üblich war. Aber welche Sprache hat Mohammed wirklich gesprochen? Die allgemeine Lehrmeinung besagt, dass es Arabisch war. Solange kein fundierter Gegenbeweis erbracht wird, müssen wir also wohl die arabische Version des Koran akzeptieren. Demnach warten laut Sure 55, Vers 56 im Paradies Jungfrauen auf Märtyrer; in den Hadithen wird zudem die Zahl 72 genannt. Diese Zahl wurde irgendwann von jemandem erwähnt, der angeblich dabei war oder jemanden kennt, der dabei war, als der Prophet sie nannte.

Selbstverständlich sind es nicht nur die erwarteten Jungfrauen, die jemanden zum Selbstmordattentäter machen. Zuallererst sind die meist jungen Männer natürlich getrieben von der Überzeugung, für den Islam und die Gemeinschaft der Muslime das Richtige zu tun. Sie begehen ihre Taten im Namen Allahs des Barmherzigen, des Erbarmers. So paradox es in unseren Ohren klingen mag: Islamistische Terroristen sind der Überzeugung, als gute Muslime zu handeln.

Mit dem Glauben eines aufgeklärten Muslims, für den es in der Religion keinen Zwang geben darf und dem erklärt wurde, die Tötung eines Menschen komme der Ermordung der ganzen Menschheit gleich, ist das natürlich unvereinbar. Insofern wundert es nicht, dass manche Glaubensgenossen den Terroristen absprechen, überhaupt Muslime zu sein. So sagte Fethullah Gülen einmal in einer Predigt, ein Muslim könne kein Terrorist sein und ein Terrorist kein Muslim. Auch der türkische Staatspräsident Erdoğan verkündet immer wieder, Islam und Terror dürften nicht zusammen genannt werden. Für beide Männer gibt es daher die Bezeichnung »islamistischer Terror« nicht.

Inzwischen wiederholen unzählige Muslime den Satz von Gülen wie ein Mantra, in dem Bemühen, sich vom Terror ihrer Glaubensbrüder abzugrenzen. Ganz vorne dabei die islamischen Verbände in Deutschland. Diese Herangehensweise führt meines Erachtens jedoch nicht weiter, denn es ist nun einmal eine Tatsache, dass Attentäter von Taliban über Boko Haram bis IS »Allahu Akbar« rufen, wenn sie Menschen köpfen oder sich in einer Menschenmenge in die Luft sprengen. Schon allein aus diesem Grund sollten wir sehr ernst nehmen, dass sie sich zur Rechtfertigung ihrer menschenverachtenden Taten auf Suren und Verse aus dem Koran oder auf Hadithe berufen. Zudem dürfen wir nicht die Augen davor verschließen, dass vielerorts ein Islam gelehrt wird, der Hass und Gewalt legitimiert. Die Terroristen sind in der Regel in Moscheen oder Koranschulen radikalisiert worden.

In diesem Zusammenhang ist es sicher nützlich, sich einmal die Suren näher anzuschauen, auf die sich Islamisten berufen. Dieselben Suren zitieren übrigens auch Islamfeinde als vermeintlichen Beweis dafür, dass der Islam eine gewaltbejahende, wenn nicht gar gewaltverherrlichende Religion sei.

Zunächst ist da die Schwertsure, die wohl bekannteste Stelle aus dem Koran, die immer wieder als Begründung für den Dschihad, den sogenannten Heiligen Krieg gegen die Ungläubigen, herangezogen wird:

»Wenn die heiligen Monate abgelaufen sind, dann tötet die Polytheisten, wo immer ihr sie findet, greift sie, belagert sie und lauert ihnen auf jedem Weg auf.« (Sure 9 Vers 5; Khoury).

Es gibt kaum noch jemanden, der sich zur Gewalt im Islam äußert und diesen Vers nicht kennt. Oft wird er als Beleg dafür genommen, dass Muslime aufgerufen seien, alle Andersgläubigen zu töten. Dabei ist hier von einer ganz speziellen Gruppe von Polytheisten in Mekka zur Zeit Mohammeds die Rede. Überhaupt ist die Aussage nicht zu verstehen, wenn man den Hintergrund nicht kennt und die vorangehenden sowie nachfolgenden Verse unberücksichtigt lässt.

Die Gewaltpassagen im Koran sind ebenso wie die im Alten Testament in ihrem jeweiligen historischen Kontext zu lesen. Das bedeutet natürlich nicht, dass Gewalt verharmlost oder gar verherrlicht werden soll. Es geht allein darum zu verstehen, wann sich eine Glaubensgemeinschaft vor Feinden und Angreifern geschützt hat, wann sie also Gewalt angewandt hat, um Gewalt abzuwehren, und wann sie tatsächlich Angriffskriege führte, um anderen zu schaden oder sie auszurauben.

Der Koran ist bekanntermaßen nicht chronologisch aufgebaut. Macht man sich die Mühe und liest die Suren in der Reihenfolge, in der sie von Gott zu Mohammed herabgesandt wurden, dann stellt man fest, dass die Suren aus der Anfangsphase der neuen Religion zu Gewaltverzicht aufrufen. Erst mit der Zeit kommt es vermehrt zur Beschreibung von Gewalttaten, von Selbstverteidigung bis hin zur Verherrlichung des Krieges und zum Märtyrertum. Erklären lässt sich das historisch mit der sich stetig vergrößernden muslimischen Gemeinde und den zunehmenden Anfeindungen, denen sie ausgesetzt war. Nicht zu vergessen die Notwendigkeit, das eigene Überleben durch Raubzüge zu sichern, in Zeiten, als es keine anderen Einnahmequellen gab.

Aber nun zu den Hintergründen der sogenannten Schwertsure: Die frühen Muslime befanden sich damals in Mekka im Streit mit Polytheisten, weil diese vertragsbrüchig geworden waren. Genauer gesagt hatte eine Gruppe von Mekkanern den ausgehandelten Friedensvertrag mit Mohammed gebrochen. Aus heutiger Sicht wäre das natürlich per se keine Rechtfertigung für Gewalt, aber zu der Zeit, als Sure 9, Vers 5 empfangen wurde, war es – nicht nur in dieser Region – üblich, solche Auseinandersetzungen gewaltsam zu lösen.

Die erste Gemeinschaft der Muslime in Mekka bestand nur aus wenigen Hundert Menschen. Sie waren alles andere als wohlhabend und wurden von der Gemeinschaft der Mekkaner ausgeschlossen, was nicht überrascht, da Mohammed eine neue Religion verkündet hatte und somit die Götter ihrer Vorfahren beleidigte, sich also der Blasphemie schuldig machte. Trotz vieler Angriffe und Diskriminierungen wehrten sich die Muslime nicht, sondern suchten nach friedlichen Lösungen für ihre Konflikte mit den Bewohnern Mekkas. Erst als das Leben dort unerträglich wurde, entschieden sie sich, nach Medina auszuwandern. Hier fangen auch die Gewaltpassagen im Koran an.

Die Zeit in Medina gilt als die Phase der kriegerischen Auseinandersetzungen, denn dort begannen die Muslime, sich zur Wehr zu setzen. Mit Gewalt, wie alle anderen auch. Dennoch verfolgten sie das große langfristige Ziel, in Frieden mit allen Menschen zu leben, auch mit denen, die einen anderen Glauben hatten.

Die Schwertsure endet im Übrigen nicht mit dem Aufruf zur Gewalt, sondern mit der Anweisung, die Polytheisten unter bestimmten Voraussetzungen ungeschoren zu lassen:

»Wenn sie umkehren, das Gebet verrichten und die Abgabe entrichten, dann lasst sie ihres Weges ziehen: Gott
ist voller Vergebung und Barmherzigkeit.« (Khoury)

Ob man die dafür erforderliche Zuwendung zum Islam
als gute Lösung für die Polytheisten und als Beleg für
Allahs Barmherzigkeit sehen möchte, sei dahingestellt.
Aus heutiger Sicht sind da durchaus Zweifel angebracht.
Dennoch: Den ersten Teil der Schwertsure einfach so in
unsere Zeit zu übertragen und zu behaupten, sie würde
Gewalt generell legitimieren oder sogar einfordern, ist
falsch. Die muslimische Gemeinschaft muss im 21. Jahrhundert beispielsweise nicht mehr um ihre bloße Existenz kämpfen, wie es in der Entstehungszeit des Islam
der Fall war.

Eine derartige Deutung des Koran lassen Islamisten
allerdings nicht zu. Sie haben ihre Lehrmeister, die
ihnen erzählen, die Zeit sei gekommen, die Welt von
Ungläubigen und Andersgläubigen zu säubern. YouTube
ist voll von Videos mit entsprechenden Hasspredigten,
die auf die Islamisierung des gesamten Planeten ab-
zielen.

Als Mittel dazu gilt der Dschihad, den diverse islamistische Gruppierungen auch im Namen tragen. Dabei
ist Dschihad ursprünglich etwas ganz anderes, und das
sollten wir aufgeklärten Muslime nicht müde werden zu
betonen, vor allem auch im Rahmen der Aufklärungsarbeit zur Vorbeugung der Radikalisierung von Jugendlichen. Dschihad bedeutet nämlich eigentlich nicht Heiliger Krieg, sondern dass der Mensch sich anstrengen
möge, das Bestmögliche zu erreichen, seine innere Kraft
zu entfalten. Und das ist es ja, was Muslime genauso an-

streben sollten wie alle anderen Menschen, gleich welchen Glaubens.

Es gibt weitere Suren und Verse, die – wiederum vollkommen ahistorisch – zur Legitimation von Gewaltanwendung gegenüber Ungläubigen herangezogen werden. Sure 5, Vers 33 dürfte für sich sprechen:

»Die Vergeltung für die, die gegen Gott und seinen Gesandten Krieg führen und auf der Erde umherreisen, um Unheil zu stiften, soll dies sein, dass sie getötet oder gekreuzigt werden, oder dass ihnen Hände und Füße wechselseitig abgehackt werden, oder dass sie aus dem Land verbannt werden. Das ist für sie eine Schande im Diesseits, und im Jenseits ist für sie eine gewaltige Pein bestimmt ...«

Allerdings wird auch hier oft die Fortsetzung unterschlagen, die besagt:

»... außer denen, die umkehren, bevor ihr euch ihrer bemächtigt. Und wisst, dass Gott voller Vergebung und barmherzig ist.« (Vers 34; Khoury)

Sure 22, Vers 39-40 gilt als Beginn des bewaffneten Dschihads zu Zeiten Mohammeds und wird von heutigen Fundamentalisten als Rechtfertigung für ihren Terror angesehen:

»Erlaubnis (zum Kampf) ist denen gegeben, die bekämpft werden, weil ihnen ja Unrecht getan wurde – und Gott hat gewiss die Macht, sie zu unterstützen –, (ihnen), die zu Unrecht aus ihren Wohnstätten vertrieben wurden, nur weil sie sagen: Unser Herr ist Gott. Und hätte Gott nicht die einen Menschen durch die anderen abgewehrt, so wären gewiss Mönchsklausen, Kirchen, Gebetsstätten und Moscheen zerstört worden, in denen des Namens Gottes viel gedacht wird. – Und Gott wird bestimmt die unterstützen, die Ihn unterstützen. Gott ist stark und mächtig.«

Hier fällt allerdings auf, dass Gott nicht nur von Moscheen spricht, sondern offenbar auch von den Gebetshäusern anderer Religionen. Manche deuten dies als ein Zeichen für die Forderung nach religiöser Toleranz, es sind aber wohl auch andere Lesarten möglich.

Die weitaus umfangreichste Quelle für islamistische Gewaltlegitimation sind die Hadithe, die Überlieferungen aus der Zeit Mohammeds, doch daraus nun ebenfalls zu zitieren würde hier zu weit führen. Es bringt uns ja unter dem Strich auch nicht weiter, wenn in der gesellschaftlichen Diskussion nur immer wieder die angeblich gewaltbejahenden den angeblich gewaltablehnenden Passagen gegenübergestellt werden. Wir wollen an diesem Punkt nicht stehenbleiben, sondern uns auch in unserer Moschee der historisch-kritischen Auslegung widmen. So wie es immer mehr Gelehrte fordern, sowohl säkulare als auch einige traditionelle, um die gewaltverherrlichende Deutung unserer heiligen Schriften zu widerlegen.

Dennoch möchte ich abschließend nicht unerwähnt lassen, dass beim Thema Gewalt im Islam neben den genannten Textstellen immer wieder auch Sure 5, Vers 31-32 herangezogen wird. Allerdings mit umgekehrten Vorzeichen und verkürzt auf eine eingängige Formel. Nach jedem islamistischen Anschlag beeilen sich beispielsweise Vertreter von Islamgemeinden zu betonen, diese Gewaltexzesse hätten nichts mit unserer Religion zu tun, denn wer einen Menschen töte, der töte nach islamischem Verständnis die gesamte Menschheit. Für sich genommen und aus dem Zusammenhang gerissen, klingt das wunderbar. Sozusagen wie das muslimische Äquivalent zum christlichen Gebot »Du sollst nicht töten«. Aber so einfach ist es leider nicht, denn im Grunde geht es in der Sure um etwas anderes.

Die ganze Textstelle lautet:

»Gott schickte einen Raben, der in der Erde scharrte, um ihm zu zeigen, wie er die Leiche seines Bruders bedecken könne. Er sagte: ›Wehe mir! Bin ich nicht fähig, wie dieser Rabe zu sein und die Leiche meines Bruders zu bedecken?‹ So wurde er einer von denen, die bereuen. Aus diesem Grund haben Wir den Kindern Israels vorgeschrieben: Wenn einer jemanden tötet, jedoch nicht wegen eines Mordes oder weil er auf der Erde Unheil stiftet, so ist es, als hätte er die Menschen alle getötet. Und wenn jemand ihn am Leben erhält, so ist es, als hätte er die Menschen alle am Leben erhalten. Unsere Gesandten kamen zu ihnen mit den deutlichen Zeichen. Aber viele von ihnen verhalten sich nach alledem maßlos auf der Erde.« (Khoury)

Um diese Verse zu verstehen, muss man den Kontext kennen: Abel, der Schafe hielt, und Kain, der Ackerboden bestellte, sollten Gott ein Opfer bringen, um ihre Frömmigkeit unter Beweis zu stellen. Das Opfer von Kain wurde nicht angenommen, weil er offensichtlich nicht aus einer tiefen Frömmigkeit heraus geopfert hatte, im Gegensatz zu Abel. Verärgert über die Bevorzugung seines Bruders und aus Eifersucht tötete Kain seinen Bruder. Es geht hier also eher um die Frage nach der ehrlichen Frömmigkeit und der Bereitschaft, Gott ein Opfer zu bringen. Die Sure wird verkürzt und sinnentstellend wiedergegeben, um als Beleg dafür zu dienen, dass im Koran die Tötung eines Menschen generell als die Tötung der ganzen Menschheit angesehen wird. Das trifft jedoch nur zum Teil zu.

Aber sollten wir nun den guten Willen jener Muslime ignorieren, die diese Verse so interpretieren, dass Gott uns damit auffordert, nicht zu töten? Nein, das kann selbstverständlich nicht die Konsequenz sein. Im Gegenteil, jede friedliche Interpretation des Koran trägt dazu bei, das Zusammenleben der unterschiedlichen islamischen Ausrichtungen zu verbessern. Ebenso wie unser Verhältnis zu den anderen Konfessionen. Wir dürfen uns nur nichts vormachen, denn neben diesen Versen gibt es, wie wir gesehen haben, auch viele Stellen, die Gewaltanwendung rechtfertigen, wenn es um die Verteidigung und Verbreitung unserer Religion geht.

Als friedliebende Muslime können wir lediglich immer wieder darauf hinweisen, dass sich die in der medinischen Zeit verkündeten Verse ausschließlich darauf bezogen, dass die junge Gemeinschaft sich vieler Feinde zu erwehren hatte. In dieser konkreten Situation wurde ihnen offenbart, dass sie sich zur Wehr setzen dürfen und gegebenenfalls Krieg führen müssen, um sich und die eigenen Angehörigen sowie ihre Religion zu verteidigen. Dies unterscheidet den Islam in keiner Weise von den anderen Religionen. Jeder einigermaßen objektiv denkende Mensch muss zugeben, dass sich in den Schriften aller drei großen Religionen reichlich Belege für die Befürwortung von Gewalt finden.

Man muss sich nur jedes Mal die Frage stellen, in welchem historischen Kontext die Offenbarungen niedergesandt wurden bzw. zu welcher Zeit die Texte entstanden sind. Auch im Koranunterricht und in den Moscheen sollte das gelehrt werden, damit junge Muslime und Konvertiten besser gefeit sind gegen die politisch motivierte, aber religiös verbrämte Propaganda radikaler Prediger.

RADIKALISIERUNG
IM INTERNET

Um ihre menschenverachtenden, gewaltverherrlichenden Überzeugungen zu verbreiten, nutzen Islamisten das angebliche Teufelswerkzeug des Westens, das Internet. In den letzten Jahren mussten wir zusehen, wie sie sich technisch immer weiter perfektionierten, während der Westen, der diese technischen Möglichkeiten geschaffen hat, keine besonders großen Anstrengungen unternahm, dem etwas entgegenzusetzen.

Wenn wir uns die Profile und Propagandavideos von IS-Kämpfern auf YouTube anschauen, dann unterscheiden sie sich kaum von dem, was wir aus gewalttätigen Videospielen kennen. Es wirkt geradezu wie eine Art Popkultur, was sich da offenbart. Die Propagandafilme sind derart professionell gemacht, dass man sich nicht wundern muss, wenn sie das Blut junger Männer zum Brodeln bringen. Man hat den Eindruck, mitten im Geschehen zu sein und wie in einem Videospiel aktiv daran mitwirken zu können, dass die eigenen Leute siegen. Die meisten jungen Männer, die sich von solchen Videos angesprochen fühlen und IS-Kämpfer werden, denken offenbar auch nicht viel weiter. Bei einem Videospiel, so gewalttätig es sein mag, bringt man keine echten Menschen um, und am Ende zählt man Punkte und nicht

Leichen. Rückkehrer aus Syrien haben deshalb oft große Mühe, sich im Westen wieder zurechtzufinden. Sie haben dort unten nicht nur Punkte gesammelt und einen imaginären Feind bekämpft, sondern höchstwahrscheinlich vergewaltigt und getötet oder zumindest zugesehen, wie andere es taten.

Um unsere Jugendlichen vor Radikalisierung zu schützen, reicht es nicht aus, solche Videos zu verbieten. Viel überzeugender und wirkungsvoller wäre es, wenn jeder gewaltverherrlichende islamistische Film mit einem entsprechend aufklärerischen Video beantwortet würde. So ist es zu begrüßen, dass sich mittlerweile Einzelpersonen mit Friedensbotschaften und objektiven, gut recherchierten Berichten über den Islam im Internet zu Wort melden. Beeindruckend auch, wie junge Europäer, die ganz offensichtlich keine Muslime sind, einerseits gegen die grassierende Islamfeindlichkeit argumentieren und sich gleichzeitig bemühen, die Radikalisierung junger Muslime aufzuhalten. Staatliche Stellen beteiligen sich bisher noch viel zu wenig an dieser zivilgesellschaftlichen Präventionsarbeit, auch wenn allmählich ein Umdenken stattfindet.

Prävention ist und bleibt der Schlüssel zur Deradikalisierung. Wie man am Beispiel Frankreichs sieht, kann eine fehlgeleitete Politik enorm zur Verschärfung gesellschaftlicher Konflikte beitragen. In unserem Nachbarland leben je nach Schätzung zwischen fünf und 15 Millionen Muslime, von denen sich eine große Zahl nach wie vor als Fremdkörper in der Gesellschaft fühlt. Trotz der seit Jahrzehnten bestehenden Probleme zwischen der muslimischen Bevölkerung und der Mehrheitsgesellschaft sah sich der französische Staat kaum veranlasst, in die Integration der vorwiegend aus den Maghrebstaaten stammenden Menschen zu investieren.

Lange Zeit behaupteten Politiker, in Frankreich gäbe es kein Problem mit der Integration der Muslime, denn die seien ja französische Staatsbürger. Eine ignorante Haltung, die ganz sicher dazu beigetragen hat, dass das Land zu einem der exponiertesten Ziele islamistischer Attentäter geworden ist und viele IS-Kämpfer von dort aus nach Syrien gehen.

Bei der Debatte über den islamistischen Terror sollten wir den tiefsitzenden Frust von muslimischen und zum Islam konvertierten Jugendlichen über ihre Chancenlosigkeit in den westlichen Gesellschaften nicht unterschätzen. Der Werdegang von Selbstmordattentätern und IS-Kämpfern sieht meist wie folgt aus: in jungen Jahren straffällig geworden, kein oder ein sehr schlechter Schulabschluss, Arbeitsplatz verloren oder zu wenig verdient, gestörte familiäre Verhältnisse, Drogenkonsum – alles in allem katastrophale Zukunftsaussichten.

Diese jungen Menschen gehören nicht dazu, also werfen sie sich denen in die Arme, die sagen: Komm zu uns, du bist ein Teil von uns, wir lieben dich, wir schützen dich, wir werden dir ein schönes Leben geben. Klingt nach Klischee, doch so setzt sich das Fußvolk und Kanonenfutter des sogenannten Islamischen Staates zusammen.

Die Köpfe hingegen sind kluge, studierte, teilweise hochbegabte Überzeugungstäter, die man kaum zu Gesicht bekommt, so wie bei allen extremistischen Bewegungen. Anders könnte so ein System auch gar nicht funktionieren. Dem einen oder anderen dieser Hintermänner kann man vielleicht auch in Deutschland auf

Podien oder in Talkshows begegnen, belegen kann ich das jedoch nicht. Zuweilen wird mir zugetragen, eine bestimmte Person gehöre zu den Muslimbrüdern und träume von der Einführung der Scharia, doch dabei handelt es sich bislang nur um Gerüchte. Gleichwohl hoffe ich, dass der Verfassungsschutz sich mit diesem Thema beschäftigt, damit wir solchen Menschen in Deutschland nicht unwissentlich ein Forum bieten und dazu beitragen, ihre Ideologie zu verbreiten.

DER »ISLAMISCHE STAAT«

Die terroristische sunnitische Miliz »Islamischer Staat« ist seit 2003 unter verschiedenen Namen aktiv. Ursprünglich bekannte sie sich zu den Zielen des Terrornetzwerks al-Qaida, von dem sie sich 2013 jedoch trennte. 2014 rief der IS auf syrischem und irakischem Gebiet ein sogenanntes Kalifat aus. Seither hat er weltweit ein Ausmaß an terroristischer Gewalt verbreitet, das alles bisher Dagewesene übertrifft.

Die Gruppierung ist allerdings nicht über Nacht entstanden, auch wenn wir im Westen diesen Eindruck gewinnen konnten. Sie ist höchstens ohne unser Wissen entstanden, denn weder Politiker noch Medien sahen sich verpflichtet, nach dem Abzug der USA aus dem Irak offen über die Entwicklungen im Nahen Osten zu berichten. Tatsächlich ist die Entstehung des IS eine direkte Folge des Irakkrieges von 2003, und bekanntermaßen haben die USA und die Türkei dabei eine nicht unmaßgebliche Rolle gespielt.

Den beiden NATO-Partnern geht es in dem Konflikt um die Kontrolle des Nahen Ostens und die Verdrängung des Assad-Regimes mit dem Ziel, in der Region eine Vormachtstellung zu erlangen. Damit will ich keinesfalls den syrischen Staatspräsidenten Assad verteidigen, der sich unzähliger Menschenrechts- und Kriegsverbrechen schuldig gemacht hat. Die Sache ist nur komplizierter, als sie auf den ersten Blick scheint. So bekämpft Erdoğan in der Region zusätzlich die Kurden, die sich im Norden des Iraks ein Autonomiegebiet aufgebaut haben. Vor allem aber kämpfen dort Sunniten gegen Schiiten. In dieser Gemengelage konnte der IS entstehen und sich regional festsetzen, was ohne Waffen und Geld nicht funktioniert hätte und nach wie vor nicht funktionieren würde. Die USA haben angeblich beim Abzug aus dem Irak Waffen »vergessen«. Was die Türkei im Detail dazu beigetragen hat, dass der IS wachsen konnte, wird sich sicher noch herausstellen.

Der türkische Journalist Can Dündar berichtete am 29. Mai 2015 unter der Überschrift »Hier sind die Waffen, die Erdoğan leugnet« über militärische Ausrüstung, Waffen und Munition, die vom türkischen Geheimdienst (MIT) 2014 auf LKWs über die türkische Grenze nach Syrien gebracht worden waren. Bestimmungsort soll das Gebiet des IS gewesen sein. Das verwundert nicht, denn es ist unwahrscheinlich, dass die Türkei Waffen an Assad oder die Kurden liefern wollte. Can Dündar hatte die Geschichte nicht erfunden: Der Zeitung *Cumhuriyet*, deren Chefredakteur er zu dem Zeitpunkt war, wurde Filmmaterial zugespielt, das an Eindeutigkeit nichts zu wünschen übrig ließ. Wegen dieses Artikels saßen Dündar und sein Kollege Erdem Gül mehrere Monate in Untersuchungshaft. Man warf ihnen Spionage, Verrat von Staatsgeheimnissen und Unterstützung einer terroristischen Vereinigung vor. Can Dündar lebt mittlerweile im Exil. In der Türkei erwartet ihn höchstwahrscheinlich eine lebenslange Haftstrafe wegen »Veröffentlichung geheimer Dokumente«.

Wie konnte das alles passieren? Wie konnte das islamistische Kalifat unter den Augen der Weltöffentlichkeit so stark werden? Hier der Versuch einer Erklärung: Anfang der 1970er Jahre existierten maximal zehn Gruppierungen, die man aus heutiger Sicht als Islamisten bezeichnen würde. Damals war der Westen noch viel zu sehr mit sich selbst und dem Eisernen Vorhang beschäftigt, als dass er die Verschiebungen in der muslimischen Welt wahrgenommen hätte. Und selbst wenn man etwas davon mitbekommen hätte, wäre man höchstwahrscheinlich der Ansicht gewesen, dass man diese Barbaren schon unter Kontrolle behalten könne. Denn als besonders zivilisiert und intelligent galten die Taliban nicht. Der Hindukusch schien damals auch noch sehr weit von Europa weg zu sein. Außer ein paar Hippies verirrte sich kaum jemand dorthin. Sehr viele Europäer wussten nicht einmal, wo Afghanistan liegt.

Heute gibt es bereits mehrere Hundert Organisationen, die das Ziel haben, die Welt zu islamisieren, und dabei buchstäblich über Leichen gehen. Al-Qaida, eine seit etwa 1993 bestehende Terrororganisation, »begnügt« sich noch damit, weltweit Anschläge zu verüben und so viele Menschen wie möglich mit in den Tod zu reißen. Der IS verfolgt eine andere Strategie, von der al-Qaida nicht einmal zu träumen wagte: die Errichtung eines Gottesstaates im Nahen Osten. Mag sein, dass das einer der Gründe ist – neben dem Kampf um die Vorherrschaft in der muslimischen Welt –, warum sich IS und al-Qaida nicht besonders gut vertragen.

Der IS meint es ernst, sowohl mit der weltweiten Verbreitung des Islam als auch mit der Vernichtung jedes einzelnen Menschen, der sich nicht dazu bekennt; Nicht-muslime und Ungläubige haben nach seiner Auffassung kein Lebensrecht. Der IS hat sich auch die moderne Technik, die Ausrüstung und die Institutionen beschafft, nicht zu vergessen das Personal, also die Bevölkerung, die notwendig ist, um einen »richtigen« Staat zu gründen. Mit dem Kalifen an der Spitze haben sie einen politischen Führer, es gibt auf dem von ihnen beherrschten Gebiet Ministerien, Banken, Schulen, Krankenhäuser, Apotheken, eben alles, was eine Gesellschaft braucht. Keineswegs besteht die Miliz nur aus testosterongesteuerten Kriegern, die es auf die 72 Jungfrauen abgesehen haben. Wer das glaubt, unterschätzt sowohl die Ideologie als auch die Wirkkraft des IS. Sein Vorgehen entspricht nämlich einer Form der Landnahme und klassischen Kriegsführung, wie wir sie aus der Geschichte zur Genüge kennen. Eine gut ausgebildete, straff geführte Armee bemächtigt sich zunächst größerer Flächen Land, nutzt vorgefundene Infrastruktur und baut notfalls neue auf, um die Voraussetzungen für ein funktionierendes Staatsgebilde zu schaffen. Viele Länder sind auf diese Weise entstanden, nicht zuletzt in Europa, auch wenn wir das gerne vergessen. Und auch wenn wir nur zu bereitwillig verdrängen, dass es für unsere politische Ordnung, für unsere Grenzen und unsere Lebensweise ebenfalls keine Ewigkeitsgarantie gibt.

Im Einflussbereich des Islamischen Staates, der sich, wie gesagt, als Kalifat versteht, von der internationalen Gemeinschaft aber natürlich nicht als Staat anerkannt wird, gilt das islamische Recht, die Scharia. Der Kalif, angeblich Nachfolger des Propheten Mohammed, wäre demnach sowohl religiöser wie politischer Führer der Gemeinschaft aller Muslime. Von der Vorstellung ausgehend, dass Gott nicht nur alle Menschen als Muslime erschaffen hat, sondern auch jedes Lebewesen und sogar jede Pflanze und jeden Stein, wäre er folglich der rechtmäßige Führer der ganzen Welt. Die Weltherrschaft ist somit zwangsläufig das Ziel des IS.

Ausgerufen wurde der »Islamische Staat« im Juli 2014 von Abu Bakr al-Baghdadi, den man kaum in der Öffentlichkeit sieht. Für uns im Westen ist er der Führer einer Terrormiliz, für seine Anhänger der Stellvertreter Gottes auf Erden. Als Kalifen eingesetzt hat ihn ein geheimer Rat des IS. Am 1. März 2017 trat al-Baghdadi, nachdem seine Truppen bei Kämpfen erhebliche Verluste hatten hinnehmen müssen, vor sein Volk und erklärte seinen Rückzug ins Gebirge. Die in deutschen Medien als Abschiedsrede bezeichnete Erklärung würde ich anders klassifizieren. So ein Rückzug dient wohl eher dem Ziel, sich zu sammeln und neue Strategien zu entwickeln.

Mit dem IS ist der islamistische Terror nicht in die Welt gekommen, aber die Miliz hat das Maximum dessen erreicht, was Terroristen erreichen können: dem Rest der Welt den Krieg erklären und einen eigenen »Staat« gründen. Angesichts dieser alarmierenden Entwicklung muss man sich fragen, warum der Westen – nicht unbedingt ein zahnloser Tiger – bisher keine Möglichkeit gefunden hat, den islamistischen Terror erfolgreich zu bekämpfen. Und nicht nur das: Wie kann es sein, dass der IS mit Waffen aus den führenden Industrienationen beliefert wird? Es ist ja ein offenes Geheimnis, dass diese Länder Waffen und Panzer in Krisen- und selbst in Kriegsgebiete verkaufen.[5] Beim Kampf gegen die vom ehemaligen US-Prä-

---

5 Siehe z. B. http://www.zeit.de/2015/38/syrien-krieg-deutsche-waffen

sidenten George W. Bush sogenannte »Achse des Bösen« wird der Westen also teilweise mit seinen eigenen oder auch mit russischen Waffen bekämpft. Kein einziges islamisches Land ist bisher in der Lage, so effizientes Kriegsgerät herzustellen wie die führenden westlichen Länder nebst Russland und China. Die Kriege werden also so lange andauern, wie die Industrienationen viel Geld mit Waffenlieferungen verdienen können.

Die Wurzeln des islamistischen Terrors liegen in Afghanistan, wo in den 1980er Jahren Krieger, die sich als Mudschahedin bezeichneten, zunächst der Sowjetunion den Heiligen Krieg erklärten. Wie schon den Begriff Dschihad haben Islamisten auch den Begriff Mudschahedin, der sich von Dschihad ableitet, für ihre Zwecke umgedeutet. Ein Mudschahedin ist demzufolge jemand, der die islamische Religion verteidigt und sich um ihre Verbreitung bemüht. Nach Auffassung vieler Islamgelehrter handelt es sich bei Mudschahedin ursprünglich lediglich um Menschen, die ihre Religion gut gelernt haben und reinen Gewissens danach leben. Mit der Zeit hat sich jedoch die kämpferische Bedeutung allgemein durchgesetzt.

Aus aller Welt gingen damals Muslime nach Afghanistan, um sich den Mudschahedin im Kampf gegen die Sowjetunion anzuschließen. Der Einmarsch der Sowjets war natürlich ein Skandal und weder für die westliche noch für die islamische Welt hinnehmbar. Entsprechend wurden die muslimischen Kämpfer von vielen Ländern, insbesondere von den USA, finanziell unterstützt. Nach dem Motto: Der Feind meines Feindes ist mein Freund. Dabei war damals schon abzusehen, dass die Mudschahedin sich nicht unbedingt als die besten Freunde des kapitalistischen freien Westens erweisen würden. Die Besetzung Afghanistans endete schließlich 1989 mit dem Abzug der sowjetischen Truppen, der das Land in einen langandauernden Bürgerkrieg stürzte, an dessen Ende die Taliban an die Macht kamen.

Als nach dem Terroranschlag vom 11. September 2001 nun wiederum die Amerikaner in Afghanistan einmarschierten, um das Taliban-Regime zu stürzen und Osama bin Laden zu fangen, nannten sie als offizielle Begründung unter anderem, sie wollten die unterdrückten muslimischen Frauen befreien. Dieses Argument entlockte vielen Frauenrechtlerinnen im Westen nur ein bitteres Lächeln. Mit Hilfe der Amerikaner waren die Taliban ja überhaupt erst an die Macht gekommen, und sie hatten auch gleich dafür gesorgt, dass alle Frauen Burka tragen mussten und Mädchen nicht mehr zur Schule gehen durften. Während der sowjetischen Besatzungszeit hatten die afghanischen Frauen freier gelebt, heißt es, außerdem hatten sie Zugang zu Bildung gehabt. Als die Amerikaner 2011 mit dem Abzug ihrer Truppen begannen, war die Lebenssituation der Frauen nicht besser als zum Zeitpunkt des Einmarschs.

Ich kann mich noch gut erinnern, wie in den 1980er Jahren bei Demonstrationen gegen die Besetzung Afghanistans durch die Sowjetunion folgende Parole gerufen wurde: »Russen raus aus Afghanistan, Hände weg von unserem Dope.« Jeder verfolgte eben seine eigenen Interessen beim Protest gegen das Vorgehen der Sowjets.

AUCH JUNGE FRAUEN
FOLGEN DEM RUF DES IS

Das Gesicht des islamistischen Terrors war lange Zeit ausschließlich männlich. Auch heute hört man nur vereinzelt von IS-Kämpferinnen oder gar Selbstmordattentäterinnen. Dennoch gibt es nicht wenige Frauen und junge Mädchen, die sich dem IS anschließen.

Für die Gründung eines Gebildes wie des sogenannten Kalifats »Islamischer Staat« werden Frauen dringend gebraucht. Nicht nur als Sexualpartnerinnen und Haushaltshilfe, sondern natürlich auch zum Kinderkriegen, damit der Bestand des Staates gesichert ist und er expandieren kann.

Manch einen überrascht es vielleicht, dass sich junge Frauen, zumal aus dem Westen, freiwillig einem archaisch-patriarchalen System unterwerfen. Dabei lässt sich dieses Phänomen weltweit immer wieder beobachten: Auch in der westlichen Welt waren es nicht nur die Männer, die den Fortbestand des Patriarchats sicherten – und es heute in vielen Bereichen noch immer tun. Frauen sind als Werkzeuge des Patriarchats ein notwendiger Teil des Systems: die gefügige Frau als Garant dafür, dass der Mann seine Herrschaftsrolle einnehmen kann und für genügend Nachkommen gesorgt ist.

Es sei an dieser Stelle daran erinnert, dass konservati-

ve Frauen im Westen öffentlich gegen ihre Geschlechtsgenossinnen protestierten, als die für das Frauenwahl-
recht auf die Straße gingen. Die Anti-Feministinnen
vertraten die Ansicht, der Staat würde zugrunde gehen,
wenn Frauen das passive und aktive Wahlrecht bekämen
oder gar politische Ämter bekleiden dürften. Frauen un-
terstellten Frauen, sie seien nicht in der Lage, Entscheidungen zum Wohle der gesamten Gesellschaft zu treffen.

Anfang des 19. Jahrhunderts setzten sich aufgeklärte Frauen nicht nur für die aktive Teilhabe ihres Geschlechts an der Demokratie ein, sondern sie kämpften
auch für das Recht an den eigenen Kindern, das damals
automatisch die Väter besaßen. Diese Regelung wollten
fortschrittliche Mütter nicht mehr hinnehmen, und so
ließen sie nicht locker, bis sie das Sorgerecht für ihre
Kinder erstritten hatten. Auf diese Errungenschaft verzichten muslimische Frauen heute freiwillig, wenn sie
sich dem IS anschließen und sich einem Leben fernab
jeder politischen Mitbestimmung und jeder gesellschaftlichen Partizipation unterwerfen. Das Recht an den Kindern steht nach dem ultrakonservativen Verständnis des
IS den Vätern zu.

Auch wenn junge Frauen freiwillig aus dem Westen nach
Syrien oder in den Irak gehen und wir sie offenbar nicht
wirksam daran hindern können, weil sie auf verborgenen
Wegen ausreisen und ihrer Familie vorher natürlich nicht
Bescheid sagen, müssen wir uns fragen, was sie antreibt.
Zumal sich sogar schon minderjährige Mädchen für ein
Leben mit einem IS-Kämpfer entscheiden. In der Regel
informieren sich Interessierte über die sozialen Medien
und nehmen auch darüber Kontakt zu IS-Kreisen auf.

Inzwischen hat das Kalifat sogar eine Frauenbrigade eingerichtet, damit die Neuankömmlinge all jene Dinge lernen, die sie als gute Ehefrauen brauchen.

Wissenschaftliche Studien[6] sowie Recherchen von Journalisten bestätigen, dass diese Mädchen und Frauen vor allem auf der Suche nach Geborgenheit und Sicherheit sind. Die meisten kommen aus sehr konservativen, oftmals schwierigen Verhältnissen und sehnen sich nach Zugehörigkeit. Nicht unerwähnt bleiben sollte, dass IS-Kämpfer in ihren Selbstdarstellungen eine starke männliche Ausstrahlung kultivieren, sicher auch kein ganz unwichtiger Aspekt für junge Frauen. Ein weiteres Motiv für diese Art der Radikalisierung dürfte sein, dass die Ausreisewilligen sich von ihren Eltern und den westlichen Konsumgesellschaften, in denen sie leben, abgrenzen wollen. In manchen Kreisen ist es regelrecht »angesagt«, sich mit dem Koran zu beschäftigen und auf Einhaltung unhinterfragter Verhaltensregeln zu pochen. Es gibt dem Leben einen Sinn. Die Frauen versprechen sich ein besseres Leben, ein mit Sinn angefülltes, kämpferisches Leben.

Die meisten von ihnen streben nicht nach wirtschaftlicher Unabhängigkeit, sondern suchen Männer, die sie und ihre Kinder versorgen. In Internetportalen und sozialen Medien, in denen radikale Musliminnen andere Frauen für den IS werben, ist zu lesen, die Interessentinnen bräuchten sich dort keine Sorgen mehr um Geld und Wohnung zu machen.

Es klingt wie eine Farce, aber tatsächlich berufen sich

---

6 Eine solche Studie hat z. B. das Londoner Institut für strategischen Dialog durchgeführt: https://www.welt.de/politik/ausland/article136960226/Was-westliche-Frauen-in-den-Dschihad-treibt.html

Frauen, die sich aus eigenem Antrieb dem IS anschließen, auf das von Feministinnen erkämpfte Recht auf
Selbstbestimmung. Auch ein Leben unter der Herrschaft
eines fanatischen Islamisten kann natürlich in gewisser
Weise selbstbestimmt sein, zumindest dann, wenn die
Frau es in Kenntnis dessen, was sie erwartet, freiwillig
gewählt hat. So weit, so gut. Das werden wir hinnehmen
müssen. Nicht hinzunehmen ist hingegen, wenn Frauen
verboten wird, dem Kalifat wieder den Rücken zu keh-
ren, oder wenn sie noch nicht einmal ihr Haus verlassen
dürfen. Aussteigerinnen berichten, wie schwierig es ist,
aus dem IS-Gebiet wieder herauszukommen. Nicht jeder
starke Kämpfer erweist sich als romantischer und liebe-
voller Ehemann. Immer wieder wird von häuslicher Gewalt und sexueller Ausbeutung berichtet. Wenn ein IS-
Kämpfer getötet wird, soll die Witwe in der Regel schnell
den nächsten heiraten, womit die Betroffenen nicht unbedingt einverstanden sind.

Die Geschichte des »Islamischen Staates« ist noch sehr
jung, und in den nächsten Jahren werden wir sicher mehr
über die Lebensumstände von Frauen und Kindern dort
erfahren. Ich mache mir allerdings keinerlei Hoffnun-
gen, dass das Geschichten von einem selbstbestimmten,
glücklichen Leben sein werden.

WARUM DER TERROR
UNS MUSLIMEN SELBST
AM MEISTEN SCHADET

New York, Paris, Istanbul, Brüssel, Nizza, Würzburg, Berlin, London – manch einer vertritt, wie gesagt, schon die Ansicht, wir müssten uns an solche Terroranschläge gewöhnen. Die Auseinandersetzungen zwischen der westlichen und der muslimischen Welt seien eben die Herausforderung unseres Jahrhunderts. Zugegeben, jede Zeit hat ihre eigenen politischen Konflikte. Die Ära des Kalten Krieges ist vorbei, und inzwischen haben sich weltweit neue Machtkonstellationen und Interessenkonflikte entwickelt. Sowie neue Gewissheiten, zum Beispiel die, dass die Islamisten ihren Krieg hauptsächlich gegen den verhassten Westen führen.

Schaut man genauer hin, ist das gar nicht so eindeutig. Schließlich gibt es deutlich mehr islamistische Attentate in islamischen Ländern als hier bei uns. Womit ich keineswegs die schrecklichen Anschläge in Frankreich, Belgien, Berlin und anderswo verharmlosen möchte. Im Gegenteil, mein Ziel ist es, allen friedlichen Muslimen zu zeigen, von wo die Gefahr für sie in Wirklichkeit kommt, nämlich sozusagen aus den eigenen Reihen und nicht in erster Linie von den Islamfeinden in westlichen Gesellschaften.

Ja, es trifft zu, dass Islamisten den Westen angreifen, weil sie ihn dafür verantwortlich machen, dass es den Menschen in vielen muslimischen Ländern wirtschaftlich schlecht geht. Es trifft auch zu, dass sie mit der westlichen Lebensweise nicht einverstanden sind und die Islamisierung der gesamten Welt anstreben. Islamisten sehen jedoch nicht nur den Westen als Feind an, sondern auch die Menschen, die zwar Muslime sind, ihren Glauben angeblich aber nicht richtig leben. Die verschiedenen Terrororganisationen führen – über den Krieg gegen den Westen hinaus – einen innerislamischen Glaubenskrieg.

Bei ihrem Abzug aus dem Irak hat die US-Armee nicht nur verbrannte Erde hinterlassen, sondern dem Krieg zwischen Sunniten und Schiiten regelrecht Tür und Tor geöffnet. Der Autokrat und Diktator Saddam Hussein, der selbst zur Minderheit der Sunniten im Irak gehörte, hatte das Land noch einigermaßen zusammengehalten. Nach seinem Sturz nutzten die Schiiten die Gunst der Stunde, griffen nach der Macht und fingen an, sunnitische Muslime in großer Zahl regelrecht abzuschlachten. Es ist kein Geheimnis, dass die Führungsriege des IS aus Gefolgsleuten und Geheimdienstoffizieren des damaligen Regimes besteht. Generäle, die nach dem Sturz von Saddam Hussein und dem Abzug der Amerikaner aus dem Irak arbeitslos wurden, besannen sich auf ihr Knowhow und gründeten die Terrororganisation Islamischer Staat. Seither führen Sunniten und Schiiten Krieg gegeneinander. Bei all den Anschlägen und kriegerischen Auseinandersetzungen sterben sehr viel mehr Muslime durch die Hand von radikalen Muslimen als Andersgläubige oder angeblich Ungläubige.

Das Bild, das Menschen islamischen Glaubens inzwischen weltweit abgeben, ist alles andere als schön: Muslim wird vielfach gleichgesetzt mit Terrorist. Kein Wunder also, dass es inzwischen nicht nur im Westen, sondern auch in islamischen Ländern Menschen gibt, die sich nicht mehr davon überzeugen lassen, dass der Islam gar keine so gewalttätige Religion ist, wie er sich aufgrund der vielen Terrorakte heute darstellt. Immer mehr ehemalige Muslime erklären, sie hätten sich von der Religion abgewandt und seien Atheisten geworden. Insbesondere im Iran gibt es eine starke Abkehr von der Religion. Viele Exiliraner bringen keinerlei Verständnis mehr dafür auf, wenn Gläubige sich bemühen, das Ansehen des Islam zu verbessern. Sie glauben einfach nicht, dass es einen toleranten und barmherzigen Islam gibt.

Die extremistischen und konservativen Bewegungen in den islamischen Ländern und der Terror, der im Namen ihrer Religion verübt wird, führen bei Muslimen nicht nur zur Ablehnung des Islam, sondern auch zu Scham. Scham über die Gewaltexzesse und Scham darüber, dass sie und ihre Glaubensgenossen als rückwärtsgewandt und zurückgeblieben gelten. Auch aus diesem Grund schadet der islamistische Terror den Musliminnen und Muslimen selbst mehr als dem Westen.

WAS WIR TUN KÖNNEN

Bei allem Verständnis für diejenigen, die sich enttäuscht vom Glauben abwenden, möchte ich betonen, dass man auch beschließen kann, sich *innerhalb* unserer Religion zu engagieren, um dem politischen Islam etwas entgegenzusetzen. Fortschrittliche Menschen in islamischen Ländern sollten meines Erachtens den Mut aufbringen, ihre Spiritualität auf ganz eigene Art zu leben, anstatt sich durch Islamisten bevormunden oder vom Glauben abbringen zu lassen.

Es braucht mehr moderne, liberale Muslime, die sich zum Islam bekennen und dessen friedliche Seiten leben und verbreiten. Insofern sind alle, die ihren Glauben zurzeit eher zurückhaltend und nur in Privaträumen praktizieren, aufgefordert, sich sehr viel mehr öffentlich zu zeigen, auch wenn sich das Moderne, Liberale ihrer Religionsausübung eigentlich gerade in der Zurückhaltung zeigt, die so anders ist als die marktschreierische Zurschaustellung der Islamisten.

Die Bescheidenheit und Unauffälligkeit, mit der sie ihren Glauben leben, ehren diese Menschen. Da sie in der Religion Spiritualität, Liebe und Frieden suchen, haben viele von ihnen verständlicherweise Probleme damit, sich zusammenzuschließen oder Hierarchien zu unterwerfen. Im Islam gibt es, wie gesagt, keine den christlichen Kirchen vergleichbaren Institutionen. Das ist das Besondere am Islam: Nichts steht zwischen dem einzelnen Gläubigen und Allah. Dennoch müssen sich liberale Muslime mittlerweile die Frage stellen, ob sie ihre Haltung nicht ändern sollten. Denn das Feld ist aktuell den Fundamentalisten überlassen. Auch die traditionellen islamischen Verbände tragen nicht unbedingt dazu bei, dass sich das Bild des Islam zum Positiven verändert. Mit ihrer konservativen Auslegung der Schriften sind sie leider mit dafür verantwortlich, dass es noch keinen nennenswerten Widerstand, keine breite Front der friedlichen Muslime gegen die Islamisten gibt. Die konservativen Verbände arbeiten sich nach wie vor viel zu sehr an der zunehmenden – und nicht zu leugnenden – Islamfeindlichkeit der Gesellschaft ab, in der sie leben. Statt sich zu fragen, was sie selbst tun können, um dem Rassismus zu begegnen. Denn dessen aktuelle Hauptursache ist nun mal der islamistische Terror. Ich betone: die *Hauptursache*, nicht die *alleinige* Ursache. Das muss ich wohl unterstreichen, damit keine Missverständnisse aufkommen, denn natürlich gibt es noch viele andere Gründe für Ressentiments gegenüber Muslimen.

Auch hier gilt, man sollte das eine tun und das andere nicht lassen. Selbstverständlich ist es richtig und notwendig, auf Islamfeindlichkeit aufmerksam zu machen und Wege zu suchen, um sie zu bekämpfen. Darüber darf jedoch nicht vergessen werden, dass man auch gegen die Menschenfeinde und Rassisten innerhalb der eigenen Gemeinschaft aufstehen muss, allen voran die Faschisten vom Islamischen Staat und sämtlichen anderen Terrororganisationen.

Statt gebetsmühlenartig zu wiederholen, die Gräueltaten der Islamisten hätten nichts mit dem Islam zu tun, sollten die islamischen Verbände den Terror gemeinsam mit den demokratischen Gesellschaften bekämpfen, in denen sie leben, sollten sie gemeinsam mit den westlichen Politikern die Integration der Muslime vorantreiben und die Sicherheitsfrage lösen. Das könnte unter anderem bedeuten, dass Moscheegemeinden radikalisierte Jugendliche oder auffällig gewordene Männer ansprechen und, sofern die Gefahr besteht, dass sie sich einer islamistischen Terrororganisation anschließen, den Sicherheitsbehörden melden. Das bedeutet aber auch, dass in keiner einzigen Moschee Hasspredigten geduldet werden.

Friedliche Muslime, sowohl liberale als auch konservative, sollten sich endlich zu einer Allianz gegen den Islamismus zusammenschließen. Das heißt nicht, dass sie die Pluralität ihrer Religion missachten sollten oder dass es zu einem einheitlichen Islamverständnis kommen müsste, wie es der IS fordert. Im Gegenteil, moderne und konservative Muslime sollten durch ihre Zusammenarbeit öffentlich demonstrieren, dass der Islam eine vielfältige Religion ist. Dass sie einander tolerieren und friedlich miteinander leben können.

In der Menschheitsgeschichte gibt es leider genug Katastrophen, von denen wir lernen können, dass man die Augen nicht vor den Realitäten verschließen darf, sondern sich einmischen sollte, um Schlimmeres zu verhindern. Und wir müssen gar nicht den Zweiten Weltkrieg und Adolf Hitler bemühen, um das zu belegen. Auch bei der fast vollständigen Vernichtung der Ureinwohner in den USA, Kanada und Australien haben viele Menschen einfach nur zugesehen. Die Versklavung von Menschen aus Afrika reiht sich da ebenso ein wie der Völkermord an den Armeniern in der Türkei. Es ist nun einmal so, dass politische Macht Menschen dazu verleiten kann, Andersdenkende zu diskriminieren, zu unterdrücken, zu töten. Selbst Demokratien sind nicht davor gefeit, weshalb die Gewaltenteilung und das Prinzip der Rechtsstaatlichkeit wichtige Instrumente sind, um die Mächtigen zu kontrollieren und ihre Machtfülle zu begrenzen.

Unter den islamischen Ländern gibt es leider keine einzige Demokratie, die diesen strengen Maßstäben gerecht wird. Der IS lehnt die Demokratie sowieso kategorisch ab. In seinen Augen ist sie ein Werk des Teufels und nur etwas für Ungläubige. Deshalb ist es für Muslime angeblich auch eine Sünde, sich an demokratischen Wahlen zu beteiligen.

Andere islamische Länder rühmen sich hingegen, demokratisch zu sein und die Menschenrechte zu achten. Der türkische Präsident Erdoğan hat nach dem gescheiterten Putschversuch im Sommer 2016 sogar Mahnwachen für die Demokratie ausgerufen und seine Anhänger aufgefordert, sich auf sämtlichen Plätzen der Türkei zu versammeln, um den Sieg der Demokraten über die Putschisten zu feiern. Seitdem hat er Zigtausende Beamte, Richter, Professoren usw. aus politischen Gründen entlassen, hat die Pressefreiheit massiv eingeschränkt und sogar Oppositionspolitiker verhaftet. Ein Ende dieser »Säuberungen«, wie er es selbst nennt, ist nicht in Sicht.

Wir alle – Muslime wie Nicht-Muslime – sind aufgefordert, uns antidemokratischen und autoritären Strömungen entgegenzustellen, ganz gleich, aus welcher politischen Richtung der Wind weht. Nach dem Motto:

Wehret den Anfängen. Besonders wir Muslime aber sind in der Pflicht, den islamistischen Terror ohne Wenn und Aber zu verurteilen. Vor dieser Verantwortung können wir uns nicht drücken. Die Attentäter sind aus unserer Mitte heraus zu dem geworden, was sie sind. Sie sind in Moscheen gegangen, haben fünfmal am Tag gebetet, mit ihren Familien gefastet und das Fasten gebrochen, sie waren vielleicht sogar in Mekka, sie rufen fortwährend Allahu Akbar und bekennen sich gemäß der Besmele, dem islamischen Glaubensbekenntnis, zu dem einen Gott und zum Propheten.

Wenn heute die meisten Terroranschläge weltweit von Islamisten begangen werden, dann haben wir Muslime ein Problem in unserer Community. Da hilft auch der Versuch nichts, sich reinzuwaschen, indem man den üblichen Verdächtigen wie CIA oder Israel die ganze politische Verantwortung zuschiebt. Eine Mitverantwortung verschiedener westlicher Akteure an der Misere will ich gar nicht bestreiten. So funktioniert Geopolitik, und die Waffenlieferungen von den USA und anderen Ländern in die Krisengebiete habe ich ja bereits erwähnt. Dennoch, auch das Konto der Muslime selbst ist schwer belastet. Saudi-Arabien finanziert beispielsweise einen radikalen, rückwärtsgewandten Islam und unterstützt offen den Terror der Fundamentalisten.

Eine systematische Religionskritik im Islam würde definitiv helfen, Islamfeindlichkeit abzubauen. Wer seine eigenen Fehler sieht und zum Thema macht, kann dazu beitragen, dass sie sich nicht wiederholen. Der Versuch, den Islam zu reformieren oder zu erneuern, muss genau da ansetzen. Islamische Gemeinschaften brauchen dringend mehr Debatten und mehr Selbstkritik. Sie müssen sich fragen, woran es liegt, dass sich junge Muslime von der Gesellschaft abwenden und zu Mördern werden. Das ist schmerzhaft, aber bitter notwendig. Den öffentlichen Diskurs auf antimuslimischen Rassismus zu reduzieren ist in meinen Augen verantwortungslos und führt zu noch mehr Islamfeindlichkeit, weil Islamhassern damit Argumente geliefert werden, beispielsweise, dass Muslime uneinsichtig und zur Selbstkritik unfähig seien. Muslime sollten sich nicht länger nur als Opfer sehen, sondern ihr Schicksal selbst gestalten.

Der islamistische Terror richtet sich in erster Linie gegen Muslime, und er schadet ihnen auf lange Sicht auch am meisten, denn er lässt den Islam als Gewaltreligion erscheinen, vor der man Angst haben muss. Dabei fürchten sich friedliche Muslime genauso vor dem IS wie Christen, Juden, Atheisten und alle anderen. Islamisten nehmen sich heraus, ihre Mitmenschen in gute und schlechte Gläubige einzuteilen, dabei steht uns Menschen so ein Urteil über andere gar nicht zu. Ob jemand gottgefällig lebt oder in die Hölle kommt, weil er ein sündhaftes Leben geführt hat, entscheidet allein Gott. Welchem Gott folgen also Islamisten, wenn sie unter Allahu-Akbar-Rufen Menschenleben nehmen, wenn sie Frauen vergewaltigen und Kinder abschlachten?

Das kann nicht der Gott sein, an den wir friedlichen Muslime glauben. Das kann nicht der Gott sein, an den Christen und Juden glauben. Denn glauben wir nicht alle am Ende an den einen Gott, der uns Liebe und Barmherzigkeit lehrt? Strebt nicht jeder Gläubige danach, sich Gott durch Gebete nahe zu fühlen und seine Gebote zu befolgen, in Demut vor dem Leben, das er uns geschenkt hat? »Du sollst nicht töten« gilt für alle drei monotheis-

tischen Religionen. Auch für den Islam. Gott allein entscheidet, wann wir auf diese Welt kommen und wann wir
von dieser Welt gehen. Es heißt, die Anzahl der Atemzü-
ge eines jeden Menschen sei vorherbestimmt. Wenn die
Zahl erreicht ist, verlassen wir diese Welt.

Islamisten verbreiten Terror und töten um des Tötens
willen. Sie haben keinerlei Ehrfurcht vor Gott. Keinerlei
Demut gegenüber dem einen Gott, der alles erschaffen
hat und den alle meinen, wenn sie an einen Gott glauben.

KAPITEL 3

———————

Ein Gott

MEINE MUSLIMISCHE FAMILIE

Meine Kindheit verlief sehr traditionell türkisch, wenn auch nicht besonders religiös. Dennoch gab es immer wieder Momente, in denen mir klar war, dass meine Familie muslimisch ist. Mein Wissen darüber, was das genau bedeutete, war aber recht nebulös.

Der Ramadan und das Fasten, das Zucker- und das Opferfest hatten für uns große Bedeutung und wurden würdig gefeiert. Ich muss zwölf oder dreizehn gewesen sein, als ich das erste Mal gefastet habe. Freiwillig, weil meine Eltern fasteten und einige Verwandte auch. Das gemeinsame abendliche Fastenbrechen und das nächtliche Mahl vor Sonnenaufgang hatten einen gewissen Zauber. Den religiösen Hintergrund kannte ich jedoch nicht, darüber wurde bei uns nicht gesprochen, man machte es einfach.

Ich weiß nicht mehr, ob ich damals jedes Jahr gefastet habe. Höchstwahrscheinlich nicht. Ich kann mich aber sehr genau an das gute Gefühl erinnern, zur großen Gemeinschaft der Muslime zu gehören. Mit meinen Eltern erlebte ich während des Ramadans schöne Momente, manchmal auch nur mit meinem Vater, wenn Mama gerade nicht fasten konnte und Papa und ich nachts gemeinsam aßen. Ich dachte dann oft daran, dass überall auf der Welt Menschen fasteten und wir mit manchen von ihnen zur selben Zeit aßen. In Deutschland hatte der Ramadan keinen so großen Zauber wie in der Türkei. Wenn er in die Sommerferien fiel, konnten wir ihn in Istanbul erleben, wohin wir reisten, um unsere Verwandten zu besuchen. Das war ganz anders als im christlich geprägten Berlin, weil so viele Menschen um uns herum ebenfalls fasteten. Unsere Familie ist riesig, sowohl auf der Seite meines Vaters als auch auf der meiner Mutter. Das hat schon etwas Großartiges, wenn all diese Leute täglich zusammen sind und nach Sonnenuntergang auch gemeinsam essen. Es gab aber nicht nur positive Aspekte. So erlebte ich schon damals in der Türkei die Aggressionen derer, die fasteten, gegenüber denen, die nicht fasteten.

Die Momente, in denen Religion in unserer Familie eine große Rolle spielte, waren aber insgesamt eher selten, auch in der Türkei. Erst seit die AKP dort an der Macht ist, gibt es auch in meiner Großfamilie mehr sichtbare, demonstrative Religionsausübung wie häufiges Beten oder Koranlesen.

Nachdem ich mit knapp achtzehn Jahren von zu Hause weggelaufen war, fastete ich nicht mehr und verzichtete auch auf alle anderen religiösen Feste. Ich lebte mit Deutschen zusammen, von denen die meisten Atheisten waren oder kein großes Aufhebens von ihrem Glauben machten.

In den achtziger und neunziger Jahren sprach man in meinem Umfeld nicht viel über Gott. Und wenn, dann eher abfällig. Insbesondere Repräsentanten der anderen monotheistischen Religionen, vorneweg der Papst, waren nicht gut angesehen und wurden zu Recht für sehr viel Übel in dieser Welt verantwortlich gemacht. Spiritualität, Esoterik, Buddhismus oder Yoga standen hingegen bei vielen Linken hoch im Kurs. Ihr Kampf gegen Religion als Institution und Unterdrückungsinstrument war auch immer mein Kampf. Jede Form von Zwang und Dogma lehnte ich ab. Und das tue ich auch heute noch.

Für mich persönlich gibt es Gott einfach, seine Existenz habe ich nie in Frage gestellt. Und da wir Muslime keine den christlichen Kirchen vergleichbare Institution haben, musste ich meinen Glauben nie nach außen zeigen oder von anderen bewerten lassen. Ich hinterfragte ihn auch nicht oder machte mir Gedanken darüber, was es bedeutet, an Gott zu glauben. Vielleicht liegt das daran, dass meine Eltern keinerlei Druck ausübten, wenn es darum ging, zu beten, zu fasten oder den Koran zu lesen.

Meine Mutter hatte das Kopftuch abgelegt, als sie als Fabrikarbeiterin nach Deutschland kam und an Maschinen arbeitete, an denen es mit dem Tuch gefährlich werden konnte. Der Vorarbeiter meinte, wenn ein Zipfel in die Maschine gerate, könne sie das Tuch nicht schnell genug vom Kopf ziehen und würde mitsamt den Haaren hinterhergezogen. Das überzeugte meine Mutter. Außerdem fanden sie und andere Frauen in unserer Familie, dass man in Deutschland mit dem Kopftuch komisch aussah. Sie wollten nicht auffallen und keine unnötige Aufmerksamkeit auf sich ziehen. Somit war die Kopftuchfrage in dem Teil meiner Großfamilie, der in Berlin lebte, ein absolutes Randthema.

Da meine Eltern immer große Bewunderer von Atatürk waren, betrachteten sie diejenigen, die ihre Religion zur Schau stellten, voller Misstrauen. Sie lebten ihren Glauben unauffällig. Auch als sie bereits die Pilgerfahrt nach Mekka gemacht hatten, blieben sie sehr zurückhaltend. Manch ein Mann lässt sich nachher einen Bart wachsen und will nur noch mit Hacı (Pilger) angesprochen werden. Mama trägt seitdem wieder ein Kopftuch, das ist aber auch schon alles. Weder Papa noch Mama haben jemals von uns Kindern erwartet, dass wir es ihnen gleichtun. Das Äußerste, was unser Vater in dieser Hinsicht tat, war, dass er meinen Geschwistern ein kleines Büchlein mit dem Titel »Anleitung zum Beten« gab. Mir nicht. Wahrscheinlich dachte er, bei mir käme es nicht so gut an. Damals stimmte das wohl auch.

DER GOTT DER ANDEREN

An den Moment, als mir zum ersten Mal bewusst wurde, dass ich an Gott glaube, kann ich mich nicht erinnern. Ich weiß aber noch sehr gut, wie ich in der Grundschule im Religionsunterricht das erste Mal vom Gott der Deutschen hörte. Nachdem ich eine Weile am evangelischen Religionsunterricht teilgenommen hatte – wobei ich natürlich den Unterschied zu anderen Konfessionen noch nicht kannte –, fragte ich meine Eltern, welche Religionszugehörigkeit wir hätten und was das bedeute. Leider bekam ich keine befriedigende Antwort. Meine Mama erklärte, wir seien Muslime, mehr könne sie mir auch nicht sagen. Ich war zu klein, um vehement nachzufragen, und sie war offensichtlich überfordert von meiner Frage. Ich spürte, dass es ihr unangenehm war, mir keine befriedigendere Antwort geben zu können, so wie es ein islamischer Gelehrter getan hätte oder jemand, der mehr über unsere Religion wusste. Das war einer der Momente in meinem Leben, in denen ich spürte, wie wichtig Wissen ist. Unsere Religionslehrerin wusste viel und erzählte sehr schön.

Also ging ich weiter zum Religionsunterricht der »anderen« und versuchte, etwas über ihren Gott zu lernen. Vor allem über Jesus erfuhr ich viel. »Liebe deinen Nächsten wie dich selbst« war für mich die wichtigste Botschaft des

Christentums. Dieser Spruch wurde zu meiner Lebensphilosophie. Als Teenager schrieb ich ihn auf meinen Spiegel, so wie man es in dem Alter mit Lebensweisheiten macht. Ich suchte immer nach einer vergleichbaren Maxime im Islam, lange Zeit vergeblich. Dennoch spürte ich intuitiv, dass dieses Motto auch für uns Muslime gilt.

Mit der Zeit merkte ich, dass der Gott der anderen gar nicht so anders war als unser Gott, und mir kamen Zweifel, ob es tatsächlich verschiedene Götter gibt. Je mehr ich mich mit dem Thema beschäftigte, desto mehr verfestigte sich meine Überzeugung, dass es nur einen Gott geben kann. Und dass dieser Gott mich liebt, genau wie er jeden Menschen liebt. Die Liebe ist meine Verbindung zu Gott und zu den anderen Menschen. Die Liebe verbindet uns alle miteinander, und sie ist es, die ein Zusammenleben auch mit Andersdenkenden und Andersgläubigen möglich macht.

Als ich am 25. September 1984 in einer Beratungsstelle für Frauen aus der Türkei angeschossen und lebensgefährlich verletzt wurde, hatte ich eine Nahtoderfahrung, bei der ich ein Gespräch mit Gott führte. Es war nicht die Art von Gespräch, die wir Menschen miteinander führen, sondern eher eine Art Informationsübertragung. Ich sollte entscheiden, ob ich dem Licht und dem absoluten Glücksgefühl folgen, also aus diesem Leben scheiden, oder ob ich in dieses Leben zurückkehren will. Ich wollte noch nicht gehen, weil ich mit meinen einundzwanzig Jahren dafür zu jung war und noch einiges zu erledigen hatte. Mir wurde ein zweites Leben auf dieser Welt geschenkt. Seither glaube ich noch fester an Gott als zuvor. Meine Umgebung konnte mit dieser Erzählung jedoch nie viel anfangen.

Auch wenn ich heute von meiner Moschee-Idee erzähle, sind viele eher skeptisch. Ich muss mir dann immer wieder anhören, wie viel Leid der Islam über die Menschheit bringe. Anfangs wusste ich manchmal fast nicht mehr, welche Diskussionen schwieriger waren: die mit den Fundamentalisten oder doch die mit meinen aufgeklärten atheistischen oder alevitischen Freundinnen und Freunden. Dazu muss man wissen, dass viele Aleviten Moscheen gegenüber skeptisch eingestellt sind, weil sie selbst, wenn sie sich überhaupt zum Islam bekennen, was nicht alle tun, zum Beten in ihr Cemevi, ihr Versammlungshaus gehen. Dort gibt es zum Beispiel keine Geschlechtertrennung, Frauen und Männer begehen den Gottesdienst gemeinsam. Aleviten können ihre Versammlung, die Cem, überall abhalten, selbst im Freien oder in ehemaligen Synagogen oder Kirchen. Für manche Aleviten ist es auch in der Moschee möglich, für andere nicht.

Meistens habe ich in den letzten Jahren das Thema Moscheegründung ausgeklammert, um meine Freundschaften nicht zu strapazieren. Inzwischen konnte ich jedoch auch Aleviten für die Moschee gewinnen oder zumindest davon überzeugen, dass dieses Projekt wichtig ist. Wenn jemand es partout nicht versteht oder akzeptieren kann, ist das für mich auch okay.

Ich sehe es heute als meine letzte politische Aufgabe auf dieser Welt an, einen Ort für meinesgleichen zu schaffen, eine Moschee, in der keine Politik betrieben wird – im Sinne von Einmischung und Verflechtung mit staatlichen Institutionen – und in der moderne Muslime sich in Sicherheit und ohne Anfeindungen mit ihrem Glauben beschäftigen können. Dazu gehört unter anderem die Diskussion darüber, ob wir an einen anderen Gott glauben als Christen und Juden.

Natürlich wollen wir in unserer Moschee auch gesellschaftspolitische Diskussionen führen und Veranstaltungen organisieren, die zur Völkerverständigung beitragen, aber niemals mit dem Anspruch, dass die Religion Gesetze vorschreibt oder staatliches Handeln bestimmen will. Wenn ich sage, dass es mein letztes *politisches* Projekt ist, meine ich das so, wie unsere Generation das Politische versteht und wie es in der Parole »Das Private ist politisch« zum Ausdruck kommt. Alles, was wir machen oder auch nicht machen, gilt als politisch, also für das Zusammenleben in einer Gesellschaft relevant. Gleichzeitig bin ich selbstverständlich eine strenge Verfechterin der Trennung von Staat und Religion. Diese Forderung sollte auch in islamischen Ländern unbedingt umgesetzt werden. Viel zu viele Muslime verstehen den Koran und die Hadithe noch als maßgebliche Gesetze, die jedem zivilen Gesetz übergeordnet sind. Das muss ein Ende haben, wenn wir weiterhin in Demokratie und Freiheit leben wollen.

Mein großes Ziel ist es, die liberale Moschee mit Leben zu füllen, mit positiven Energien und mit dem Vorleben eines Islam, der ohne Gewalt und ohne Zwang auskommt, ein Zeichen zu setzen. Ein Zeichen für den Frieden zwischen den Religionen und mit den Atheisten. Damit habe ich für den Rest meines Lebens sicher genug zu tun. Und ich hoffe natürlich, dass ich noch lange lebe.

MEHR GEMEINSAMKEITEN
ALS UNTERSCHIEDE

Zwischen Judentum, Christentum und dem Islam gibt es
sehr viele Parallelen. Die Gemeinsamkeiten überwiegen
meiner Meinung nach sogar, auch wenn man religiöse
Fanatiker davon nicht überzeugen können wird. Fanatiker oder Fundamentalisten kennen nur ihren eigenen
Gott. Sie kennen nur ihre eigene Religion und können
sich Gemeinsamkeiten mit anderen Religionen nicht
vorstellen. Dafür wissen sie zu wenig über die anderen
und deren Gott, und meist sind sie auch nicht sonder-
lich interessiert, mehr darüber zu erfahren. Ein fried-
liches Miteinander oder Nebeneinander der Religionen
kommt für solche Menschen einem Verrat an ihrem eigenen Glauben, einem Verrat an Gott gleich. Dabei gibt
es in der Geschichte der Menschheit genügend Beispiele
dafür, dass so etwas gut funktionieren kann, wie unter
anderem die jahrhundertelange friedliche Koexistenz
der drei Glaubensgemeinschaften in Ägypten bis ins
12. Jahrhundert beweist. Aber Fundamentalisten wollen
eben allen Menschen ihre eigene Religion aufzwingen.

Eine der wichtigsten Gemeinsamkeiten der drei monotheistischen Religionen ist folgende: Juden, Christen
und Muslime glauben an einen Gott. Sie glauben an den
einen Gott, den Schöpfer von Himmel und Erde, wie wir

in ihren heiligen Schriften lesen können. »Im Anfang schuf Gott Himmel und Erde«, heißt es im Alten Testament (Genesis 1,1). Im Koran steht: »Er ist es, der für euch alles, was auf der Erde ist, erschaffen hat.« (Sure 2, Vers 29; Khoury) Muslime, Juden und Christen glauben daran, dass alles, was uns Menschen umgibt, von Gott geschaffen wurde. Dass Gott in allem steckt, was lebt und was nicht lebt. Dass Gott über Leben und Tod entscheidet.

Nicht nur in den heiligen Schriften stößt man auf Ähnlichkeiten, sondern auch im täglichen Leben, in Bereichen, die durch die Schriften direkt oder indirekt bestimmt werden. Juden kaufen in Berlin beispielsweise ihr Fleisch gerne bei einem Türken. Warum? Weil das Tier helal, also koscher geschlachtet wurde. Juden lassen ihre Söhne beschneiden, ebenso wie Muslime, und in beiden Religionsgemeinschaften gibt es viele Menschen, die dieses Ritual als nicht mehr zeitgemäß empfinden.

Heutzutage sind die meisten Gläubigen leider sehr viel mehr mit den Differenzen zwischen den verschiedenen Konfessionen beschäftigt, und auch seitens der religiösen Autoritäten ist nur selten gewünscht, dass wir uns auf die Gemeinsamkeiten besinnen. Hasspredigten und die Abgrenzung von Andersdenkenden und Andersgläubigen gehören zum Alltag im 21. Jahrhundert. Der interreligiöse Dialog wird lediglich von einer Minderheit geführt, die sich dadurch vielfach der Häme religiöser Fanatiker und Hardliner aussetzt. So wird liberalen Muslimen, die den Dialog mit Andersgläubigen oder gar Atheisten suchen, zuweilen abgesprochen, überhaupt Muslim oder Muslimin zu sein. Wenn sie nicht gleich mit dem Tod bedroht werden.

Kritik am konservativen Islam und der Wunsch nach Reformen haben auch mir verschiedentlich Morddrohungen eingebracht. Nachvollziehbar ist das für mich bis heute nicht, denn im Namen des barmherzigen Gottes, an den ich glaube, jemanden zu töten, wäre reinste Anmaßung. Es würde bedeuten, dass ich mich an die Stelle des Herrn über Leben und Tod setze. Wenn ich hier von »Herr« spreche, dann deshalb, weil es im Deutschen nicht anders möglich ist. Natürlich ist Gott für mich kein alter Mann mit Rauschebart. Im Türkischen ist es einfacher, da hat Gott kein Geschlecht. Im Türkischen heißt es »O«. Das lässt sich leider nicht ins Deutsche übersetzen.

Es ist immer wieder Balsam für meine Seele, wenn ich in den Schriftreligionen das Gemeinsame entdecke. Dann sehe ich mich bestätigt in meinem Gefühl der Nähe zu Juden und Christen. Bei allen Gläubigen geht es beispielsweise um Rituale wie das Beten, religiöse Feste, die Zusammenkunft als Religionsgemeinschaft. Für alle ist das Gefühl der Zugehörigkeit wichtig, der Wunsch, ein anständiger Mensch zu sein, der das Gute will und das Böse bekämpft.

Den Weltfrieden stelle ich mir, bezogen auf die Religionen, so vor: schauen, fragen, neugierig darauf sein, was der andere macht. Voneinander lernen und sich gegenseitig kennenlernen, Erfahrungen austauschen. Eine Welt, in der Menschen keine Kriege mehr gegeneinander führen, einander nicht mehr diskriminieren oder gar töten, nur weil sie vermeintlich an einen anderen Gott glauben – so eine Welt wird es nur geben, wenn wir erkennen, dass wir uns gar nicht so fremd sind. Und dass Gott und Allah eins sind.

Von diesem Ideal sind wir leider noch weit entfernt. Schon die Kinder werden damit konfrontiert, dass es »die anderen« und »uns« gibt. »Bei uns Muslimen ist es anders als bei den Christen« – mit diesem Satz bin ich aufgewachsen, und mit solchen Sätzen wachsen viele muslimische Kinder, höchstwahrscheinlich auch christliche und jüdische Kinder, heute noch auf. Trotzdem habe ich damals nie so richtig verstanden, was genau die »anderen« eigentlich von uns unterschied, denn ich habe schon immer sehr viel mehr die Gemeinsamkeiten gesehen. Die Unterschiede erschienen mir nicht wesentlich.

Der Glaube an den eigenen Gott, den man für den einzig wahren hält, spaltet die Menschheit teilweise so sehr, dass die Bekämpfung der anderen Religionen zur Obsession wird. Dabei überschneiden sich zumindest die drei monotheistischen Religionen insofern, als ihr gemeinsamer Stammvater Abraham mit seiner Entscheidung, nur noch an einen Gott zu glauben, den Glaubensweg für das Judentum eröffnete und seine Geschichte auch in den heiligen Schriften von Christentum und Islam eine wesentliche Rolle spielt. Am Anfang der drei Religionen steht somit das Gemeinsame. Alle drei sehen in Abraham ein großes Glaubensvorbild und verehren ihn bis heute. Ob die Mehrheit der Gläubigen von dieser Verbindung weiß, ist allerdings fraglich.

Vielfalt bedeutet Reichtum, auch wenn sich das offenbar noch nicht zu allen Menschen herumgesprochen hat. Wer heute in der islamischen Welt nach Toleranz und Offenheit gegenüber anderen Religionen sucht, wird zwangsläufig enttäuscht. Und das, obwohl eine große Zahl von Muslimen mit allen Menschen in Frieden zu-

sammenleben möchte und ganz selbstverständlich Angehörige anderer Konfessionen im Freundeskreis hat.
Das gilt aber bei weitem nicht für alle. So ist Antisemitismus unter Muslimen leider noch weit verbreitet, auch in
Deutschland, eine offene und ehrliche Auseinandersetzung darüber findet kaum statt. Aktueller Hintergrund
für den Hass vieler Muslime auf Juden ist der Konflikt
zwischen Israel und den Palästinensern, doch die Differenzen gehen weit zurück bis in die Entstehungszeit des
Islam, als die neue Religion sich gegen die alten, schon
vorhandenen Religionen behaupten musste.

Ein Hindernis für das friedliche Zusammenleben stellt
bekanntlich auch die sich im Westen ausbreitende Islamfeindlichkeit dar; denken wir nur an die Einreiseverbote
für Muslime in die USA, die Präsident Trump kurz nach
seiner Amtseinführung Anfang 2017 erließ.

Selbst die allgemeine Religionsfeindlichkeit vieler
überzeugter Atheisten ist nicht immer so harmlos, wie
es scheinen mag. So wurde 2016 in Freiburg eine junge
Frau von einem WG-Mitbewohner getötet, der sich als
»Antitheist« bezeichnete und die 31-Jährige wegen ihrer
Religiosität und kirchlichen Aktivitäten verachtete.[7] Zum
Glück ein Einzelfall.

Ich will mich hier nicht am Wettstreit zwischen
Christen und Muslimen beteiligen, welche Religions-
gemeinschaft weltweit am meisten unter Verfolgung,
Diskriminierung und Unterdrückung zu leiden hat, denn
das führt uns nicht weiter. Tatsache ist: Überall wird im
Namen von Religionen ausgegrenzt, gehasst, getötet,

---

7 http://www.stuttgarter-zeitung.de/inhalt.wegen-hass-auf-religion-24-
   jaehriger-wegen-mordes-vor-gericht.62fa29c7-5a74-4bcc-975e-8-
   fdfc1e21161.html

und das können und sollten wir nicht widerstandslos hinnehmen. Jeder Schritt aufeinander zu ist ein richtiger Schritt und wird weitere richtige Schritte nach sich ziehen, davon bin ich überzeugt.

Seit ich mich intensiver mit meinem Glauben und dem Verhältnis der drei monotheistischen Weltreligionen zueinander beschäftige, bestätigt sich immer wieder meine Überzeugung: Es gibt nur einen Gott. Gott ist Allah, und Allah ist Gott. Natürlich existieren Unterschiede im Gottesbild. So ist Gott in Islam und Judentum alles und über allem, während das Christentum die Dreifaltigkeit kennt, die Einheit Gottes in Gestalt dreier Personen: Gottvater, Jesus und Heiliger Geist. Das ändert jedoch nichts daran, dass wir alle an den einen barmherzigen und gnädigen Gott glauben, der uns und alle anderen Menschen liebt.

Dass es diesen Gott wirklich gibt, kann ich natürlich nicht beweisen, auch wenn Atheisten das von Gläubigen gerne verlangen. Ich kann nur sagen, ich glaube, dass es ihn gibt. So wie andere glauben, dass es keinen Gott gibt. Verfassungsrechtlich nennt man das Religionsfreiheit.

GLAUBE UND VERNUNFT

Da der Umgang der verschiedenen Religionen miteinander zu so viel Unfrieden führt, könnte man auf die Idee
kommen zu fragen, ob es in einer Welt ohne Religionen
womöglich friedlicher zuginge. Ob es weniger Konflikte
gäbe, wenn »das Opium des Volkes«, wie Karl Marx es
nannte, nicht existieren würde, wenn Menschen nicht
mehr in einen Bewusstseinszustand versetzt würden, der
im schlechtesten Fall von Abhängigkeit und Unfreiheit
geprägt ist. Auf den ersten Blick erscheint die Frage berechtigt, doch bei genauerem Hinsehen ist so eine Vorstellung natürlich unrealistisch, denn Menschen haben
schon immer und in allen Kulturen an eine höhere Macht
geglaubt, die alles erschaffen hat, und dieser Glaube besteht bis heute in sehr vielen von uns fort. Nicht die Religion an sich ist zerstörerisch, sondern die Menschen, die
sie für ihre Zwecke missbrauchen. Am Ende liegt es an
jedem Einzelnen von uns, ob wir aus unserem Glauben
Liebe zu Gott und den anderen Menschen schöpfen oder
Verachtung und Hass gegenüber allen, die anders sind
als wir.

Eine rein vernunftgeleitete Gesellschaft ohne jeden
Glauben würde wahrscheinlich auch gar nicht funktio-
nieren. Gerade in unserer durchtechnisierten Welt, in
Zeiten der Globalisierung, der hochkomplexen, überaus

zerbrechlichen Vereinbarungen zwischen unterschiedlichsten Ländern und Kulturen brauchen wir Orientierung und Halt, wollen wir unser Leben an unveränderlichen humanitären Werten ausrichten, uns behütet fühlen. Der Glaube an den barmherzigen, liebenden Gott bietet hierfür eine Grundlage und führt idealerweise zu einer gewissen inneren und äußeren Stabilität. Ebenso wie der Glaube an ein Leben nach dem Tod, einen paradiesischen Zustand, in dem die Beschwernisse des Diesseits aufgehoben sind.

Vielen Atheisten geht es im Grunde kaum anders als uns Gläubigen. Über ein Jenseits machen sie sich zwar nicht so viele Gedanken, aber im Diesseits streben auch sie nach Verlässlichkeit, nach Zugehörigkeit zu einer Gemeinschaft, nach Geborgenheit. Manche ebenfalls nach dem Rausch einer wie auch immer gearteten geistigen oder spirituellen Erfahrung, sei es durch Musik, Sport oder anderes.

Auf den ersten Blick scheinen sich Glaube und Vernunft unvereinbar gegenüberzustehen. »Frau Ateş, Sie sind doch eine vernünftige Frau. Wie können Sie da an Gott glauben, und dann auch noch an den Islam? Wo der doch für Terror und Frauenunterdrückung steht.« Derartige Kommentare höre ich immer wieder, wenn ich erkläre, dass ich gläubige Muslimin bin. Für manche Atheisten, Feministinnen und Linke habe ich anscheinend den Verstand verloren. Aber gibt es wirklich nur diese beiden Möglichkeiten: Entweder du glaubst an Gott, oder du nutzt deinen Verstand?

Allen aktuell existierenden Religionen ist ebenso wie allen früheren gemeinsam, dass es in ihnen hauptsächlich um den Umgang mit Geburt und Tod, den Sinn des Lebens und ein mögliches Jenseits geht. Man könnte also durchaus fragen, ob wir nur deshalb glauben, weil wir zu wenig wissen. Und ob nur diejenigen Menschen glauben, die nicht genügend aufgeklärt oder vernünftig sind. Konsequenterweise dürften dann aber all jene, die über eine hohe Intelligenz verfügen und vielleicht sogar einer naturwissenschaftlichen Tätigkeit nachgehen, nicht an Gott glauben. Dem ist bekanntlich keineswegs so. Auch Physiker können, und tun das auch, an Gott glauben. Das eine schließt das andere nicht aus.

Im Islam stehen, ebenso wie im Judentum und im Christentum, die Vernunft und somit auch die Verantwortung des einzelnen Menschen für sein Handeln nicht im Widerspruch zum Glauben. Die vielbeschworene Aufklärung, die meiner Religion nach Meinung vieler Kritiker fehlt, die ihr angeblich gar fremd sei, ist im Islam tatsächlich aber durchaus verankert, auch wenn es gegenwärtig vielfach so aussieht, als sei Rationalität für Muslime ein Fremdwort.

Schließlich gab es bereits im frühen Mittelalter den Versuch, die Möglichkeiten und Grenzen der menschlichen Vernunft zu bestimmen, so zum Beispiel bei den muslimischen Gelehrten Ibn Sina, Ibn Baddscha und Ibn Khaldun. Auch Ibn Rushd, der sich intensiv mit den Schriften des Aristoteles beschäftigte, war einer dieser Aufklärer.[8]

---

8 Vgl. Kapitel 7 sowie im Anhang den Beitrag von Dr. Mimoun Azizi: »Warum wir unsere Moschee nach Ibn Rushd und Goethe benannt haben.«

Die Vernunft wurde bereits damals als ein Geschenk Gottes betrachtet, welches wir zu nutzen hätten,[9] und so sehen das liberale, moderne Muslime noch heute. Meines Erachtens ist das auch eine notwendige Konsequenz unseres Glaubens, dass Gott alles erschaffen hat, und zwar so, wie es ist. »Alles« heißt eben: nicht nur das Leben an sich, sondern genauso unseren Verstand.

---

9 Sehr schön beschrieben in Mohammed Abed al-Jabri: *Kritik der arabischen Vernunft*.

URSPRUNG DER RELIGIONEN

Laut einer demographischen Studie von 2012[10] lassen sich heute noch über achtzig Prozent der Weltbevölkerung einer Religionsgemeinschaft zuordnen bzw. glauben an einen Gott, seltener auch an mehrere Götter. Und das im 21. Jahrhundert! Wenn man die vielen leeren Kirchen in Deutschland sieht, könnte man meinen, es seien viel weniger, aber der Eindruck täuscht offenbar.

Wie es sich im Innersten anfühlt, an Gott zu glauben, ist schwer zu erklären. Zumal viele Menschen ihren Glauben ritualisiert haben oder auf extrovertierte Weise leben, beispielsweise durch gemeinsames Beten oder indem sie sich an Kleidervorschriften wie das Kopftuch halten, sich einen Bart wachsen lassen, ihre Haare nicht schneiden oder auf Pilgerfahrt gehen. Alles äußere Bekundungen des Glaubens, die sichtbar sind. Was ist also Sein, was Schein? Bestenfalls ist der Glaube an Gott ein Verhältnis, eine Beziehung zwischen dem Einzelnen und seinem Schöpfer. Bei Muslimen (und Juden) ist das jedenfalls so, weshalb manch ein Islamgelehrter die Ansicht vertritt, es gebe so viele Formen des Islam, wie es Muslime auf dieser Welt gibt.

---

10 http://www.pewforum.org/2012/12/18/global-religious-landscape-exec/

Den historischen Beginn des Glaubens verortet man heute in der Zeit der Neandertaler vor ungefähr hunderttausend Jahren. Bei Ausgrabungen wurde festgestellt, dass unsere Vorfahren ihre Toten offensichtlich bestatteten. Dieser Umstand sowie Hinweise auf Rituale anlässlich der Geburt von Kindern gelten Archäologen, die uns die Menschheitsgeschichte erzählen, als Anzeichen für den Glauben an eine höhere Macht oder höhere Mächte.

Höhlenmalereien geben heute Auskunft darüber, dass Menschen sich offensichtlich auch schon früh mit der Frage beschäftigt haben, was nach ihrem Tod mit ihnen passieren wird. Den Verstorbenen wurden damals Gegenstände ins Grab gelegt, die sie mitnehmen sollten in das Reich, in das sie nach dem Tod hinübertreten würden. Neben schönen Dingen wie Schmuck und Kleidung gab man ihnen auch Waffen mit, vermutlich damit sie sich in der anderen Welt schützen oder wehren konnten.

Fundstücke aus der ausgegrabenen Siedlung Çatalhöyük in der Türkei legen nahe, dass die Menschen in der Jungsteinzeit, also zwischen 7500 und 5700 v. Chr., bei der Bestattung ihrer Angehörigen bereits einem Kult folgten. Ob es sich bei der fülligen, auf einem Thron sitzenden Frauenfigur, die symbolisch für diese Ausgrabungsstätte steht, um einen Beleg für ein Matriarchat oder gar um eine Göttin handelt, konnte bisher aber nicht endgültig geklärt werden. Matriarchatsforscherinnen und viele Feministinnen verfechten aus nachvollziehbaren Gründen diese Theorie. Archäologinnen und Archäologen hingegen sehen in der Frauenfigur weder einen eindeutigen Beleg für die Existenz einer Gesellschaft, in der Frauen und Männer gleichberechtigt waren, noch für eine weibliche Gottesfigur. Gott ein Geschlecht zuzuweisen käme ja auch einer unzulässigen Vermenschlichung gleich. In der deutschen Sprache wird dem Schöpfer der männliche Artikel zugeordnet, im Türkischen hingegen ist Gott, wie gesagt, ohne Geschlecht, was es für eine Feministin vielleicht einfacher macht, sich »ihm« in Demut zu unterwerfen. Beliebte feministische Sprüche wie »Als Gott den Mann erschuf, übte sie bloß« lassen sich nur sehr sperrig ins Türkische übersetzen.

In Mesopotamien, dem Land zwischen den Strömen Euphrat und Tigris, gab es bereits vor ungefähr 6000 Jahren offenbar Kulturen, die Gottheiten angebetet und ihnen gehuldigt haben. Darauf weisen archäologische Funde hin.

Wie es scheint, hat sich die Menschheit von Beginn an mit Religion und Glauben beschäftigt, und ich sehe keinerlei Hinweis darauf, dass wir in der heutigen Zeit diesbezüglich am Ende angelangt wären. Noch immer beschäftigen wir uns mit existentiellen Fragen. Fragen nach dem Sinn unseres Daseins ebenso wie nach der Existenz einer höheren Macht, die alles zusammenhält.

Ob wir an Gott glauben oder nicht, wirkt sich auf vielfältige Weise auf unser Leben aus. So haben fromme Menschen, gleich welcher Religion sie angehören, im Schnitt deutlich mehr Kinder als nichtreligiöse Menschen. Die Amischen und die Mormonen in den USA, orthodoxe Juden in Brooklyn, Christen in Jerusalem und Muslime in Saudi-Arabien, sie alle verzichten, sofern sie strenggläubig sind, auf Schwangerschaftsverhütung. Die Entscheidung darüber, wie viele Kinder ein Ehepaar bekommt, überlassen sie Gott. Die engen Familienbande und der soziale Bund mit Gleichgesinnten sind wesentliche Bestandteile der Lebensgestaltung frommer Menschen. Sie gehören immer irgendwie auch zu einer großen Familie von Gläubigen.

Ein weiterer positiver Effekt ist, dass gläubige Menschen statistisch gesehen länger leben. Das liegt aber nicht direkt an ihrem Glauben, sondern eher an ihrem Verhalten, wie wissenschaftliche Studien und der gesunde Menschenverstand nahelegen.[11] In der Regel trinken religiöse Menschen, wenn überhaupt, wenig Alkohol, und sie konsumieren auch viel weniger Tabak und Drogen als Nichtgläubige. Zudem haben sie einen deutlich niedrigeren Blutdruck als der Durchschnitt der Bevölkerung und somit eine sechs bis sieben Jahre höhere Lebenserwartung.

Darüber hinaus pflegen Gläubige mehr soziale Kontakte, was sich schon aus der Tatsache ergibt, dass sie sich regelmäßig zu Gottesdiensten und religiösen Veranstaltungen in der Gemeinschaft treffen. Sie achten somit besser auf ihre Psyche, was Alzheimer vorbeugen soll. Gerade für alte Menschen ist ein Gefühl von Zugehörigkeit enorm wichtig. Mag sein, dass wir also nicht nur wegen des bevorstehenden Lebensendes, sondern auch aus diesem Grund in höherem Alter vermehrt zum Glauben oder zu einem frommen Leben finden.

Ganz allgemein kann man davon ausgehen, dass jemand, der einen Sinn in seinem Leben gefunden hat, besser lebt. Das gilt natürlich nicht nur für Gläubige, sondern für alle Menschen.

Die Zugehörigkeit zu einer religiösen Gemeinschaft

---

[11] http://www.ciw.de/wirtschaftsnachrichten/studie-glaeubige-leben-laenger-aber-nicht-wegen-des-glaubens/

hat zuweilen aber auch Schattenseiten. Nicht nur bei fundamentalistischen Muslimen, sondern bei allen religiösen Gruppierungen kann es zu Sektenbildung kommen, was die positiven Effekte des Glaubens zunichtemacht. Abhängigkeit vom Anführer der jeweiligen Gruppierung oder Sekte, starre Hierarchien und erzwungene Abschottung führen dazu, dass Menschen nicht mehr frei und selbstbestimmt leben können. In sehr rigide strukturierten Gruppen ist es den Gläubigen nicht erlaubt, eine eigene Meinung zu haben. Die (meist männliche) Person an der Spitze gibt die Glaubensinhalte vor und bestimmt, wie sie gelebt und umgesetzt werden sollen. Allen diesen Anführern ist gemeinsam, dass sie behaupten, einen direkten Draht zu Gott zu haben. Da es sich oft als äußerst schwierig erweist, sich von solchen Gruppierungen wieder loszusagen, ist es wichtig, dass Menschen, die den Weg aus einer Sekte suchen, unbürokratische Hilfe seitens des Staates oder anderer Religionsgemeinschaften angeboten bekommen.

DIE FRAGE NACH DEM SINN

Einer der elementarsten Unterschiede zwischen gläubigen Menschen und Atheisten besteht darin, dass die einen an ein Leben nach dem Tod glauben und die anderen nicht. Die Frage nach dem Sinn des Lebens hängt damit eng zusammen, denn viele Menschen fragen sich nicht zu Unrecht, warum wir auf die Welt kommen, dieses ganze Leben durchmachen, und am Ende soll einfach alles vorbei sein. Welchen Sinn hätte das?

Christen glauben an die Auferstehung nach dem Tod und an das ewige Leben, wobei sie zwischen Himmel und Hölle unterscheiden. Auch Muslime erwartet nach dem Tod entweder ein besseres Leben im Paradies, in der Nähe Gottes, oder das ewige Feuer in der Hölle. Bei den Juden ist das ein wenig anders. Sie erhoffen sich nach dem Tod zwar auch ein tausendmal besseres Leben, aber das Diesseits und die hier erfahrene Verbundenheit mit Gott stehen im Zentrum ihres Glaubens.

Bei den Hindus gibt es kein Jenseits, denn sie gehen davon aus, dass man immer wiedergeboren wird. Der Sinn des Lebens besteht für sie darin, gutes Karma, also gute Taten zu sammeln, um irgendwann diesen als leidvoll empfundenen Kreislauf zu durchbrechen. Wer ausreichend gutes Karma gesammelt hat, findet im »Moksha« Erlösung oder Erleuchtung.

Buddhisten, deren Vorstellungen von der ewigen Wiedergeburt denen der Hindus ähneln, nennen diesen Zustand Nirwana. Sie gehen davon aus, dass das Leben weder einen Sinn hat noch keinen Sinn. Ihnen ist die Erkenntnis wichtig, dass alles, was lebt, eine Einheit ist. Meditation verhilft Buddhisten dazu, diese Stufe der Erkenntnis zu erreichen.

Im Grunde lässt sich sagen, dass alle Religionen den Menschen durch den Glauben an ein wie auch immer geartetes Leben nach dem Tod Trost und Hoffnung spenden und dem Diesseits dadurch einen Sinn verleihen.

Bei all den Ähnlichkeiten zwischen den verschiedenen Glaubensformen ist wenig nachvollziehbar, warum die Religionen einander schon immer bitter bekämpft haben und warum auch heute noch Kriege aus religiösen Motiven geführt werden. Aber da es nun einmal so ist, müssen wir festhalten: Solange es keinen Frieden zwischen den Religionen gibt, ist der Weltfrieden leider in weiter Ferne.

Gleich, welcher Religion wir angehören, wir glauben an eine höhere Macht, die alles erschaffen hat, denn unser Verstand kann uns die Welt, wie sie ist, nicht vollständig erklären. Das komplizierte Zusammenspiel des Lebens auf dieser Erde, das Wunder des menschlichen Körpers, die Weite des Universums, all das versetzt uns in Staunen und verleiht uns Hoffnung, dass da noch etwas anderes sein muss als das, was wir selbst geschaffen haben oder was per Zufall entstanden ist. Schon allein deshalb sollten wir für mehr Toleranz werben, unabhängig davon, woran jemand glaubt. Wenn Gott neben der Vielfalt der Pflanzen- und Tierwelt auch uns Menschen mit unseren unterschiedlichen Formen des Glaubens geschaffen hat, wie können wir dann andere Menschen als Ungläubige bezeichnen oder gar bekämpfen? Wer sich Gott und der gesamten Schöpfung in Demut unterwirft, kann nicht ernsthaft Menschen dafür verachten, dass sie einer anderen Religionsgemeinschaft angehören.

DAS PROJEKT
»HOUSE OF ONE«

Das wunderbare Berliner Projekt »House of One« ist ein Paradebeispiel dafür, dass Religionsgemeinschaften im 21. Jahrhundert gut daran tun, sich auf ihre Gemeinsamkeiten zu besinnen, anstatt einander zu bekriegen.

In diesem Bet- und Lehrhaus der drei Religionen kommen Christentum, Judentum und Islam im wahrsten Sinne des Wortes unter einem Dach zusammen. In dem extra zu diesem Zweck entworfenen Gebäude wird es drei separate Gebetsräume geben: eine Synagoge, eine Moschee und eine Kirche. Die Gläubigen betreten das House of One jedoch alle durch ein gemeinsames Tor und durchqueren dann den vierten Raum, der sich in der Mitte befindet. Man kann sich sehr gut vorstellen, dass hier Begegnungen stattfinden, die sonst nicht möglich wären, dass man einander grüßt, miteinander ins Gespräch kommt.

Die drei Religionsgemeinschaften sollen sich natürlich nicht nur zufällig in der Mitte des Gebäudes treffen, sondern auch bei vielen Veranstaltungen, zu denen sie sich gegenseitig einladen. So werden die Gläubigen Anteil nehmen an den religiösen Festen der anderen und deren Glauben besser kennenlernen. Zudem werden sie sich in wesentlichen Fragen, die sie alle betreffen, austauschen.

Sicher werden dazu auch die unterschiedlichen Arten der Auslegung der heiligen Schriften gehören.

Dieses einzigartige Projekt ist in meinen Augen nicht zuletzt für uns liberale Muslime wichtig, weil wir uns aus Liebe zu Gott und den Menschen bemühen müssen, unsere Religion vor den Fundamentalisten zu retten. Während Terroristen überall Angst und Schrecken verbreiten, schließen sich Juden und Christen in Berlin mit friedlichen Muslimen zusammen, die den Beweis erbringen wollen, dass der Islam auch in heutigen Zeiten eine starke friedliche und versöhnende Seite hat.

Die Entstehungsgeschichte des House of One wirkt wie ein Fingerzeig Gottes. An dem Ort, an dem die älteste Berliner Kirche stand – die um 1230 erbaute Petrikirche –, wird nun ein Gebäude errichtet, das für Frieden und Dialog zwischen den drei monotheistischen Religionen steht. Bezeichnend für das Projekt ist, dass es keine typisch sakralen Gebäudeteile geben wird. Auf klassische Merkmale einer Synagoge, einer Kirche oder einer Moschee wird bewusst verzichtet, um auch das Äußere, die Architektur, im 21. Jahrhundert anzusiedeln und sich von überkommenen Bildern und Traditionen zu lösen. Das noch existierende Fundament der 1964 abgerissenen Petrikirche wird nicht entfernt, sondern durch gläserne Fußböden hindurch sichtbar bleiben, um dem historischen Erbe Rechnung zu tragen. Man ist offen für das Neue, ohne das Alte einfach hinwegzufegen.

Mit dem Zusammenschluss im House of One zeigen Christen, Juden und Muslime, dass sie nicht nur friedlich in einer Gesellschaft nebeneinander leben können, sondern sogar hautnah miteinander existieren, in Dialog treten und voneinander lernen.

In Gesprächen mit Pfarrer Gregor Hohberg, Rabbi Andreas Nachama und Imam Kadir Sancı, den Initiatoren des Drei-Religionen-Hauses, die seit 2011 die Werbetrommel für das Projekt rühren, habe ich erlebt, dass sie alle wissbegierig, gespannt und aufgeregt sind, wie es nur Menschen sein können, die sich von ganzem Herzen für das interessieren, woran andere glauben, was sie lieben und was ihnen wertvoll ist. Am 11. September 2016 hielten sie aus Anlass des 15. Jahrestags des Anschlags auf das World Trade Center in New York einen gemeinsamen Gottesdienst in der Berliner Marienkirche am Alexanderplatz ab. In diesem Gottesdienst ging es explizit um diejenigen Stellen in den jeweiligen heiligen Schriften, die von Fundamentalisten herangezogen werden, um Gewalt religiös zu legitimieren. Die drei Geistlichen hatten bewusst entschieden, sich an diesem Tag kritisch mit dem Thema Gewalt in der jeweils eigenen Religion zu beschäftigen. Dafür haben sie bundesweit viel Lob geerntet.

Das Projekt House of One hatte das Glück, dass der Grund und Boden für das geplante Bet- und Lehrhaus bereits vorhanden war. Eigentümerin des Grundstücks ist die evangelische Kirche, die beschlossen hat, dass dort etwas Neues entstehen soll, etwas, das besser in die heutige Zeit passt und dringender benötigt wird als ein weiteres christliches Gotteshaus in der Mitte Berlins.

So schrieb man einen internationalen Architekturwettbewerb aus und erhielt mehr als zweihundert Entwürfe aus aller Welt. Am Ende entschieden sich die Verantwortlichen für das Modell eines Berliner Architekturbüros, das der Besonderheit des Gebäudes und den damit verbundenen Herausforderungen auf überzeugendste Weise gerecht wurde.

Aus dem Verein zur Errichtung des Gebäudes ist mittlerweile eine Stiftung geworden, deren Vorstand zwei Juden, zwei Christen und zwei Muslime angehören. Diese Stiftung sammelt Spenden, um in nicht allzu ferner Zeit mit dem Bau des House of One beginnen zu können. Man kann für zehn Euro einen Stein erwerben und so zur Entstehung des Gebäudes beitragen. Mittlerweile sollen aus mehr als fünfzig Ländern Einzelspenden eingegangen sein.

Das Projekt wird nicht nur durch Einzelpersonen unterstützt, sondern auch durch den Bund und das Land Berlin. Das internationale Interesse ist ebenfalls riesig. Für viele ist das House of One ein Hoffnungsschimmer, denn hier entsteht etwas, das eine entschieden ablehnende Haltung gegenüber dem islamistischen Terror einnimmt und das Gemeinsame der Religionen für alle sichtbar in den Vordergrund stellt. Und so ist es nicht verwunderlich, dass die weltweite Berichterstattung dazu geführt hat, dass nun offenbar sowohl in Frankreich als auch in zwei afrikanischen Ländern ähnliche Vorhaben realisiert werden, wie mir einer der Initiatoren des House of One berichtete.

Es gab und gibt allerdings auch Vorbehalte gegenüber dem Projekt, vor allem unter konservativen und orthodoxen Vertretern der beteiligten Religionsgemeinschaften. Die Bedenken der Skeptiker beziehen sich in erster Linie darauf, dass es im House of One zu einer Vermischung der Religionen kommen könnte und dadurch womöglich eine ganz neue Religion entstünde. Diesem Vorurteil lässt sich begegnen, indem man den Zweiflern erklärt, dass es hier keineswegs darum geht, sich von seiner eigenen Religion zu entfernen, sondern dass man mit den anderen Religionen lediglich räumlich und menschlich zusammenrücken möchte. Allen Skeptikern sei also gesagt: Im House of One entsteht keine neue Einheitsreligion, vielmehr stellen Gläubige unter Beweis, dass ihre Religionen zum friedlichen Miteinander in der Lage sind.

Die positiven Auswirkungen dieses Projektes sind jetzt schon bemerkenswert. Hier zeigt sich, dass, wie so oft, der Weg das Ziel ist. Es kommt nicht darauf an, das gemeinsame Gebäude möglichst schnell zu errichten. Vielmehr wird durch die jetzt schon intensive Zusammenarbeit der drei Religionsgemeinschaften ein deutliches Signal ausgesendet. Und dieses Signal kann die Welt derzeit dringend gebrauchen.

KAPITEL 4

Die Türkei und Deutschland –
meine beiden Heimaten

ANSCHLÄGE IN BERLIN
UND ISTANBUL

Der Jahreswechsel 2016/17 war eine besonders traurige Zeit für mich. So zerrissen und ohnmächtig habe ich persönlich noch nie auf das kommende Jahr geblickt, denn für meine beiden Heimatländer Türkei und Deutschland waren diese Tage und Wochen überschattet von Hass, Angst und Tod.

Am 19. Dezember 2016 fuhr ein Islamist mit einem LKW als Waffe auf den Weihnachtsmarkt an der Berliner Gedächtniskirche und tötete dabei zwölf Menschen, mehr als fünfzig wurden teils schwer verletzt. Später fragten sich viele, ob der Anschlag nicht hätte verhindert werden können, schließlich hatte man schon seit geraumer Zeit damit gerechnet, dass es irgendwann auch Berlin treffen würde. Zudem war der tunesische Attentäter Anis Amri bereits vom Verfassungsschutz beobachtet worden und offenbar nur aufgrund von Pannen oder unklaren Zuständigkeiten aus dem Visier seiner Überwacher verschwunden.

Und dann wurde in der Silvesternacht in einem angesagten Club in Istanbul der nächste fürchterliche Anschlag verübt. Wieder von einem Islamisten, diesmal mit einer Kalaschnikow. Noch mehr Tote als in Berlin, noch mehr Verletzte. Ein Muslim, der Glaubensbrüder und

-schwestern niedermäht, weil sie nicht nach seinen Regeln leben wollen.

In beiden Ländern können sich die Bürgerinnen und Bürger wegen des Terrors derzeit nicht besonders sicher fühlen, obwohl die zuständigen staatlichen Kräfte alles in ihrer Macht Stehende tun und auch bereits einige geplante Anschläge im Vorfeld vereitelt haben. Besonders wir liberalen, modernen Muslime werden aber nicht nur von fanatischen Islamisten bedroht, sondern auch von deutschen Nationalisten und Rassisten, die uns in einen Topf werfen mit den gewalttätigen Muslimen. Von beiden Seiten bekomme ich regelmäßig Hassmails. Inzwischen habe ich mir eine dicke Haut zugelegt und nehme die Angriffe nicht mehr persönlich, trotzdem ist es immer wieder erschütternd, wie viel Verachtung mir und meinesgleichen entgegenschlägt.

Von Muslimen erhalte ich besonders viele hasserfüllte Nachrichten und Drohungen, seit ich bekannt gemacht habe, dass ich eine Moschee gründe. Einer schrieb mir: »was soll der mist frau und mann in einem raum in der moschee?? Es gibt dinge das funktioniert nicht meine liebe, in der moschee möchte ich all den dreck den wir menschen haben geld sex gewalt usw. draussen lassen. Da kann ich doch nicht der frau auf den arsch schauen beim beten. Geht's noch?? Sie lassen sich ja auch nicht einmal von ihrem mann und einmal von ihrem nachbarn nehmen oder?? Es gibt dinge die nicht funktionieren, küss ihre hand gnädige frau [Emoji mit zwinkerndem Auge].« Eine muslimische Frau wünschte mir, dass ich vergewaltigt werde. Und so weiter und so fort.

Auf Seiten der deutschen Islamfeinde ereiferte sich ein gewisser Mike, nachdem ich im Januar 2017 einen

Zeitungsartikel zu Trumps Einreiseverbot für Muslime veröffentlicht hatte: »Liebe Ayran [sic!], du forderst von TRUMP mehr Achtung für Muslime. Wie soll aber jemand Achtung für Menschen haben, die Frauen misshandeln und kleinen Jungen die Pimmel beschneiden? [...] Muslime sind leider Dreck und sind Quelle für rechtes Gedankengut, sowie verantwortlich für die Entstehung der AfD. Muslime sind keine Menschen. Der Islam ist wie Scientology eine Sekte, die verboten werden sollte! Der Islam ist somit keine Religion! Jeder Muslim sollte sich schämen! Ohne Grüße.«

Dennoch: Ich liebe Deutschland, dessen Staatsbürgerin ich bin, ebenso wie ich die Türkei liebe, wo ich geboren bin. Ich habe Deutschland und vielen Deutschen sehr viel zu verdanken, ich bezeichne mich als deutsche Verfassungspatriotin. Nach wie vor bin ich der Überzeugung, dass wir in einem guten Land leben, einem demokratischen Rechtsstaat mit einer freien und offenen Zivilgesellschaft. Ich habe eine türkisch-kurdisch-deutsche Identität, eine transkulturelle Identität, die ich mag und die mich nicht zerreißt, sondern offener macht, zu einer Weltbürgerin macht. Aus dieser transkulturellen Identität schöpfe ich meine Liebe zu den Menschen, mein Interesse an anderen Religionen und Kulturen, meinen Respekt und meine Toleranz.

VERFEHLTE EINWANDERUNGS-
POLITIK IN DEUTSCHLAND

Doch die Stimmung in Deutschland scheint gerade zu kippen, und niemand weiß, wohin die Reise geht. Die immer krasser werdenden Töne von AfD & Co. auf der einen, meine fanatischen Glaubensbrüder sowie ultranationalistische Türken auf der anderen Seite machen mir Angst. Aber auch die aktuelle Politik verstehe ich immer weniger. Die staatlichen Integrationsbemühungen funktionieren seit Jahrzehnten nicht richtig, sondern haben den Missbrauch der Religionsfreiheit ermöglicht und die Fundamentalisten nur noch stärker gemacht. Die Flüchtlingspolitik scheint mir ebenfalls weder durchgehend von Menschlichkeit noch von einer nachvollziehbaren politischen Logik getragen zu sein. So manches kommt mir da sehr naiv vor. Ich könnte auch sagen: unehrlich und feige. Warum spricht man zum Beispiel gegenüber Saudi-Arabien keine deutlichere Sprache? Mit einer mehrheitlich sunnitischen Bevölkerung (wenn auch wahhabitischer Prägung) wäre dieses Land meines Erachtens verpflichtet, Muslime, die vor Krieg und Armut fliehen, aufzunehmen. Das tut Saudi-Arabien aber genauso wenig wie die anderen Golfstaaten. Bei Kriegsflüchtlingen aus Syrien hört die muslimische Brüderlichkeit für sie offenbar auf. Die viel ärmeren Länder Jordanien und Libanon hingegen haben Millionen Geflüchtete aufgenommen.

Statt darauf zu pochen, dass sich auch die Golfstaaten mit ihrem immensen Reichtum verantwortlich zeigen für die Versorgung und Unterbringung von Menschen in Not, entscheidet sich die bundesdeutsche Politik dafür, die militärische Zusammenarbeit mit Saudi-Arabien auszubauen. Das irritiert mich persönlich sehr. Wir sprechen über ein Land, in dem meine Geschlechtsgenossinnen bis 2015 nicht an Wahlen teilnehmen durften und in dem sie bis heute erst ab einem Alter von 40 Jahren Auto fahren dürfen. Ganz zu schweigen davon, dass es in Saudi-Arabien noch öffentliche Hinrichtungen gibt; Opfer sind unter anderem Oppositionelle und Homosexuelle. Seit dem 11. September 2001 hört man zudem immer wieder, dass das Land islamistische Radikalisierungstendenzen sowie Terror weltweit finanziell unterstützt. So werden auch wahhabitisch-fundamentalistische Moscheen in Deutschland mitfinanziert. Es ist daher mehr als verstörend, wenn in der öffentlichen Debatte über den sogenannten Islamischen Staat Saudi-Arabien nach wie vor ausgeblendet wird.

Auch die Vollverschleierung der Frau ist übrigens eine arabische Tradition, dennoch blicken bei dem Thema alle in erster Linie Richtung Afghanistan, Pakistan und Iran. Dabei sind das nur Nebenschauplätze.

Die arabischen Muslime begreifen sich als Hüter des wahren Islam und sehen sich in der Tradition des Propheten, weil der nun mal aus Mekka stammte, in Medina gelebt und dann wieder in Mekka gewirkt hat. Meine Mutter erzählte mir nach ihrer Pilgerfahrt, dass sie bei der Einreise nach Saudi-Arabien ihren Koran abgeben musste. Er wurde einfach in den Müll geworfen, mit dem Argument, ein Koran aus dem Ausland werde in Saudi-Arabien nicht akzeptiert. Es könnte sich ja um eine falsche Übersetzung oder Interpretation handeln. Der Koran meiner Mutter war zwar in der Türkei gekauft worden, aber in arabischer Sprache. Sie empfand das Vorgehen als sehr verletzend, konnte sich jedoch nicht wehren, sonst hätte man ihr wohl die Weiterreise nach Mekka nicht gestattet.

Man stelle sich nur einmal vor, was passieren würde, wenn jemand anders vor den Augen dieser selbsternannten Islamwächter einen Koran in den Müll werfen würde.

Auch beim Umgang mit den Flüchtlingen macht die Politik hierzulande meiner Meinung nach viel falsch. Wie schon bei den Gastarbeitern in den 60er Jahren wird auch jetzt wieder übersehen, dass da Menschen gekommen sind und weitere Menschen folgen werden. Menschen unterschiedlichster Herkunft, mit unterschiedlichsten Fluchtgründen und Überzeugungen. Einige kommen alleine, andere mit Familie, manche haben einen hohen Bildungsgrad, andere sind Analphabeten, manche denken modern, andere hingegen sind extrem konservativ. Viele sind zwar willens, sich zu integrieren, es gibt aber auch diejenigen, die unser freiheitliches Leben hier ausnutzen, um genau diese Freiheit zu bekämpfen.

Männer, Frauen und Kinder sind vor Krieg und Vertreibung zu uns geflüchtet, und ihnen wollen und müssen wir helfen. Gleichzeitig sollten wir Verständnis dafür haben, dass Menschen, die seit Generationen in diesem Land leben, Angst haben, mit ihren Sorgen und Nöten übersehen zu werden. Viele fürchten sich vor einer Veränderung der Lebensverhältnisse in Deutschland: vor einer Verschlechterung ihrer wirtschaftlichen Lage, aber auch vor Einschränkungen in unserer freiheitlichen Lebensweise. Die Sorgen dieser Menschen gilt es ernst zu nehmen, wenn wir sie nicht in die Arme der populistischen Scharfmacher treiben wollen, denen es eher um Abgrenzung und Abschottung geht als um die Lösung der Probleme, mit denen unsere Gesellschaft heute konfrontiert ist. Gerade in der aktuellen Situation ist von größter Wichtigkeit, dass wir jederzeit und jedem gegenüber auf Einhaltung unserer demokratischen Regeln pochen, dass wir alles tun, um unseren Rechtsstaat zu erhalten.

Ein Einwanderungsministerium, dem auch die Flüchtlingspolitik unterstellt wäre und das sich bundeseinheitlich um alle damit verbundenen Probleme – wie z. B. die Versorgung der vielen allein reisenden Minderjährigen – kümmern würde, ist in meinen Augen mehr als überfällig. Ebenso überfällig wie ein Einwanderungsgesetz, welches eine echte Einwanderung nach bestimmten Kriterien, wie Bedarf nach Arbeitskräften, regeln könnte. Mit einem solchen Gesetz könnte auch eine einheitliche Integrationspolitik erarbeitet werden, die sowohl Menschen mit längerem als auch Menschen mit kürzerem Aufenthalt in Deutschland betreffen würde. Zurzeit ist das Thema Integration in Deutschland ein Flickenteppich. Jedes Bundesland versucht, die Zuwanderung bestmöglich zu kontrollieren und vor allem: zu begrenzen.

Ein Einwanderungsgesetz würde regeln, wie zugewanderte Menschen zu einem Teil des Staatsvolkes werden. Bei der Zuwanderung bleibt der Mensch rechtlich immer ein Ausländer. Wenn man aber immer Ausländer bleibt, verhindert oder erschwert das eine wirkliche Identifikation mit dem Land, in dem man lebt. Deutschland muss sich endlich die Frage stellen, ob es will, dass die neuen Bürger sich schnell ins Staatsvolk integrieren oder auf ewig Ausländer/Fremde bleiben.

Auch bei den Flüchtlingen muss man sich darüber klarwerden, welches langfristige Ziel verfolgt werden soll: Will man allen nur vorübergehend Schutz bieten, oder sollen manche auch im Land bleiben und als Bürger gewonnen werden?

Noch steht unser Land mitten in Europa für eine starke Demokratie und eine offene Zivilgesellschaft. Die Aussage von Angela Merkel »Wir schaffen das« im August 2015 hatte mich gerührt. Das war mein Deutschland, das Verantwortung übernahm und Nächstenliebe bewies.

Alles, was danach passierte – die Zunahme islamistischer Gewalt und der Rechtsruck in vielen westlichen Gesellschaften –, erfüllt mich jedoch mit großer Sorge.

DIE TÜRKEI –
EIN GESPALTENES LAND

Die jüngsten Entwicklungen in der Türkei sind allerdings noch weitaus beunruhigender. Ich liebe meine zweite Heimat für ihre Völkervielfalt und ihre traumhaften Landschaften. Ich mag das Schwarze Meer und das Marmarameer, ganz besonders aber den Bosporus, an dessen Ufern man zu jeder Tages- und Nachtzeit die schönsten Spaziergänge unternehmen kann. Ich liebe meine Geburtsstadt Istanbul, die so viele Gesichter und Facetten hat, dass ein Menschenleben nicht ausreicht, um sie alle zu sehen und zu erspüren.

Am Fuße der Bosporusbrücke im Bezirk Ortaköy haben sich viele Cafés, Restaurants und Bars niedergelassen, in denen man wunderbar essen, trinken und feiern kann. Einer dieser Clubs war das vornehme »Reina«, das Gäste aus aller Welt anzog. Am 1. Januar 2017, knapp eineinhalb Stunden, nachdem sich alle ein frohes und gesundes neues Jahr gewünscht hatten, verschaffte sich ein Islamist aus Usbekistan mit einer Kalaschnikow Zutritt zu dem Kult-Club und erschoss 39 Menschen, darunter viele Touristen. Auch europäische Türken, die nach Istanbul geflogen waren, um dort Silvester zu feiern.

In den sozialen Medien passierte sogleich das, was inzwischen zur Tradition geworden ist. Es wurden Fotos von Istanbul und von türkischen Flaggen geteilt, mit den immer gleichen Botschaften: »Wir beten für Istanbul«, »Wir sind Istanbul«. Wir, die wir uns solidarisch mit den Opfern zeigten, schwärzten unsere Profile, luden schwarze Schleifen hoch, änderten unsere Profilfotos auf Facebook, Twitter, WhatsApp, um unserer Trauer Ausdruck zu verleihen.

Bereits nach wenigen Stunden, noch bevor die Toten gezählt und alle Schwerverletzten versorgt waren, kam es auf Facebook und Twitter jedoch auch zu zynischen Wortwechseln zwischen denen, die sich um sachliche Informationen bemühten und nach Verantwortlichen suchten, und Menschen, die Genugtuung über den Anschlag bekundeten. »Sie hätten nicht dort sein sollen«, hieß es. »Warum sind sie auch in diesen Club der Reichen gegangen.« Es habe die Richtigen getroffen. Der Anschlag sei Allahs Strafe dafür, dass die Menschen Alkohol getrunken und ausgelassen gefeiert hätten, die Frauen noch dazu leicht bekleidet.

Am 2. Januar 2017 teilte die Anwaltskammer Istanbul mit, sie habe gegen etliche Personen, die öffentlich Freude über das Attentat und den Tod der feiernden Menschen bekundet hatten, Strafanzeige gestellt. Ich begrüße diesen Schritt ausdrücklich und hoffe, dass die Betreffenden für ihre menschenverachtenden Kommentare belangt werden können. Bei dem Durcheinander in der türkischen Justiz nach dem Putschversuch dürften die Verfahren sich aber leider lange hinziehen.

Hintergrund für diesen innertürkischen Konflikt ist die Diskussion um säkulare und christliche Feiertage, die seit Jahren höchst kontrovers ausgetragen wird. Immer wieder tobt in der Türkei kurz vor Weihnachten ein regelrechter Krieg zwischen denen, die das christliche Fest und das Feuerwerk zum Jahreswechsel zu ihrer eigenen Tradition gemacht haben, auf der einen Seite, und denjenigen, die ihre muslimischen Traditionen durch diese Feierlichkeiten gefährdet sehen, auf der anderen. Die Gemüter sind so erhitzt, dass die Auseinandersetzungen oftmals nicht nur verbal ausgetragen werden. Tätliche Übergriffe oder gar Brandanschläge auf Familien, die einen geschmückten Nadelbaum als Neujahrsbaum aufstellen oder einen Weihnachtsmann damit beauftragen, ihren Kindern Geschenke zu überreichen, sind leider keine Seltenheit.

Manche meinen einfach nur, Muslime sollten nicht die Traditionen und Rituale der »Ungläubigen« übernehmen, da Juden und Christen zum Opferfest ja auch nicht plötzlich Tiere opferten oder im Ramadan mitfasteten. Andere haben grundsätzlichere Bedenken, so die staatliche Religionsbehörde Diyanet, die sich bei diesem Thema nicht gerade mit Ruhm bekleckert. Letztes Jahr, kurz vor dem Anschlag auf den Club Reina, hatte sie wochenlang Stimmung gegen alle Weihnachts- und Neujahrsfeierlichkeiten gemacht. Hier ein Auszug aus dem offiziellen Freitagsgebet vom 30. Dezember 2016, wie es nur für kurze Zeit auf der offiziellen Website der Behörde nachzulesen war:

»Meine heiligen Geschwister! Das Ende eines Jahres ist eigentlich der Beginn eines neuen Jahres. Wenn dem so ist, lasst uns diesen Neubeginn zum Anlass nehmen, uns aufs Neue mit Fragen zu beschäftigen, die uns in den Hadithen gestellt werden. Lasst uns nicht vergessen: Es schickt sich für einen Gläubigen nicht, am Ende eines

Jahres, nachdem ein weiteres Jahr kostbaren Lebens vergangen ist, seinen Erschaffungsgrund zu vergessen und illegitime Haltungen und Verhaltensweisen an den Tag zu legen, die weder mit unseren Werten zu vereinbaren sind, noch einen Beitrag für das menschliche Leben leisten.

Wie sehr macht es nachdenklich, wenn die ersten Stunden eines neuen Jahres mit Neujahrsfeierlichkeiten verschwendet werden, die zu anderen Kulturen und anderen Welten gehören. Wie traurig ist es, die Stunden, in denen man über gute Taten, Sünden und Wohltätigkeit ein Resümee ziehen sollte, mit Glücksspielen zu vergeuden, in der Hoffnung, ohne Arbeit reich zu werden.«[12]

Hier wird ausdrücklich von anderen Kulturen und sogar anderen *Welten* gesprochen. Ich frage mich, wie jemals Frieden zwischen den Völkern möglich sein soll, wenn die Mächtigen unsere eine Welt in verschiedene miteinander unvereinbare Welten aufspalten. In unsere Welt und deren Welt, in uns und die anderen. Muss man sich da noch über die erfreuten Reaktionen auf den grausamen »Denkzettel« im Reina-Club vom frühen Neujahrsmorgen wundern?

Diese Freitagspredigt der Diyanet zum Jahreswechsel stieß nicht bei allen Menschen in der Türkei auf Gegenliebe. So berichtete die oppositionelle Tageszeitung *Cumhuriyet* am 2. Januar 2017, bei der Staatsanwaltschaft in Ankara sei Strafanzeige gegen Mehmet Görmez, Vorsitzender der Behörde und oberste islamische Autorität

---

12 Zitiert nach: http://www.cumhuriyet.com.tr/haber/turkiye/653057/Diya
net_ten_yilbasina__gayrimesru__hutbesi.html« (Übersetzung durch
die Autorin)

des Landes, gestellt worden. Die Diyanet habe ihre verfassungsrechtlichen Grenzen überschritten und ihr Gründungsziel mit Füßen getreten, indem sie das Volk zu Hass und Feindschaft gegenüber Andersgläubigen angestiftet habe. Zu den Aufgaben der Religionsbehörde gehört es, sich neben dem Dienst an der mehrheitlich muslimischen Bevölkerung auch um die religiösen Minderheiten zu kümmern. Hoffentlich werden die Anwaltskollegen, die couragiert genug waren, die Diyanet anzuzeigen, nicht inhaftiert, wie es schon so vielen Kritikern der offiziellen Regierungspolitik passiert ist. Denn die Religionsbehörde untersteht Präsident Erdoğan. Und Erdoğan bestimmt, was die Imame zu predigen und welche islamischen Rechtsgutachten, also Fatwen, sie zu erlassen haben.

Dieselben Leute, die noch am 30. Dezember den Gläubigen ins Gewissen geredet hatten, sich wie anständige Muslime zu verhalten und den Feierlichkeiten der Ungläubigen fernzubleiben, weil sie sich sonst einer Sünde schuldig machen würden, erklärten am 1. Januar, der Anschlag auf schutzlose, unschuldige Menschen habe die ganze Nation erschüttert und verletzt. Sicher ist es den vielen Protesten zu verdanken, dass die Predigt vom 30. Dezember 2016 auf der Diyanet-Seite schon kurze Zeit später nicht mehr abrufbar war.

Die Auseinandersetzungen innerhalb der muslimischen Gemeinschaft, also z. B. zwischen Sunniten und Aleviten oder zwischen Türken und Kurden, finden spiegelbildlich auch hier in Deutschland statt. Der deutsche Diyanet-Ableger, die Türkisch-Islamische Union der Anstalt für Religion (Ditib), bekommt den Text für seine Freitagspredigt inzwischen ausschließlich direkt aus der Türkei. Also können wir davon ausgehen, dass auch hier bei uns in vielen Moscheen Stimmung gegen Muslime gemacht wurde, die aus Tradition und den Kindern zuliebe das Weihnachtsfest mitfeiern. Was sie in meinen Augen weder zu Ungläubigen noch zu Christen macht, denn sie nehmen lediglich an Feierlichkeiten teil, die mit Liebe und Geschenken zu tun haben. Weihnachten ist ja für viele urdeutsche Christen heute ebenfalls primär ein Fest der Familie.

Auch in Deutschland hat eine nicht eben kleine Zahl von AKP-Mitgliedern und -Anhängern die streng ablehnende Haltung der Diyanet gegenüber Weihnachts- und Neujahrsfeierlichkeiten begrüßt und nach dem Anschlag in den sozialen Medien ihrer Freude darüber Ausdruck verliehen, dass Sündige gestorben seien. Allah habe die Menschen zu Recht bestraft – bis auf einen. Ein Wachmann, der bei dem Anschlag zu Tode kam, gilt auch hier bei uns vielen »rechtgläubigen« Muslimen als das einzige Opfer des Anschlags. Er wurde offiziell von Erdoğan im Fernsehen als Märtyrer bezeichnet.

In der Regel werden alle Opfer eines Terroranschlags als Märtyrer anerkannt, und die Hinterbliebenen erhalten staatliche Unterstützung. Dieses Mal hieß es: »Beim Terrorangriff auf das ›Reina‹ ist ein Polizist, der an der Tür Wache stand, als Märtyrer gefallen; 38 weitere Menschen kamen ums Leben.«[13] Auch wenn die staatliche Klassifizierung als Märtyrer meines Erachtens abgeschafft werden sollte, kann ich nicht verstehen, dass bei

---

13 https://www.welt.de/politik/ausland/article160768131/In-der-Tuerkei-waechst-die-Angst-vor-einem-blutigen-2017.html

unschuldigen Opfern einer Gewalttat mit zweierlei Maß gemessen wird. Mensch ist hier offenbar nicht gleich Mensch.

Die Türkei macht wirklich schwere Zeiten durch. Noch nie war das Land so gespalten. Strenggläubige gegen Liberale. Erdoğan gegen Gülen und alle anderen Kritiker seiner Politik. Die Regierungsmehrheit gegen die Kurden. Obwohl offiziell der einzige islamische Staat mit einer demokratisch gewählten Führung und formal immer noch ein laizistisches Land, ist die Türkei von wirklich demokratischen, rechtsstaatlichen Verhältnissen heute wieder so weit entfernt wie der Papst von einer kinderreichen Ehe.

Was die Situation besonders kompliziert macht, ist die Tatsache, dass nicht nur nationalistische Impulse, sondern auch religiöse Gefühle bei all diesen Konflikten eine Rolle spielen. Politik und Religion sind heute in meiner zweiten Heimat eng miteinander verwoben. Das war nicht immer so.

ATATÜRKS LAIZISTISCHES ERBE

Als Mustafa Kemal Atatürk 1923 die Republik Türkei gründete, machte er das ehemalige Osmanische Reich zu einem laizistischen Land. Die Trennung von Politik und Religion sollte gewährleisten, dass sich alle Menschen in diesem Vielvölkerstaat in erster Linie als Türken fühlten, ganz gleich, welcher Ethnie sie angehörten. Den Zusammenhalt in einer so heterogenen Nation konnte Atatürks Überzeugung nach nur eine säkulare Demokratie gewährleisten. Mit der Abschaffung des im islamisch geprägten Osmanischen Reich für Frauen obligatorischen Schleiers und vielen anderen radikalen Reformen näherte Atatürk die Türkei dem aufgeklärten Westen an. Der Staatsgründer hatte erkannt, dass die Gleichberechtigung der Geschlechter, neben einer religionsunabhängigen Politik, der zweite Schlüssel zur Moderne ist.

Mit Gründung des Amtes für Religionsangelegenheiten (Diyanet) im Jahr 1924 übernahm der Staat die Kontrolle über die Moscheen; damit sollte sichergestellt werden, dass religiöse Kräfte keinen Einfluss auf die zukünftige Politik der Türkei nehmen konnten. Religion wurde zur Privatsache erklärt, nach dem Vorbild Frankreichs, wo das Gesetz zur Trennung von Kirche und Staat bereits 1905 verabschiedet worden war.

Ungeachtet der visionären Politik des Staatsgründers schwelt der innertürkische Konflikt zwischen modernen, aufgeklärten Menschen einerseits und religiösen Menschen andererseits bereits seit langem. Das liegt unter anderem daran, dass gläubige Muslime zu Atatürks Zeiten allein aufgrund ihrer Religiosität vielfach als rückständig abgestempelt wurden und man wenig Rücksicht auf ihre traditionellen Lebensformen nahm. Einer der größten Fehler des Staatsgründers war wohl, dass das Volk weder durch Bildung noch durch eine entsprechend sanfte Politik an die neue Staats- und Gesellschaftsordnung herangeführt wurde. So verlangte man von der einfachen Landbevölkerung in Anatolien, die einem tiefverankerten Volksglauben anhing, sozusagen über Nacht, dass sie sich den Dichtern und Denkern Europas, den Künstlern aus New York, der neuesten Mode aus Paris zuwandte. Und damit verbunden neuen Lebensformen, die besonders für Frauen ungewohnte Freiheiten mit sich brachten, was viele religiöse Menschen abschreckte und gegen die Regierung aufbrachte.

Traditionelle Muslime und Fundamentalisten unterscheiden sich nicht nur in puncto Frauenrechten von den Anhängern Atatürks, sondern sie sind auch überzeugt, dass es gar keine Notwendigkeit gibt, Religion und Politik zu trennen. Ein gesondertes politisches Konzept und Zivilgesetze, die das Zusammenleben der Menschen regeln sollen, seien überflüssig, weil ja schon die heiligen Schriften alles Notwendige bereitstellten. Kein System könne perfekter sein als das von Gott herabgesandte Gesetz. Wer glaubt, dass der Allerschaffer alles bereits festgelegt hat, für den kommt es einer Anmaßung gleich, wenn Menschen Gesetze erlassen, um Rechtsverhältnisse zu ordnen. So argumentieren Fundamentalisten bis heute, das habe ich in vielen Gesprächen selbst erlebt.

So fundamentalistisch die Religiösen oft sein mögen, so fundamentalistisch waren und sind auch viele Kemalisten. Sie lassen keinerlei Kritik am Staatsgründer, dem Vater der Türkei, zu und nehmen dabei dieselbe entschiedene Abwehrhaltung ein wie die Religiösen, wenn jemand Zweifel an ihren Ge- und Verboten anmeldet. Der übertriebene Personenkult um Atatürk existiert noch heute, auch wenn die Kemalisten derzeit in der Opposition quasi dahinsiechen und keinerlei politische Macht haben. So gibt es nach wie vor kaum einen kemalistischen Haushalt, in dem nicht ein Bild oder eine Büste des Staatsgründers steht. In jedem Abgeordnetenbüro, in Banken, Gerichtssälen, auf Schulhöfen und in Klassenzimmern – Atatürk ist immer noch überall.

Seit Gründung der Republik hat das Militär eine ausgeprägte Machtposition in der Türkei inne, denn Atatürk sah die Streitkräfte als Garant für das Fortbestehen der laizistischen Republik. Auch nach dem frühen Tod des Staatsgründers im Jahr 1938 wurde die starke Position der Generäle nicht in Frage gestellt. Jede Regierung, die sich fortan neu bildete, stand unter ihrer Kontrolle. Ohne ihre Zustimmung konnte keine Partei an die Macht kommen oder an der Macht bleiben. Immer wenn das Militär der Ansicht war, dass die Regierungspartei sich von den Idealen des Staatsgründers, dem Kemalismus, entfernte, griff es mit einem Putsch ein, übernahm eine Zeitlang die Regierungsgewalt und übergab dann wieder an eine zivile Regierung. So geschehen in den Jahren 1960, 1971 und 1980.

Diese starke Position des Militärs war vielen Menschen ein Dorn im Auge und führte zu Unzufriedenheit im Land. Die verbreitete Arroganz der Kemalisten gegenüber gläubigen Menschen trug ein Übriges dazu bei, dass der Laizismus in der Türkei als religionsfeindlich galt. So kam es, dass mit der Zeit auch wieder fromme Politiker stark werden konnten, die es als ihre Aufgabe ansahen, die Religion vor den laizistischen Kräften zu schützen. Sie setzten sich zum Beispiel dafür ein, dass das Tragen des Kopftuches in öffentlichen Einrichtungen, vor allem in den Universitäten, wieder erlaubt wurde. Religiöse Menschen sollten sich nicht mehr vor den Kemalisten verstecken müssen, hieß es, sondern selbstbewusst und ohne Angst vor Diskriminierung ihren Glauben auch öffentlich leben können.

Inzwischen hat Präsident Erdoğan die Schlüsselstellen beim Militär mit eigenen Leuten besetzt und die Streitkräfte somit weitestgehend entmachtet. Diesen Umbau hat er besonders entschieden nach dem Putschversuch vom Juli 2016 vorangetrieben.

DAS SYSTEM ERDOĞAN

Aktuell müssen wir uns, wenn es um die politische Situation in der Türkei geht, in erster Linie mit dem Machtstreben Recep Tayyip Erdoğans sowie seinem Kampf gegen die Kurden und seinen Widersacher Fethullah Gülen beschäftigen.

Erdoğan entschied 2003 mit seiner AKP, der Partei für Gerechtigkeit und Aufschwung, die Parlamentswahlen für sich und wurde Ministerpräsident der Türkei. Unterstützt wurde er dabei von den Anhängern seines damaligen Weggefährten Gülen. Dieses Amt hatte Erdoğan bis 2014 inne, wobei sein ursprünglich eher gemäßigter Politikstil zunehmend autoritäre Züge annahm. 2014 wurde er Präsident der Türkei, und seit dem für ihn erfolgreichen Referendum im April 2017 ist er damit beschäftigt, ein Präsidialsystem einzuführen, welches ihm auf Kosten von Parlament und unabhängiger Justiz deutlich mehr Befugnisse einräumt und gewährleistet, dass er bis an sein Lebensende im Amt bleiben kann.

Erdoğan konnte an die Macht gelangen, weil ihn nicht nur Gülen-Anhänger, sondern auch liberale Türkinnen und Türken im Kampf gegen die starke Position des Militärs unterstützten. Frauen ohne Kopftuch solidarisierten sich mit Kopftuch tragenden Frauen. Das kurdische Volk, das mehrheitlich sunnitisch ist, wählte ihn, weil er einen Friedensprozess einleitete, der den Menschen im Osten des Landes tatsächlich eine Phase des Aufatmens bescherte. Eine Zeitlang gab es keine Kriegshandlungen, stattdessen wurde an der Verbesserung der Infrastruktur gearbeitet, Straßen, Schulen und Krankenhäuser wurden gebaut.

Herzzerreißend beschrieb Erdoğan das kurdische Volk in seinen Reden im Osten der Türkei immer wieder als sein Volk und die Türkei als Einheit. Er bezeichnete sich als muslimischen Demokraten und machte sich zum Hoffnungsträger für breite Schichten der Bevölkerung. Auch im Westen erwarb er sich einen guten Ruf. Bis er anfing, die islamistischen sunnitischen Rebellen in Syrien gegen Assad zu unterstützen. Er tat das, weil Assad ein Alawit ist, also dem schiitischen Spektrum des Islam angehört, während Erdoğan selbst von einer sunnitischen Weltordnung träumt, die ihr Zentrum im Nahen Osten hat, mit ihm als Pascha, als oberstem Herrscher. Und wie einst mit Istanbul als Hauptstadt des islamischen Reiches.

Auch der IS hat ein besonderes Interesse daran, Istanbul für sein Reich zu erobern. Die Islamisten warten nämlich auf den Mahdi, einen Nachkommen Mohammeds, der in der Endzeit auftauchen soll, um das Unrecht auf der Welt zu beseitigen. Sie glauben, dass er in Istanbul erscheinen wird, der Stadt, die sie Kostantiniyye nennen und die auf Arabisch al-Qustantīniyya heißt, wie in der Zeit des Osmanischen Reiches, als das ehemalige Konstantinopel die religiöse Hauptstadt der islamischen Welt war.

Erdoğan warb bei den Parlamentswahlen von Anfang an nicht nur in der Türkei um Stimmen, und da besonders unter den Kurden, sondern er nahm auch die Auslandstürken ins Visier. Er war der erste Ministerpräsident, der die ehemaligen deutschen Gastarbeiter als zur Türkei gehörend betrachtete. Bei seinen regelmäßigen Besuchen und Ansprachen in Deutschland versicherte er ihnen, dass sie immer zum türkischen Volk gehören würden, egal, wie weit sie von ihrem Vaterland entfernt seien. Er ermahnte sie, sich in Deutschland gut einzurichten, aber sich nicht zu assimilieren und ihre türkische Identität nie zu vergessen.

Erdoğan wird von sehr vielen türkischstämmigen Menschen in Europa verehrt. Er gibt ihnen das Gefühl, wichtig zu sein, zu einem besonderen Volk zu gehören. »Mein heiliges Volk« nennt er die Türken auch.

Würde man einen liebenden Vater – so wirkt er wohl auf viele – zurückweisen, wenn andere Politiker einen bisher ignoriert haben? Gut 1,5 Millionen türkische Staatsangehörige leben in Deutschland. Mit so vielen Stimmen kann man durchaus Wahlen entscheiden. Erdoğan setzte alles daran, es den Auslandstürken so einfach wie möglich zu machen, an sämtlichen Wahlen in der Türkei teilzunehmen. Sie brauchen keinen türkischen Boden mehr zu betreten, um ihre Stimme abzugeben, sondern können in den Auslandsvertretungen wählen. Trotz anfänglicher Pannen – wie Schwierigkeiten bei der Wahlanmeldung im Internet oder fehlenden Wählerlisten – erhielt er immer wieder eine ansehnliche Stimmenzahl aus Deutschland, den Niederlanden, Österreich. Hätte es die überproportional vielen Ja-Stimmen der Auslandstürken nicht gegeben, wäre auch das Referendum zur Einführung des Präsidialsystems vielleicht anders ausgefallen; in der Türkei selbst war das Ergebnis denkbar knapp.

Seit Dezember 2013, als Anhänger von Fethullah Gülen Staatspräsident Erdoğan, dessen Sohn sowie einige Minister und deren Söhne mit Korruptionsvorwürfen konfrontierten, was zu zahlreichen Rücktritten und einer mittleren Regierungskrise führte, ist die Türkei gespalten wie nie zuvor. Auf der einen Seite pro Gülen, auf der anderen Seite pro Erdoğan. Dann sind da noch die Kemalisten und die gemäßigten Kurden. Einige von ihnen stehen nach wie vor hinter dem Staatspräsidenten, andere haben es gewagt, eigene Parteien zu gründen, z. B. die Demokratische Partei der Völker, kurz HDP, die seit 2015 im Parlament sitzt. Als Reaktion auf deren Wahlerfolg brach Erdoğan den Friedensprozess mit den Kurden im Osten der Türkei ab, und seither führen PKK und Regierung einen brutalen Vernichtungskrieg gegeneinander. Der Präsident hat auch aus dem eigenen Land viel Kritik dafür geerntet, dass er den IS nicht mit derselben Härte bekämpft wie seine persönlichen Gegner Gülen, HDP und PKK.

Wer die Sprache versteht, sollte einmal türkisches Fernsehen schauen und sich eine der Hetzreden von Erdoğan anhören, um sich ein Bild von ihm als Person und Politiker zu machen. Seine Rhetorik, seine Körpersprache, seine Wortwahl, all das könnte einem irgendwie bekannt vorkommen. So hat er dem Volk letztes Jahr versprochen, er werde das »Krebsgeschwür« Gülen samt seiner Anhängerschaft aus jeder Ader und Faser der türkischen Gesellschaft entfernen. Immer wieder sprechen Erdoğan und seine Anhänger in dem Zusammenhang auch von »Säuberung«.

Mit seiner Machtfülle und seinen vielen Unterstützern innerhalb der Bevölkerung hätte Erdoğan aus der Türkei ein anderes Land machen können. Ein sehr viel demokratischeres, friedlicheres Land, das beweist, wie gut Demokratie und Islam zusammenpassen. So wie der Präsident, seine Regierung und seine Anhänger sich gerade verhalten, passiert jedoch genau das Gegenteil. Sie spielen den Islamfeinden in die Hände, indem sie den Islam in Verruf bringen. Der IS bekommt ideelle Unterstützung aus der Türkei.

DIE GÜLEN-BEWEGUNG

Meine erste persönliche Begegnung mit einem Vertreter der Gülen-Bewegung hatte ich Ende 2013, als ich Ercan Karakoyun traf, den heutigen Geschäftsführer der zur Gülen-Bewegung gehörenden Stiftung »Dialog und Bildung« und Autor des Buches »Die Gülen-Bewegung. Was sie ist, was sie will«.

Herr Karakoyun hatte mich bereits Anfang desselben Jahres um ein Gespräch gebeten, nachdem er ein Interview mit mir gelesen hatte, in dem es um Gewalt gegen Frauen auf dem Tahrir-Platz in Kairo ging.[14] Damals war Karakoyun Leiter eines Dialogvereins der Gülen-Bewegung. Ich hatte jedoch gerade viel zu tun, außerdem fragte ich mich, was wollen diese Leute von mir, die Erdoğan zur Macht verholfen haben. Also setzte ich die Anfrage auf die To-do-Liste und kümmerte mich erst mal um wichtigere Dinge. Man muss schließlich Prioritäten setzen.

Als Erdoğan und die Gülen-Anhänger sich im Dezember 2013 in Folge der Korruptionsaffäre überwarfen, hatte ich mehr Zeit und Lust hinzuschauen, wer da gerade seine früheren Weggefährten der Öffentlichkeit zum Fraß vorwarf. Korruption ist bekanntlich nichts Ungewöhnliches in der Türkei. Das Land gehört leider nach

---

14 http://www.zeit.de/2013/07/Islam-Frauen

wie vor zu den Weltregionen, in denen gilt: Wenn du weißt, wen du schmieren musst, kannst du alles haben, was du willst. Insofern überraschte mich der Korruptionsvorwurf gegen das Erdoğan-Umfeld nicht besonders, und ich fragte mich, warum so viel Aufhebens darum gemacht wurde. Was war besonders daran, dass der Ministerpräsident und seine Familie durch die Politik zu wohlhabenden Menschen geworden waren, die öffentlich ihren Luxus lebten? Auch von der Gülen-Bewegung hieß es, ihr würden sich in erster Linie wohlhabende Geschäftsleute anschließen. Wo war also das Problem? Zumal Erdoğan sich im Gegensatz zu früheren Regierungen offenbar nicht nur selbst bereichert hatte, sondern auch etwas für seine Weggefährten und all jene, die in seiner Gunst standen, abgefallen war. Sicher auch für einflussreiche Gülen-Leute.

Ich saß also vor den türkischen Nachrichten und grübelte, was tatsächlich zum Bruch im islamischen Lager geführt haben mochte. Ehrlich gesagt, weiß ich es bis heute nicht, und ich denke, wir werden die Hintergründe wahrscheinlich auch erst in einigen Jahren erfahren, wenn Gras über die Sache gewachsen ist.

In Deutschland wusste man bis zur Korruptionsaffäre in der Türkei nicht sehr viel über die Gülen-Bewegung, und so wollten nun alle auf einmal mehr darüber erfahren. Auch ich wurde immer wieder von Journalisten angefragt, ob ich etwas zu der Bewegung sagen könne. Was ist das für ein Mann, dieser Fethullah Gülen? Was wollen er und seine Anhänger? Sind das Islamisten? Schließlich ist er ein Prediger, also kann er wohl kein Nationalist sein, oder geht beides gleichzeitig? Und nicht zuletzt: Müssen wir in Deutschland Angst vor diesen Leuten haben?

Ich war selbst jedoch weitgehend ahnungslos und konnte nur weitergeben, was ich vom Hörensagen wusste. So hatte mir eine türkische Bekannte erzählt, sie habe einen heftigen Krach mit ihrem Mann, weil der die gemeinsame Tochter in eine Gülen-Schule schicken wolle. Angeblich müssten die Mädchen dort alle irgendwann das Kopftuch tragen, denn von der Gleichberechtigung der Geschlechter hielten die Gülen-Leute überhaupt nichts. Unter Deutschtürken erzählte man sich, die Bewegung sei antidemokratisch und islamistisch. Manche verglichen sie gar mit der Scientology-Sekte. Die Gülen-Leute würden nur deshalb in aller Herren Länder Privatschulen gründen und sich in Sachen Bildung engagieren, weil sie die Welt erobern und islamisieren wollten. Außerdem wollten sie überall die Scharia einführen und die Geschlechter weitgehend getrennt voneinander halten.

Von Nedim Şener und Ahmet Şik, die kritische Bücher über die Gülen-Bewegung publiziert haben, wussten wir, dass Justiz und Polizei in der Türkei von Gülen-Leuten unterwandert seien. Den Journalisten war nach der Buchveröffentlichung vorgeworfen worden, Mitglieder einer angeblichen Geheimorganisation namens Ergenekon und somit Landesverräter und Terroristen zu sein, weswegen sie 2011/2012 ein Jahr lang im Gefängnis saßen. Das war wohlgemerkt zu Zeiten, als Erdoğan und Gülen noch gemeinsam an einer islamischen Umgestaltung der türkischen Gesellschaft arbeiteten. Heute sitzt Ahmet Şik wieder im Gefängnis. Ihm wird nun vorgeworfen, Gülen-Anhänger zu sein.

Als ich Ende 2013 anfing, mich näher mit der Gülen-Bewegung zu beschäftigen, erinnerte ich mich an Ercan

Karakoyuns Anfrage und bat ihn nun meinerseits um ein Treffen. Ich hatte viele Fragen, und am Ende dauerte das Gespräch fast drei Stunden. Herr Karakoyun erzählte mir, wie die Bewegung in der Türkei entstanden sei, wie sie ihre privaten Schulen gegründet und sich später in der ganzen Welt ausgebreitet habe. Eine große Rolle dabei hätten unter anderem die Arbeit von Ehrenamtlichen und Spenden von reichen Geschäftsleuten gespielt.

Bei diesem Gespräch fragte ich Herrn Karakoyun auch, ob ich mir die Gülen-Schulen in Berlin einmal anschauen könne, denn ich hatte gehört, dass es schwierig sei, eine Führung zu bekommen. So kam es, dass ich in den folgenden sechs Monaten nicht nur mehrere Privatschulen der Bewegung besuchte, sondern auch eine ganze Reihe Frauen und Männer kennenlernte, die sich ihr zurechneten. Mein Eindruck war, dass einige der Vorurteile gegenüber den Gülen-Leuten nicht zutrafen. Ich begegnete vielen aktiven Frauen in verantwortungsvollen Positionen, und die Männer behandelten mich sehr respektvoll. Dennoch spürte ich eine gewisse höfliche Distanz zwischen den Geschlechtern, wie ich sie aus meiner traditionellen Großfamilie kenne. Frauen und Männer vermieden es, einander die Hand zu geben, die meisten Frauen trugen ein Kopftuch, und man saß auch eher nach Geschlechtern getrennt.

Allerdings war nicht zu übersehen, dass viel dafür getan wird, Mädchen dieselben Bildungschancen einzuräumen wie Jungen. Die Losung von Fethullah Gülen lautet seit jeher: »Baut Schulen statt Moscheen.« Dafür ist die Bewegung auch in Deutschland bekannt, und ihre Bildungsarbeit ist anerkanntermaßen gut. Manch ein Kind mit Migrationshintergrund hat diesen Leuten sein

Studium zu verdanken. Auch in der Türkei galten die sogenannten Gülen-Schulen bis zu ihrer Schließung nach dem Putschversuch im Juli 2016 als Garanten für eine akademische Karriere.

Bin ich durch meine Beschäftigung mit der Gülen-Bewegung nun zu einer Anhängerin des Predigers geworden? Nein, natürlich nicht, und ich habe auch nicht das Unrecht vergessen, das türkische Gülen-Unterstützer Menschen angetan haben, die politisch nicht auf ihrer Linie waren. Auch beim Thema Gleichberechtigung der Geschlechter bin ich selbstverständlich nicht von meinem Standpunkt abgewichen. Meine Überzeugungen zu gesellschaftlichen und politischen Themen sind ebenfalls unverändert. Insbesondere in Sachen Menschen- und Frauenrechte bewege ich mich keinen Millimeter in irgendeine rückwärtsgewandte, konservative Richtung. Wenn an den universellen Menschenrechten und an den mühsam erkämpften Frauenrechten gerüttelt wird, sehe ich nach wie vor Rot. Inzwischen diskutiere ich aber gelegentlich mit Gülen-Anhängern über das Thema Geschlechtergerechtigkeit. Im Gegensatz zu den übrigen Verbänden und islamischen Gemeinschaften wie Ditib, Zentralrat der Muslime, Verband der Islamischen Kulturzentren oder Milli Görüş sind die Gülen-Anhänger bereit, sich mit mir auseinanderzusetzen. Ich lege ihnen meine Positionen dar und versuche, ihre zu verstehen. Für mich ist der Prozess noch nicht abgeschlossen; eine endgültige Meinung über diese Bewegung habe ich mir noch nicht gebildet.

Was ich aber schon sagen kann, ist, dass Hizmet, wie die Gülen-Bewegung auch genannt wird, keineswegs homogen ist. Sie scheint auch nicht so gut strukturiert und organisiert zu sein, wie man ihr nachsagt. Sicher gibt es einen Kreis, insbesondere um Fethullah Gülen selbst, der sich straff organisiert hat und als weltweites Netzwerk für den Aufbau von Schulen und Geschäften agiert. Die Leute, die ich kennengelernt habe, gehören verschiedensten sozialen Schichten und unterschiedlichen Ebenen innerhalb der Bewegung an, und ich habe festgestellt, dass es offenbar ein großer Unterschied ist, ob man mit Gülen-Anhängern hier oder in der Türkei spricht. Wobei diejenigen, die sich zumindest zeitweise außerhalb der Türkei aufhalten, weltoffener und weniger dogmatisch zu sein scheinen als diejenigen, die ihr ganzes Leben in dem Land verbracht haben. So ähnlich gilt das im Übrigen für alle Menschen. Wer immer am selben Ort bleibt, hat oft einen beschränkteren Horizont als diejenigen, die auch andere Gegenden dieser Welt kennen. Wie Oscar Wilde sagte: »Reisen veredelt den Geist und räumt mit allen unseren Vorurteilen auf.«

Einige Menschen, denen ich in letzter Zeit begegnet bin und die nach dem Putschversuch die Türkei verlassen mussten, sagen, dass es guttut, ihr Land einmal aus einer anderen Perspektive zu betrachten. Sie sähen das sogenannte feindliche Ausland und die »Ungläubigen« nun mit anderen Augen. Ein Gülen-Anhänger erklärte mir, es sei vielleicht gut, dass die Schulen seiner Bewegung in der Türkei geschlossen wurden. »Wenn es Fügung ist, dann will Gott uns damit ein Zeichen geben. Offensichtlich haben wir etwas falsch gemacht in der Türkei«, meinte er.

Eine Religionslehrerin, die in der Türkei in einer Gülen-Schule unterrichtet hatte und nun in einem christlichen Land lebt, sagte mir, sie ekele sich schon nicht einmal mehr, wenn sie Schweine sehe. Ferkel finde sie inzwischen sogar süß. Das und noch vieles andere gebe ihr zu denken, und mittlerweile frage sie sich manchmal, wie viele falsche Dinge sie ihren Schülern und Schülerinnen all die Jahre vermittelt habe.

Bei manch einer Begegnung in Istanbul konnte ich hingegen nicht umhin, mein Gegenüber daraufhinzuweisen, dass der Hocaefendi, wie Gülen von seinen Anhängern auch genannt wird, teils deutlich tolerantere Positionen vertritt als der Betreffende selbst, beispielsweise wenn es um den Dialog mit anderen Religionen geht. Jedenfalls gilt das aktuell und für die Gülen-Leute in Deutschland, was sich unter anderem daran zeigt, dass die muslimische Seite bei dem Berliner Projekt House of One von Imamen aus der Gülen-Bewegung vertreten wird. Früher hat Gülen allerdings durchaus anders geschrieben und gepredigt, zum Beispiel legte er sehr viel mehr Wert auf Distanz zu den anderen Religionsgemeinschaften.

Was die Mehrzahl der Gülen-Anhänger in der Türkei angeht, würde ich so weit gehen zu behaupten, dass sie weltanschaulich nach wie vor nicht zu unterscheiden sind von AKP- oder Milli-Görüş-Anhängern. Sie sind konservativ bis islamistisch, meiden den Dialog mit anderen Religionen und Kulturen, halten viele westliche Lebensgewohnheiten für Sünde und praktizieren in privaten Räumen Geschlechtertrennung. In Europa und den USA hingegen sehen inzwischen immer mehr Gülen-Anhänger die Geschlechtertrennung als individuelles und gesellschaftliches Entwicklungshindernis an.

Es ist wirklich nicht einfach, sich ein objektives Bild von der Bewegung zu machen. Auch über Fethullah Gülen selbst kursieren höchst unterschiedliche Informationen und Einschätzungen. Die einen halten ihn anscheinend für so etwas wie einen Mahdi, wie der Messias im Islam heißt, andere sehen in ihm nur den besseren islamischen Führer, wieder andere bezeichnen ihn als Terroristen. AKP-Anhänger werfen Gülen schon länger vor, den Islam zu verwässern oder kein echter Muslim zu sein. So nehmen sie ihm beispielsweise übel, dass er 1998 Papst Johannes Paul II. seine Aufwartung gemacht hat. Nach dem Putschversuch 2016 wurden auf der Titelseite einer türkischen Zeitung allen Ernstes Ausweispapiere abgedruckt, die zeigen sollten, dass Gülen ein Kardinal sei und dem Vatikan angehöre. Die Macher hatten allerdings bei der Photoshop-Bearbeitung vergessen, den Namen des echten Kardinals zu entfernen.

Gülen und seine Anhänger sehen sich selbst in der Tradition des 1960 verstorbenen Said Nursî, eines religiösen Führers kurdischer Volkszugehörigkeit. Nursî gilt als Begründer der Nurculuk-Bewegung, die sich in der laizistischen Republik Türkei zum Ziel gesetzt hatte, den Islam wiederzubeleben, und scheint die wichtigste Figur im religiösen Leben von Gülen zu sein. Dessen Anhänger lesen jedenfalls neben seinen Schriften in erster Linie die von Said Nursî. Gülens Aufforderung an die Muslime, sich Bildung anzueignen und Wissenschaft nicht als unvereinbar mit Religion anzusehen, steht in Nursîs Tradition. Dieses Ziel verfolgen auch die Schulen, die Gülen-Anhänger in aller Welt aufgebaut haben.

Said Nursî soll von einem panislamischen Staat mit Mekka und Medina als Zentrum und der Scharia als Rechtsordnung geträumt haben. Bei Erdoğan kann man so ein Ziel heute vermuten. Ob Gülen diesem Traum ebenfalls anhängt, ist von außen nicht feststellbar. Kritiker des Predigers meinen, dass dies die geheime Mission seiner Bewegung sei.

Gülen und seine Anhänger polarisieren Türken und Deutschtürken mindestens genauso wie Erdoğan. Die einen loben die Bewegung dafür, dass sie so viel für die Bildung von Muslimen in aller Welt tut. Andere behaupten, diese Bildungsbemühungen dienten lediglich dem Ziel, die Gesellschaften zu islamisieren und die ganze Welt zu erobern. Eine abschließende Einschätzung in die eine oder andere Richtung lässt sich aus meiner Sicht momentan nicht abgeben. Aus dem, was in letzter Zeit an die Öffentlichkeit dringt, und aus alten wie neuen Schriften von und über Gülen kann man aber zumindest schließen, dass der Prediger sich offenbar gewandelt hat, seit er in den USA im Exil lebt, und vor allem seit dem Bruch mit Erdoğan.

Für uns in Europa gilt es bei der Beschäftigung mit der Gülen-Bewegung, genau hinzuschauen und zu differenzieren. In den Gülen-nahen Schulen in Deutschland wird zum Beispiel in der Regel kein Islamunterricht erteilt, sondern Ethik. Die religiöse Unterweisung findet eher in privaten Zusammenhängen statt. Zu diesem Zweck sollen nach Geschlechtern getrennte Studentenwohnungen eingerichtet worden sein, die sogenannten Lichthäuser, in denen Studierende unter anderem gemeinsam den Koran und die Schriften Gülens lesen. Man hört – mangels belastbarer Beweise muss man das so vage formulieren –, in einigen dieser WGs werde sehr viel Druck ausgeübt, regelmäßig zu beten, zu fasten, das Kopftuch zu tragen oder sich züchtig zu kleiden. Andere Zeugen berichten, es mische sich niemand ein.

Wir liberalen Muslime müssen die Repräsentanten der Gülen-Bewegung immer wieder auffordern, mehr Transparenz zu zeigen, insbesondere beim Thema Religionsvermittlung. Wenn sie den Vorwurf entkräften wollen, dass sie sich von den Lehren der Fundamentalisten und Islamisten oft nicht klar genug abgrenzen, müssen sie beweisen, dass sie einen friedlichen Islam lehren. Dazu könnte jetzt, da Gülen-Leute wegen ihrer angeblichen Beteiligung an dem Putschversuch vom Juli 2016 in keine Ditib-Moschee mehr eingelassen werden, die Chance bestehen. Zum Beispiel, indem sie eigene Moscheen gründen, in denen sie sich offen zeigen für die Grundwerte der demokratischen Gesellschaften, in denen sie leben.

2014 hatte sich übrigens das baden-württembergische Landesamt für Verfassungsschutz mit der Gülen-Bewegung beschäftigt. Der Anfangsverdacht der verfassungsfeindlichen Bestrebungen konnte nicht erhärtet werden, somit gab es keine Ermächtigungsgrundlage für eine weitere Beobachtung. Dennoch kursierte bis ungefähr Mitte 2016 der Bericht der Behörde in Zeitungen und auf der Internetseite des Verfassungsschutzes von Baden-Württemberg. AKP-Anhänger ziehen diesen Bericht immer wieder heran, um die Gruppierung zu diffamieren. Inzwischen hat sich die Landesbehörde bei den Gülen-Leuten dafür entschuldigt, dass das Dokument so lange frei zugänglich war. Letztere haben Abstand davon genommen, gegen das Vorgehen der Behörde zu klagen, weil sie nach eigener Aussage auf Dialog setzen. Das könnte Teil der Strategie der Bewegung sein, aber auch ehrliches Bemühen, die Vereinbarkeit von Demokratie und Islam zu demonstrieren. Die Zukunft wird es zeigen.

DIE FOLGEN DES PUTSCHVERSUCHS

Spätestens seit dem Korruptionsskandal vom Dezember 2013 sind Gülen und Erdoğan Erzfeinde, zumindest aus Sicht des Präsidenten; Gülen selbst äußert sich nicht dazu. Seit im Juli 2016 Panzer durch Ankara und Istanbul rollten und Teile des Militärs versuchten, die Macht im Lande gewaltsam an sich zu reißen, gilt Erdoğans ehemaliger Weggefährte nicht mehr nur als Erzfeind des Präsidenten, sondern als Drahtzieher des Putschversuchs und Terrorist.

Der türkische Präsident ist bei diesem Kampf strategisch eindeutig im Vorteil, denn er verfügt über die politische Macht, seinen Widersacher zum Staatsfeind Nummer 1 zu erklären und dessen echte oder vermeintliche Anhänger unnachgiebig zu verfolgen. Nicht nur in der Türkei und in Deutschland, sondern überall auf der Welt, wo sich Gülen-nahe Einrichtungen befinden. Ende März 2017 wurde bekannt, dass der türkische Geheimdienst MIT dem Bundesnachrichtendienst Listen mit Hunderten Namen ausspionierter Gülen-Anhänger ausgehändigt habe, wohl in der Hoffnung auf deutsche Amtshilfe, die aber nicht gewährt wurde. Im Gegenteil, der BND machte den Vorgang öffentlich und warnte die Bespitzelten.

Seit dem vereitelten Putsch gilt in der Türkei: Wer Erdoğans autoritären Regierungsstil kritisiert, gilt automatisch als Gülen-Anhänger oder PKK-Sympathisant, beides gleichbedeutend mit Terrorist. Der Präsident und seine Anhänger in Politik und Gesellschaft ergreifen dankbar die Gelegenheit, sich sämtlicher Gegenspieler und Kritiker zu entledigen.

Inzwischen wurden Tausende Richter, Staatsanwälte, Politiker, Journalisten usw. eingeschüchtert, verhaftet, suspendiert. Verurteilte Straftäter wurden aus den Gefängnissen entlassen, um Platz für die sogenannten »intellektuellen Terroristen« zu schaffen. Neben dem Verlust des Arbeitsplatzes müssen sehr viele Menschen fürchten, auch ihr Hab und Gut zu verlieren. So wurden bereits Veräußerungsverbote für Immobilien ausgesprochen, manche Häuser wurden umstandslos enteignet. Viele Menschen haben sich ins Ausland abgesetzt; führende Militärs, denen vorgeworfen wird, sich am Putsch beteiligt oder ihn gar mit angezettelt zu haben, stellen Asylanträge in EU-Staaten. Hinzu kommen unzählige Denunziationen, die das Klima im Land wie auch innerhalb der deutsch-türkischen Community vergiften. Nachbarn, Verwandte, Konkurrenten schwärzen sich gegenseitig fleißig als Gülen-Anhänger an. Sie nutzen die Gunst der Stunde, um alte Rechnungen zu begleichen. Doch wer weiß schon wirklich, wer Gülen-Anhänger ist und wer nicht?

Bereits wenige Stunden nach dem Putschversuch fingen aufgebrachte AKP-Sympathisanten an, Einrichtungen der Hizmet-Bewegung anzugreifen, Wände und Türen mit »Vaterlandsverräter« sowie anderen Beleidigungen zu beschmieren. Das ging erstaunlich schnell, wenn man bedenkt, dass Gülen und Erdoğan lange Zeit einen gemeinsamen politischen Weg gegangen sind. In der Phase ihrer Zusammenarbeit wurde beiden gleichermaßen der Vorwurf gemacht, sie wollten die Türkei in einen islamistischen Staat verwandeln. Und beiden wird nach wie vor bescheinigt, sie hätten das Ziel, den Laizismus abzuschaffen und die Scharia in der Türkei wieder einzuführen. Geht es Erdoğan also nur um Macht und nicht um religiöse oder politische Inhalte? Der Verdacht liegt nahe.

Den gemeinsam begonnenen Weg geht der Staatspräsident nun allein. Es gibt kaum eine Ansprache von ihm, die nicht gespickt wäre mit religiösen Aussprüchen und religiös untermauerten moralischen Aufforderungen an sein sogenanntes heiliges Volk. Erdoğan wird genauso als religiöser Führer verehrt wie der im Exil lebende Imam Gülen. »Du kommst nach Allah«, rufen ihm seine fanatischen Anhänger zu, was bedeutet, dass er wie Mohammed zum Propheten erklärt wird. »Meine Frau und meine Töchter gehören dir. Sage, und wir töten. Sage, und wir sterben«, ertönte es in den Tagen direkt nach dem Putschversuch auf den Straßen des Landes.

Was seit dem 15. Juli 2016 in der Türkei geschieht, ist mehr als historisch. Es wird nicht nur das Land selbst, sondern die gesamte Region verändern, wenn es Erdoğan gelingt, seine langfristigen politischen Interessen durchzusetzen, schließlich träumt er schon seit geraumer Zeit davon, der Sultan des Nahen Ostens zu werden, der Führer der islamischen Welt. Nie war er diesem Ziel so nah wie heute.

Der Putschversuch, den er als »Geschenk Allahs« für

sich und seine Anhänger bezeichnet hat, öffnete Tür und Tor für einen politischen Putsch, dessen Anführer der machtbesessene Mann mit Leib und Seele ist, während wir vergeblich auf ein Gesicht des Anführers der Putschisten warten. Sämtliche inhaftierten Militärangehörigen bestreiten jedenfalls, etwas mit der Sache zu tun zu haben.

Noch in der Putschnacht hatte sich Erdoğan via CNN-Türk zu Wort gemeldet und verkündet, es handle sich um eine militärische Aktion, die von Angehörigen des »Parallelstaats« durchgeführt worden sei. Mit Parallelstaat ist die Bewegung um Gülen gemeint, der unterstellt wird, eine Parallelstruktur aufgebaut zu haben, indem ihre Anhänger wichtige Posten in Justiz, Polizeiapparat und Militär besetzt hätten.

Tatsächlich haben bis Mitte 2016 sehr viele Gülen-Anhänger und -Sympathisanten wichtige Posten bei der Polizei und beim Militär bekleidet. Man darf nur nicht vergessen, dass es der Staat war, der diese Menschen eingestellt hat. Erdoğan selbst hat die Posten mit seinen Leuten und den Leuten von Gülen besetzt. Nur deshalb konnte er schon wenige Stunden nach dem Putschversuch lange Listen mit unliebsamen Personen vorlegen und ehemalige Weggefährten mit sofortiger Wirkung vom Dienst suspendieren. Ministerpräsident Yıldırım persönlich bestätigte im Fernsehen, diese schwarzen Listen seien lange vorher vorbereitet worden.

Die Wochen vor dem Putschversuch waren geprägt von einer eher kritischen Stimmung Erdoğan gegenüber. Sogar aus den eigenen Reihen häuften sich Unmutsäußerungen wegen seiner Flüchtlingspolitik. Das Vorhaben, syrischen Flüchtlingen die türkische Staatsangehörigkeit verleihen zu wollen, stieß nicht eben auf Begeisterung. Die Flüchtlinge sollten angeblich Wohnungen aus dem staatlichen Wohnungsbauprogramm erhalten, außerdem machten Gerüchte die Runde, dass ihnen nach der Einbürgerung eine monatliche Unterstützung in Höhe von achthundert Türkischen Lira zustünde. Die Menschen im Land wurden unruhig. Wie könne man den Flüchtlingen so viel geben, während es dem eigenen Volk wirtschaftlich so schlecht gehe? Die Umfragewerte der AKP sanken bedenklich. In einer solchen Situation kann ein gläubiger Muslim tatsächlich nur von einem Gottesgeschenk sprechen, wenn ihm die Gelegenheit gegeben wird, sich als Opfer zu stilisieren und seine Anhänger wieder hinter sich zu versammeln.

Auch Ministerpräsident Yıldırım erklärte schnell, die sogenannte Terrororganisation FETÖ/PDY (Fethullahistische Terrororganisation/Parallelstaat) sei für den Putschversuch verantwortlich. Diese Bezeichnung hat sich übrigens Erdoğan ausgedacht. Seit er sich im Dezember 2013 mit Gülen überworfen hat, wird dessen Bewegung von offizieller Seite Parallelstaat (PDY) genannt, seit dem Putschversuch zusätzlich Fethullahistische Terrororganisation. Somit ist dies weltweit die erste Terrororganisation, die sich nicht einmal selbst einen Namen geben konnte. Vielleicht, weil sie, wie viele meinen, gar nicht existiert? Der Nachweis ist jedenfalls bis heute nicht erbracht.

Ein knappes Jahr nach dem Putschversuch ist die Stimmung im Land immer noch so aufgeheizt, dass viele bereit sind, blind alle zu bekämpfen, die tatsächlich oder vermeintlich mit dem Prediger in den USA zu tun haben.

Gleichzeitig sind die Menschen im Land insgesamt stiller geworden, nur wenige kritische Geister trauen sich noch, öffentlich ihre Meinung zu sagen. Nachdem man im türkischen Fernsehen und in sozialen Medien sehen konnte, wie eine wütende Menge Buchläden, Schulen und Geschäfte von Gülen-Anhängern zerstörte oder sich aneignete, will sich niemand in Gefahr begeben. Verständlich. So funktionieren Diktaturen.

Erdoğan und seine Gesandten haben seit dem Zerwürfnis mit Gülen fast jedes Land aufgesucht, in dem es Privatschulen der Bewegung gibt, um diese Länder zu bitten oder sie dafür zu bezahlen, dass sie die Schulen schließen. Unter anderem mit dem Argument, sie seien von der CIA unterwandert und dienten nur dazu, geheime Informationen aus dem jeweiligen Land an die USA weiterzugeben. Kritische Kreise in der Türkei rieben sich verwundert die Augen, als Erdoğan bei einer seiner Afrikareisen zudem die Warnung aussprach, Gülen wolle das betreffende Land islamisieren!

Bei diesem Vernichtungseifer muss sich niemand wundern, wenn fanatische Erdoğan-Sympathisanten auch in Deutschland keine Grenzen kennen und Gülen-Sympathisanten in sozialen Netzwerken oder per SMS Botschaften schicken wie: »Bald bist du tot«, »Hurensöhne, glaubt ja nicht, dass ihr uns entkommt«, oder: »Ich werde euch ausbluten und in eurem Blut baden.« Oder wenn unter Gleichgesinnten die unverblümte Aufforderung geteilt wird: »Schießt allen FETÖ-Anhängern, die ihr kennt, in den Kopf.«[15]

---

15 Zitiert nach: http://www.bild.de/politik/inland/militaer-putsch-tuerkei/boese-hetze-gegen-tuerken-in-deutschland-46878454.bild.html

Nachdem die türkische Regierung sämtliche Inhaber einer türkischen Mobilfunknummer per SMS aufgefordert hatte, Menschen anzuzeigen, die Gülen nahestehen, schreiben Denunzianten ungefragt: »Ich habe dich gemeldet. Wehe, du setzt noch einen Fuß in die Türkei.« Eine solche Nachricht habe auch ich bekommen, obwohl ich der Bewegung überhaupt nicht nahestehe.

Seit dem gescheiterten Putsch ist es mir nicht mehr möglich, unbeschwert zwischen meinen beiden Heimaten hin und her zu reisen, um zum Beispiel meine Mutter zu besuchen. Mein Auftritt in der Talkshow von Anne Will zwei Tage nach dem Putschversuch brachte die AKP-Anhänger in der Türkei und anderswo gegen mich auf. Ich hatte während der Sendung Zweifel geäußert, ob es mit rechten Dingen zugehen könne, wenn innerhalb weniger Stunden so viele Juristen in Polizeigewahrsam genommen oder vom Dienst suspendiert würden. Ferner forderte ich auch im Umgang mit Fethullah Gülen Rechtsstaatlichkeit ein. Wenn man davon ausgehe, dass er Terrorist sei, dann müsse man ihm das nachweisen. Allein schon dieses Festhalten an rechtsstaatlichen Prinzipien kommt in den Augen sehr vieler AKP-Anhänger der Unterstützung einer terroristischen Vereinigung gleich.

Im Internet kursieren sogar Listen von Läden und Dienstleistungsunternehmen, die angeblichen Gülen-Anhängern gehören. Die warnende Überschrift: »Geht nicht bei diesen Hurensöhnen einkaufen.« Gerade in Deutschland sollten wir bei solchen Worten mehr als hellhörig werden.

Die von der Ditib betriebene Sultan-Ahmet-Moschee in Hagen hängte nach dem Putschversuch ein Plakat an die Tür: »Vaterlandsverräter raus. Vaterlandsverräter haben keinen Glauben. Wer keinen Glauben hat, hat in der Moschee nichts zu suchen.«[16] Ich frage mich, ob der Moscheeverein auch schon mal daran gedacht hat, ein Schild aufzuhängen, auf dem steht: »IS-Sympathisanten ist der Eintritt verboten«, oder: »IS-Anhänger sind keine Muslime und müssen draußen bleiben.«

---

16 Zitiert nach: http://www.zeit.de/2016/34/fethullah-guelen-bewegung-anhaenger

»ICH WURDE BETROGEN«

Seit Anfang der neunziger Jahre zogen Gülen und Erdoğan im Hinblick auf die Emanzipation des Islam am selben Strang. Ihr gemeinsames Ziel war es, die politische Macht in der Türkei zu erringen, um die Geschicke des Staates bestimmen zu können. Erdoğans Vorgehen lässt sich als »Strategie des kleinen Mannes« beschreiben: Muslime machen langfristig keine Geschäfte mehr mit sogenannten Ungläubigen, sondern ausschließlich mit Muslimen. Die Geldströme fließen dann nur noch innerhalb der muslimischen Gemeinschaft, was dazu führt, dass die islamischen Länder irgendwann zur stärksten Macht weltweit werden.

Gülen verfolgte die Strategie, seine Anhänger durch Bildung dazu zu befähigen, jede Arbeit und jedes Amt im Staatsgefüge übernehmen zu können, nicht nur in der Türkei, sondern auch in jedem anderen Land, in dem sie leben. Das gilt übrigens auch für Frauen.

Mittlerweile bekennt sich Gülen, ebenso wie Erdoğan, zur Demokratie. Demokratie sei ein Segen Gottes, sagte der Imam im Jahr 2013. Vor der Korruptionsaffäre waren seine Anhänger in der Türkei keine großen Freunde dieser Regierungsform gewesen, genauso wenig wie Erdoğan. Der Ruf nach der Scharia kam, wie gesagt, aus beiden Lagern. Und er ist auch heute noch von Gülen-

Anhängern zu vernehmen, die überzeugt sind, es handele sich um das perfekte Gesetzeswerk Gottes, das jede staatliche Regelung überflüssig mache.

Beide Männer, der Prediger Gülen und der Staatsmann Erdoğan, gerieten gegenüber ihren Anhängern in Erklärungsnot, als sich ihre Wege trennten. Erdoğan hat sich mittlerweile bei Allah und beim türkischen Volk entschuldigt, dass er sich von Gülen hat täuschen lassen. Gülen und seine Anhänger betonen ebenfalls, von der Gegenseite getäuscht worden zu sein. Wir haben es hier also mit zwei erwachsenen Männern zu tun, die eine recht beachtliche Zahl von Menschen hinter sich versammelt haben und sich reinzuwaschen suchen, indem sie sich gegenseitig vorwerfen, gelogen und betrogen zu haben. Und zwar über einen Zeitraum von mehr als zehn Jahren. In meinen Ohren klingt das nicht besonders glaubwürdig.

Damit können sie ihre gemeinsame Vergangenheit auch nicht ungeschehen machen. Linke und liberale Intellektuelle, Akademiker, Oppositionelle und Kurden mussten am eigenen Leib erfahren, wie Gülen-nahe Polizeibeamte, Staatsanwälte oder Richter mit Erdoğan gemeinsame Sache machten und Menschen entweder für Jahre ins Gefängnis steckten, deren berufliche Karriere ruinierten oder gar deren Tod in Kauf nahmen. Das ist der Grund, warum sich viele Linke und Intellektuelle bis heute schwer damit tun, sich mit den verfolgten Anhängern von Gülen zu solidarisieren, obwohl bekannt ist, dass sie aktuell bevorzugt Opfer von Folter und Vergewaltigungen in türkischen Gefängnissen werden. Diejenigen, die schon früher Repressionen ausgesetzt waren, schauen zu, wie sich die Elefanten bekämpfen, und versuchen, selbst nicht unter die Räder zu kommen.

KAPITEL 5

Warum ich dem Islam treu bleibe
und Imamin werde

WIDER DIE DEUTUNGSHOHEIT
DER FUNDAMENTALISTEN

Je näher die islamistischen Terroristen uns mit ihren kranken Taten in Europa kamen, desto drängender stellte sich mir in den letzten Jahren die Frage, was das eigentlich für eine Religion ist, in die ich hineingeboren wurde. Wie kann es sein, dass die Träume junger Männer von willenlosen Jungfrauen zumindest vordergründig ausreichen, um zahllose unschuldige Menschen zu töten? Wie kann es sein, dass immer mehr Muslime sich auf das lustvolle Jenseits vorbereiten, indem sie im Diesseits alles Lustvolle ablehnen – und im Gegenzug all jene verachten, die hier und heute ihr Leben genießen?

Die Besessenheit vom Höllenfeuer und die Angst davor sind auch dem Christentum im Prinzip nicht fremd. Dennoch sind es vor allem meine Glaubensgenossen, die sich verquere, hypersexualisierte Vorstellungen vom Leben nach dem Tod machen. Ich finde es beängstigend, wie populär dieses Bild vom Paradies in der islamischen Welt inzwischen ist. Am ehesten lässt sich das wohl mit der extremen Unterdrückung der Sexualität im Diesseits erklären; im Koran findet sich das so jedenfalls nicht.

In Anbetracht all der patriarchalen bis hasserfüllten Lehren, die in Moscheegemeinden und unter gläubigen Muslimen über den Islam verbreitet werden, sehe ich mich inzwischen geradezu in der Pflicht, mich persönlich intensiver mit den Glaubensinhalten meiner Religion zu beschäftigen. Früher vertrat ich die Auffassung, dass für mich nicht so wichtig ist, was der Koran zu Themen wie Homosexualität, Kopftuch oder Umgang mit Andersgläubigen sagt. Mir war wichtiger, was die UN-Menschenrechtscharta und unsere demokratische Verfassung dazu sagten. Trotz meiner tiefempfundenen Religiosität ging ich ja auch nicht in die Moschee; in Berlin gab es einfach keine, deren Ausrichtung zu mir gepasst und in der ich mich wohl gefühlt hätte.

Mit der Zeit musste ich einsehen, dass ich es mir mit dieser Haltung zu einfach machte und mich als gläubige Muslimin sehr wohl mit den heiligen Schriften des Islam auseinandersetzen sollte. Inzwischen ist es sogar so, dass ich unbedingt wissen möchte, was der Koran zu all den Reizthemen sagt – weil es mich interessiert, aber auch, um präzise argumentieren und an innerislamischen Veränderungen mitwirken zu können. Wenn ich eine spirituelle Alternative für meinesgleichen schaffen und gleichzeitig gegen die vielen konservativen Männer und Frauen in den muslimischen Verbänden ankommen will, reicht es nicht, dass ich Juristin, Frauenrechtlerin und Menschenrechtlerin bin. Nein, ich muss mich in Sachen Islam genauso gut auskennen wie alle anderen, die in seinem Namen sprechen. Wir liberalen Muslime haben im Interesse unserer friedlichen Glaubensschwestern und -brüder die Aufgabe, uns gegen die Deutungshoheit der Fundamentalisten zur Wehr zu setzen.

Jeder, der einen Koran in die Hand nimmt, wird schon zum Experten, sagte mir einmal ein Gesprächspartner, der sich als eher konservativer Muslim bezeichnete. Das war als Kritik daran gemeint, dass es bei uns keine verbindliche Vorgabe gibt, wer den Islam lehren darf und wer nicht. Ich schließe mich dieser Kritik an und sage, es genügt mir nicht, den Koran in die Hand zu nehmen. Ich will ihn lesen und vor allem verstehen lernen, auch wenn das eine große Herausforderung darstellt. Aus diesem Grund lasse ich mich zur Imamin ausbilden. Wobei ich schnell gemerkt habe, dass ein Menschenleben nicht ausreicht, um sich alles existierende Wissen über diese jahrhundertealte Religion anzueignen. Ich werde in meinem Leben nur einen kleinen Ausschnitt von all dem erfassen können, aber um diesen Ausschnitt will ich mich mit aller Kraft bemühen.

So stand für mich auch von Anfang an fest, dass ich nicht ein Institut oder eine Akademie, einen Verein der liberalen und säkularen Muslime oder eine Bürgerinitiative von Muslimen gegen Gewalt im Islam gründen werde. Nein, ich wollte einen Ort schaffen, an dem der friedliche, aufgeklärte Islam praktiziert, diskutiert und fortentwickelt werden kann. Langfristig kann daraus gerne so etwas wie ein Verband der säkularen Muslime entstehen. Aber zunächst geht es darum, Menschen zusammenzubringen, die den Islam statt mit Gewalt und Hass mit Liebe und Barmherzigkeit leben wollen.

Um mich diesem Ziel anzunähern, musste ich anfangen, mich mit dem Innersten meines Glaubens zu beschäftigen. 2015 verschlug es mich auf Umwegen, wozu ein längerer Aufenthalt in Georgien gehörte, an den Bosporus. Ich wollte vom Osten auf den Westen blicken, mich vom Westen entfernen, um mich ihm erneut anzunähern. Und zwar auch im Hinblick auf meine Religion. Sehr viel lieber hätte ich in Mekka und Medina begonnen, den Weg des Islam zu verfolgen. Ich hoffe, dass ich diesen Weg irgendwann gehen kann.

Jedenfalls landete ich dann in Istanbul im Haus meiner Mutter, tat mich mit einer anderen Anwältin zusammen, um meinen Lebensunterhalt zu verdienen, und schickte meine Tochter zur Schule. Ich wollte, dass sie richtig gut Türkisch lernt, was ihr auch gelungen ist.

Als ich beschloss, zwischen Berlin und Istanbul zu pendeln, war es mir wichtig herauszufinden, was für ein Islam in der Türkei ganz allgemein praktiziert wird. Darüber hinaus wollte ich aber auch in Erfahrung bringen, wie Menschen wie ich dort ihren Glauben leben. Ich fand eine konservative Koranlehrerin, die es genoss, sich mit mir über Gott und die Welt zu unterhalten. Besser gesagt, wir liefen uns über den Weg, und es ergab sich, dass sie mir Koranunterricht erteilte. Ich ließ alles auf mich zukommen, gab mich sozusagen in Gottes Hände und erzählte vielen Menschen von meinem Vorhaben, in Berlin eine liberale Moschee zu gründen und mich zur Imamin ausbilden zu lassen. Dabei stieß ich auf sehr viel mehr Zustimmung als Ablehnung. Ich traf gläubige Menschen, die meinem Vorhaben Glück wünschten. Die meisten waren der Ansicht, dass es gefährlich werden könnte, aber wichtig ist.

Leider musste ich im Juli 2016, nach dem Putschversuch, meinen Aufenthalt in der Türkei unterbrechen. Ich hoffe, dass ich ihn bald fortsetzen kann. Denn Istanbul ist eine magische Stadt. Sie hat so viele Gesichter – das spirituelle ist eines davon.

MODERNE THEOLOGIE
IN DER TÜRKEI

Die Türkei ist oder war in Sachen Islamstudien auch deshalb ein so interessanter und wichtiger Ort für mich, weil sie – heute leider nur noch auf dem Papier – das erste und einzige laizistische islamische Land ist. In keinem anderen islamischen Land gibt oder gab es zum Beispiel eine der sogenannten Ankaraner Schule vergleichbare unabhängige und kritische Theologie.

1949 wurde an der Universität von Ankara eine islamisch-theologische Fakultät nach westlichem Vorbild, also mit wissenschaftlicher Ausrichtung, gegründet. Im Zentrum stand die historisch-kritische Beschäftigung mit den Schriften des Islam. Die Theologen dort fassten den Koran also nicht wie ihre traditionellen Kollegen als ewig gültige Offenbarung Gottes auf, sondern als in weiten Teilen nur in ihrer Zeit verstehbare Botschaft an die Menschen, die es nach wissenschaftlichen Kriterien auszulegen galt. Sie wagten es, mit der Überzeugung zu brechen, alles, was im Koran steht, sei wörtlich zu nehmen. Diese Herangehensweise kommt mir als aufgeklärt denkendem Menschen sehr entgegen, denn auch mich beschäftigt die Frage, was den unantastbaren Kern meiner Religion ausmacht und was durch Überlieferung in den Hadithen und durch nachträgliche Interpretationen erst zum Gesetz erklärt wurde, aber eigentlich reformiert werden kann und sollte.

Die Wissenschaftler an der theologischen Fakultät in Ankara befassten sich vorwiegend mit dem Problem der Grenzziehung zwischen dem, was ewig gültig ist, und dem, was als überholt gelten muss – die Hauptaufgabe bei der historisch-kritischen Betrachtung einer heiligen Schrift aus dem 7. Jahrhundert. Was ist der Hauptsinngehalt der Religion, und welche das menschliche Zusammenleben betreffenden Dinge musste der Koran in seiner Zeit ganz konkret regeln? Dahinter steckt auch die Frage: Wie würde der Koran heute geschrieben werden?

Bekanntermaßen ist das heilige Buch der Muslime nicht chronologisch aufgebaut. Kaum jemand versteht es, wenn er einfach eine Sure nach der anderen liest. Nur durch ein vorheriges Studium der Biographie des Propheten und der Erläuterungen, anlässlich welcher historischen Ereignisse die einzelnen Suren herabgesandt wurden, kann deren innerer und äußerer Gehalt erfasst werden.

In der Türkei bin ich Menschen begegnet, die sehr am Wortlaut des Koran klebten und Gelehrten folgten, die ihnen alles erklärten, weil sie selbst keine Zeit oder keine Lust hatten, sich genauer mit ihrer Religion zu befassen. Die wenigsten von ihnen verstanden Arabisch oder versuchten, in ihrer Sprache einen persönlichen Zugang zum Islam zu finden, obwohl es massenhaft religiöse Literatur auf Türkisch gibt und obwohl unzählige Autoren unzählige Interpretationen veröffentlicht haben. Auch im Fernsehen werden täglich Programme ausgestrahlt, in denen der Islam erklärt wird. Dennoch ist der Wissensstand in der Bevölkerung mehr als mangelhaft.

Ich habe aber auch gläubige Menschen kennengelernt, die sich vom Volksislam distanzieren und kritisch versuchen, den tieferen Sinn in jedem Wort des Koran zu verstehen. Menschen, die sich heimlich mit Gleichgesinnten treffen müssen und die sich nicht trauen, ihre Forschungen zu veröffentlichen, weil sie Angst vor Repressionen haben. In der Türkei, eigentlich in der gesamten islamischen Welt, gibt es sehr viele Menschen, die bereits seit Jahren einen zeitgemäßen Islam leben, ohne dass wir davon erfahren. Mein Wunsch ist es, ihren Thesen und Forschungsergebnissen auf dem Umweg über unsere Moschee eine Öffentlichkeit zu verschaffen, wenn sie es unter ihrem eigenen Namen schon nicht wagen können.

Die Ankaraner Schule, wie sich die modernen türkischen Theologen ab den 1990er Jahren nannten, brachte Wissenschaftler hervor, die sich für Reformen im Islam einsetzten und viel Aufklärungsarbeit leisteten, um dem besonders auf dem Land verbreiteten naiven Volksglauben etwas entgegenzusetzen und die Menschen mitzunehmen in die Moderne. Im Laufe der Zeit wurden im ganzen Land etliche weitere Fakultäten nach ihrem Vorbild gegründet, so dass man meinen sollte, der aufgeklärte Islam habe sich in der Türkei inzwischen durchsetzen können. Theoretisch bestand zumindest die Möglichkeit.

Tatsächlich aber wurde die Ankaraner Schule mit dem Erstarken des politischen Islam in der Türkei wieder mehr oder weniger zu Grabe getragen. Gerade in diesen Tagen, da die Religionsbehörde Diyanet aufs Engste mit der AKP und der Regierung Erdoğan verflochten ist, kann an theologischen Fakultäten kein anderer Islam mehr gelehrt werden als der von offizieller Seite vorgeschriebene. In der Türkei gibt es heute in der Lehre sozusagen keinen modernen Islam mehr.

Konservative Muslime akzeptieren eine historisch-kritische Auslegung der Schriften selbstverständlich nicht. Für sie ist der Koran zeitlos und universell. Mit dieser traditionellen Sichtweise zu brechen ist und bleibt meines Erachtens die Aufgabe aller liberalen, aufgeklärten Muslime.

WAS ES FÜR MICH BEDEUTET, MUSLIMIN ZU SEIN

Immer wieder habe ich mir in der Vergangenheit die Frage gestellt, was eigentlich den Kern meiner Religion ausmacht. Warum sie für mich so besonders ist, dass ich mich nicht von ihr abwende und zum Beispiel Buddhistin werde, obwohl man gerade im Westen oft hört, wie friedlich und entspannt der Buddhismus sei. Bei einer öffentlichen Veranstaltung fragte mich einmal jemand, warum nicht alle modernen Muslime zum Alevitentum konvertierten, wenn das doch die entspannte Ausrichtung des Islam sei, in der beispielsweise die Gleichberechtigung von Frauen und Männern gelte. So einfach ist das aber nicht.

Viel logischer erscheint mir die folgende Überlegung: Ich bleibe meiner Religion treu, weil ich nun mal in sie hineingeboren bin. Außerdem hatte ich, wie bereits beschrieben, während meiner Nahtoderfahrung als junge Frau ein Zwiegespräch mit meinem Gott, dem barmherzigen Gott der Muslime. Bei diesem direkten Kontakt empfand ich ein unendliches Glücksgefühl, wie man es auf dieser Welt nur ganz selten oder nie erfahren kann. Als ich meine Tochter nach der Geburt das erste Mal in den Armen hielt, durchströmte mich ein ähnliches Gefühl: unendliche, unerschütterliche, unsterbliche Liebe. Genau diese Liebe ist für mich der Kern meiner Religion, meines Glaubens und meiner Spiritualität. Der persische Sufi-Mystiker und Dichter Rumi, genannt Mevlana, hat sie immer wieder beschrieben und in wunderschöne Gedichte gefasst.

Damals, als ich zwischen Leben und Tod schwebte, entschied ich mich, in dieses Leben zurückzukehren. Und zu meinem Leben in dieser Welt gehört der Islam: die Art zu beten, das gemeinsame Fasten und das Fastenbrechen, die Koranrezitationen, die mein Herz auf einzigartige Weise bewegen, auch wenn ich die arabischen Texte noch nicht unmittelbar verstehe, sondern mir den Inhalt mittels Übersetzungen erschließen muss. Sicher würde ich auch in anderen Religionen einen befriedigenden Zugang zu Gott finden. Aber als gläubiger Mensch bin ich überzeugt, dass bestimmte Dinge so sein sollen, wie sie sind. Zudem würde es sich nicht richtig anfühlen, wenn ich aus meiner Religion heraustreten und sie nur von außen kritisieren würde, anstatt mich konstruktiv mit ihr auseinanderzusetzen und einen gemeinsamen, positiven Weg mit anderen Gläubigen zu finden.

Vielleicht wäre es einfacher zu sagen, von Muslimen geht heute so viel Gewalt aus, also will ich nichts mehr mit dieser Religion zu tun haben. Das entspricht aber nicht meiner inneren Überzeugung, und ich will auch nicht von der Umma, der großen Gemeinschaft der Musliminnen und Muslime, ausgeschlossen sein. Es ärgert mich sogar sehr, wenn manche Leute meinen, ich sei keine Muslimin, gehöre also nicht dazu. Während der Gründungsphase unserer Moschee hörte ich verschiedentlich den Vorwurf, ich als Nichtmuslimin könne doch keine Moschee gründen. Was für eine Anmaßung! Gegen diese Geisteshaltung kämpfe ich mindestens seit Beginn der Deutschen

Islamkonferenz im Jahr 2006, als die Islamverbände nicht müde wurden, mich verbal aus der Gemeinschaft der Muslime auszuschließen. Dabei ist meine Zugehörigkeit zum Islam ausschließlich eine Sache zwischen Gott und mir. Und Gott allein entscheidet darüber, ob ich eine gute oder eine schlechte Muslimin bin.

Mit meinem Engagement für die Gründung einer liberalen Moschee erfülle ich vielleicht auch den Glaubenssatz, den mir mein Vater immer wieder vorgebetet hat: »Wenn Menschen dir Böses tun, dann beschäme sie mit deiner Güte. Bleibe gut, was auch immer geschieht.« Ich weiß noch genau, wie schwer es mir gerade in jungen Jahren manchmal fiel, diesem Rat zu folgen. Wenn mich jemand verletzt hatte, wurde ich wütend und sagte zu meinem Vater, dass es doch irgendwann absurd werde, sich nicht zur Wehr zu setzen oder abzuwenden. Ich konnte auch nicht verstehen, dass er nett zu Leuten war, die ihn hinter seinem Rücken beschimpften, weil er Kurde war. Mein Vater blieb standhaft. Er sagte: »Lass sie machen, lass sie reden. Trage keinen Hass in deinem Herzen, sondern Liebe.«

Wenn ich heute manchmal über den Hass in der Welt zu verzweifeln drohe, denke ich an ihn, froh und dankbar über sein Vorbild. Und finde neue Kraft, für die Liebe unter den Menschen zu kämpfen. Selbstverständlich habe ich nicht vergessen, dass mein Vater mich manchmal auch schlecht behandelt hat, weil ich ein Mädchen war. So verklärt bin ich nicht. Dennoch weiß ich, dass ich die Art zu lieben von meiner Mutter und meinem Vater habe. Sie haben uns Kinder sehr geliebt und konnten uns diese Liebe auch zeigen, ebenso wie sie andere Menschen geliebt und ihnen viel geholfen haben.

EINE SYNTHESE
AUS OST UND WEST

Ich bin beides, gläubig und Feministin, aufgeklärt und teilweise sehr traditionell, Ost und West. Viele Menschen, die aus der Türkei stammen, kennen das. Immer ist da dieses Bedürfnis, den östlichen und den westlichen Lebensstil zu vereinen und ein Lebensgefühl zu entwickeln, in dem beides harmonisch und ohne Widerspruch miteinander existieren kann. Den Wunsch, die guten und auch die schlechten Seiten beider Welten miteinander in Einklang zu bringen, könnte man es auch nennen. Die Türkei war in dieser Hinsicht lange ein leuchtendes Vorbild. Die Synthese beider Lebenswelten hat dort, zumindest in den großen Städten, gut funktioniert.

In meiner türkischen Großfamilie habe ich ein Gefühl für Gemeinschaft gelernt, für westlichen Individualismus war dort wenig Platz. Beim Umgang mit meinen urdeutschen Freundinnen und Freunden spielte Solidarität zwar auch eine große Rolle, der Fokus lag aber eher auf den Bedürfnissen des Einzelnen. Dennoch scheint mir die Idee der Solidargemeinschaft, wie sie zum Grundkonzept der Bundesrepublik gehört und sich zum Beispiel in der staatlichen Daseinsfürsorge ausdrückt, in gewisser Weise dem zu entsprechen, was wir als Umma bezeichnen, die Gesamtheit der Muslime, die sich der

Gemeinschaft verpflichtet fühlt und deren Mitglieder Verantwortung füreinander übernehmen. Ganz so verschieden sind die Herangehensweisen also nicht, auch wenn viele meiner Glaubensgenossen derzeit primär damit beschäftigt zu sein scheinen, zwischen guten und schlechten Muslimen zu unterscheiden und ihre Solidarität davon abhängig zu machen.

Mein Wunsch, Imamin zu werden und in Berlin eine liberale Moschee zu gründen, hat sicher zum Teil auch damit zu tun, dass ich hier im Westen einen Ort für Muslime schaffen möchte, an dem die Synthese zwischen West und Ost, zwischen Orient und Okzident, lebbar wird. An dem wir nicht die westliche Kultur, in der wir leben und von der wir auf vielfältige Weise profitieren, verleugnen müssen. Andererseits soll es ein Ort sein, an dem der friedliche Islam auch für Außenstehende zu sehen und in seinen humanitären Überzeugungen laut und deutlich zu vernehmen ist. Deshalb werden wir in unserer Moschee nicht nur gemeinsam beten, sondern gemeinsam lernen und diskutieren und auch Veranstaltungen für nichtmuslimische Interessierte anbieten.

Der Sänger Cat Stevens, der 1978 zum Islam konvertierte und seitdem Yusuf Islam heißt, soll gesagt haben: »Wenn ich den Islam von Muslimen gelernt hätte, wäre ich kein Muslim geworden.« Angeblich hat auch der Prophet einmal sinngemäß geäußert, man solle den Islam nicht an den Muslimen messen. Aber was bleibt der Welt anderes übrig, als unsere Religion zunächst an den sichtbaren Taten der Gläubigen zu messen? Die Religion an sich oder der Koran sind ja nichts, was mühelos greifbar oder verständlich wäre. Mit dem Islam muss man sich, wie gesagt, intensiver beschäftigen, es reicht nicht, die Suren und Hadithe einfach zu lesen.

Wenn wir heute also wieder zunehmend muslimischen Frauen begegnen, die einen konservativen Lebensstil pflegen, oder muslimischen Männern, die andere Menschen nur deshalb hassen oder sie gar töten wollen, weil sie einen anderen Glauben haben, dann sollten wir dringend Gelegenheiten schaffen, um auch diejenigen sichtbar zu machen, die einen modernen, toleranten Islam leben. Nur so können wir dafür sorgen, dass die ganze Vielfalt unter den Gläubigen unserer Religionsgemeinschaft erkennbar wird.

Zu dieser Sichtbarmachung gehört meiner Ansicht nach auch, dass Frauen, die sich in unserer Religion engagieren, in die Öffentlichkeit treten und endlich anfangen, wichtige Positionen innerhalb der muslimischen Gemeinschaft einzunehmen. Es gibt auch in Deutschland bereits Imaminnen – und ganz viele andere Frauen, die diese Rolle übernehmen könnten. Sie sind in den Verbänden aktiv, unterrichten Frauen und Kinder und dürfen auch bei Frauen und Kindern vorbeten. Man nimmt sie einfach zu selten wahr. Das wollen und werden wir ändern.

Die ägypthisch-jemenitisch-schweizerische Politikwissenschaftlerin Dr. Elham Manea und die tunesisch-schweizerische Romanistin Saïda Keller-Messahli arbeiten wie ich seit geraumer Zeit zum Thema Islam und Frauenrechte, schreiben Bücher und halten Vorträge darüber. Elham habe ich vor etlichen Jahren bei einer Veranstaltung in der Schweiz kennengelernt. Saïda, die ein Buch mit dem Titel »Islamistische Drehscheibe Schweiz. Ein Blick hinter die Kulissen der Moscheen« verfasst hat, ist mir zuerst durch ihr Engagement in den sozialen Medien aufgefallen – sie ist sehr aktiv auf Facebook. Beide Frauen gehörten in den letzten Jahren zu den Personen, die ich mir als Gründungsmitglieder für die liberale Moschee wünschte, und beide sind es tatsächlich geworden. Im Februar 2017 traf ich Elham in Zürich und erneuerte meine Einladung an sie, bei der Eröffnung unserer Moschee das Freitagsgebet zu sprechen. Sie sagte zu, und wir vereinbarten einen Termin. So kam es zum Eröffnungsdatum 16. Juni 2017. Ich selbst bin noch nicht so weit, dass ich mich als Vorbeterin berufen fühle. Elham hat diesbezüglich bereits Erfahrungen gesammelt, wie sie in ihrem Gastbeitrag »Veränderung beginnt mit uns. Eine offene Moschee für alle« im Anhang berichtet.

Saïda Keller-Messahli und Dr. Elham Manea sprechen Arabisch und können uns bei Übersetzungen und beim Verständnis arabischer Texte unterstützen. Zudem haben beide langjährige Erfahrung in der Vermittlung von religiösem Wissen – und genau das macht einen Imam oder eine Imamin unter anderem aus.

WAS IST EIGENTLICH EIN IMAM?

Das arabische Wort für Imam bezeichnet zwei verschiedene religiöse Funktionen. Zum einen handelt es sich um die des Vorbeters in der Moschee. Imam mit Pfarrer zu übersetzen wäre falsch, denn im Islam gibt es keine Ordination oder kirchliche Weihe wie im Christentum. Zu den Aufgaben dieser Imame gehört es in erster Linie, in der Moschee oder auch in einer Gruppe von Muslimen vorzubeten sowie am Freitag eine Predigt zu sprechen. Darüber hinaus schließen sie Ehen, betreiben Seelsorge, schlichten Streitigkeiten innerhalb der muslimischen Gemeinschaft und erstellen Rechtsgutachten, also Fatwen zu islamischen Fragen, wie zum Beispiel, ob das Fasten gebrochen wird, wenn man einem Ungläubigen die Hand gibt, oder ob Mädchen an einer Klassenfahrt teilnehmen dürfen.

Von Imamen in Moscheen wird nicht nur erwartet, dass sie vorbeten, sondern sie sollen auch ein Vorbild für die Gemeinschaft sein. So heißt es in Sure 2, Vers 124: »Und als Abraham von seinem Herrn durch Gebote, die er erfüllte, geprüft ward, sprach Er: ›Siehe, Ich mache dich zu einem Imam für die Menschen.‹ Er sprach: ›Und von meiner Nachkommenschaft?‹ Er sprach: ›Meinen Bund erlangen nicht die Ungerechten.‹« (Henning) Wenn Abraham fragt, ob auch seine Nachkommen automatisch zu Imamen erklärt werden, und er die Antwort erhält, dass nur diejenigen diese Position erlangen können, die kein Unrecht tun, bedeutet das: Die Stellung des Imams ist nicht erblich, sondern wird durch eigene Leistung erlangt.

Die zweite Bedeutung des Wortes Imam ist umfassender und meint das religiös-politische Oberhaupt der Gemeinschaft aller Muslime. Nach dem Tod des Propheten Mohammed gab es heftige Auseinandersetzungen um seine Nachfolge, und in dieser Zeit entstand die Tradition, demjenigen, der die Führung der islamischen Gemeinschaft für sich beanspruchte – was nicht kampflos vonstattenging –, den Imam-Titel zu verleihen. Je nach Rechtsschule wurden unterschiedliche Voraussetzungen an die Übernahme dieser Position geknüpft. So brauchte die Person passende Eigenschaften, wie zum Beispiel die Abstammung von einem bestimmten Stamm, persönliche Integrität, umfassendes Wissen über die Religion, stabile gesundheitliche Konstitution, gutes Urteilsvermögen sowie Mut und Tapferkeit in der Verteidigung der Gemeinschaft der Muslime gegenüber den Feinden.

Im Westen, aber auch in weiten Teilen der islamischen Welt gilt als Imam heute in erster Linie der Vorbeter in der Moschee, der zudem das Freitagsgebet leitet und die Predigt spricht. Er steht dazu in der halbrunden Gebetsnische, der sogenannten Mihrab, deren Aushöhlung dazu dient, dass seine Stimme bis in den letzten Winkel des Raumes dringt – eine akustische Konstruktion, die sich mit der Zeit entwickelt hat. Die ersten muslimischen Gemeinschaften waren noch so klein, dass der Vorbeter von allen Betenden gut gehört werden konnte. Doch mit dem Bau immer größerer Moscheegebäude musste eine

Lösung gefunden werden, wie der Imam, der selbst in Gebetsrichtung schaut, von allen, die hinter ihm stehen, mühelos verstanden werden kann.

Die Vorbeter-Imame werden noch einmal unterschieden in Imame des Herrschers und Imame allgemeiner, also von Gläubigen selbst gegründeter Moscheen. In offiziellen, von den Regierungen der islamischen Länder betriebenen Moscheen gibt es festangestellte Imame; teilweise sind sie sogar verbeamtet, wie in der Türkei. Je nach Land müssen die Anwärter unterschiedliche Ausbildungen durchlaufen. In der Türkei besucht man die sogenannte Imam-Hatip-Schule oder studiert Theologie an einer Universität. Die meisten Gläubigen und der Islam an sich verlangen bei einem Imam keine akademische Ausbildung. Mit den Jahren hat sich diese Anforderung aber in den meisten Ländern etabliert, weil man sich gut ausgebildete Imame wünscht.

Man kann die notwendigen Qualifikationen auch im Selbststudium erwerben, sofern man eine Gemeinde hat, die das akzeptiert. In den allgemeinen Moscheen, die wie unsere Ibn-Rushd-Goethe-Moschee von Privatpersonen betrieben werden, kann also die Gemeinschaft der Gläubigen entscheiden, wen sie aus ihrer Mitte zum Imam oder zur Imamin erwählen möchte.

Die informellen Erwartungen an Vorbeter-Imame ähneln denen, die traditionell an das religiös-politische Oberhaupt aller Muslime gestellt werden. Nach Ansicht der meisten Gläubigen sollte es sich um einen männlichen, unbescholtenen Menschen handeln, der die Fähigkeit besitzt, den Koran zu rezitieren, und der neben einer tadellosen Aussprache auch noch eine Ausbildung in islamischen Rechtsangelegenheiten hat.

In Deutschland gibt es auf Betreiben der Deutschen Islamkonferenz inzwischen mehrere theologische Fakultäten, an denen Religionslehrer ausgebildet werden, damit sie an staatlichen Schulen den Islam unterrichten können. Mit dieser Ausbildung könnte die Person auch in einer Moschee als Imam arbeiten. In der Regel mangelt es den Gemeinden jedoch an finanziellen Mitteln, weshalb türkisch dominierte Moscheen meist verbeamtete Imame aus der Türkei beschäftigen.

Die für mich und meine Mitstreiterinnen so wichtige Frage, ob auch Frauen diese religiöse Funktion übernehmen können, ist im Prinzip leicht zu beantworten. Ja, das ist möglich. Meines Wissens gibt es keine stichhaltige theologische Begründung dafür, dass Frauen nicht Vorbeterinnen sein dürfen. Bisher konnte mir jedenfalls niemand eine Stelle im Koran zeigen, die es Frauen verbietet, Imamin zu werden und vor gemischten Gruppen vorzubeten und zu predigen. Dennoch teilen nicht alle Rechtsschulen meine Ansicht.

Einigkeit herrscht weitgehend darüber, dass reine Frauengruppen beim islamischen Gebet von einer Imamin geleitet werden dürfen, gemischte Gruppen jedoch nicht. Als Begründung wird immer wieder genannt, dass dies mit der Art und Weise zu tun habe, wie wir Muslime beten. Wenn eine Frau vorbeten würde, könnten alle, die hinter ihr stehen, auf ihr Gesäß schauen, und das würde in Männern sexuelle Gefühle wecken. Es sei auch nicht richtig, wenn eine Frau den Koran rezitiere, denn ihre schöne Stimme könnte Männer von ihren religiösen Pflichten ablenken. Man muss sich wirklich fragen, ob diese Leute meinen, Gläubige könnten nicht zwischen einer Bar und einer Moschee unterscheiden. Kürzlich schrieb mir sogar jemand, es sei haram und falsch, wenn Frauen und Männer in der Moschee zusammen beteten, denn das Gebet würde dann von Gott nicht angenommen.

Richtig kontrovers wird es bei dem Thema also dann, wenn eine Frau einer gemischtgeschlechtlichen Gruppe vorsteht und vielleicht noch die Freitagspredigt spricht – so wie wir es in unserer liberalen Moschee handhaben, da wir für die Gleichberechtigung der Geschlechter auch bei der Ausübung religiöser Aufgaben eintreten.

Dafür, dass Frauen und Männer getrennt zu beten hätten, gibt es meines Wissens ebenfalls keinen Nachweis. Genauso wenig wie dafür, dass das Freitagsgebet, die Cuma, allein Männersache sei. Was ich im Übrigen sehr lange angenommen habe, weil ich damit aufgewachsen bin, dass türkische Moscheen freitags voller Männer sind. Frauen sieht man da eher selten.

In Sure 62, Vers 9 heißt es: »O ihr, die ihr glaubt, wenn am Freitag zum Gebet gerufen wird, dann eilt zum Gedenken Gottes und lasst das Kaufgeschäft ruhen. Das ist besser für euch, so ihr Bescheid wisst.« (Khoury) Aus der Tatsache, dass das Kaufgeschäft erwähnt wird, schließen viele, nur die Männer seien gemeint, weil sie es sind, die mehrheitlich Handel tätigen. Diese Menschen vergessen ganz, dass der Vers mit der Anrede »O ihr, die ihr glaubt« beginnt, also alle gemeint sind, Männer und Frauen.

Es waren wohl vor allem patriarchalische Strukturen und manch ein frauenfeindlicher Kalif aus der frühen Zeit des Islam, die die Frauen aus den Moscheen verdrängt haben. So schreibt der Islamwissenschaftler und Publizist Reza Aslan über den zweiten Kalifen Umar Ibn al-Chattab (592–644): »Umars frauenfeindliche Tendenzen kamen in dem Moment zum Vorschein, als er die Führung der muslimischen Gemeinschaft übernahm. Erfolglos versuchte er, den Wirkungskreis der Frauen auf das Haus zu beschränken und sie von der Teilnahme am Gottesdienst in der Moschee auszuschließen. Er führte getrennte Gebete ein und ordnete – in unmittelbarem Verstoß gegen das Beispiel des Propheten – die religiöse Unterweisung der Frauen durch männliche Lehrer an.«[17] Erfolglos blieben die Bemühungen des Kalifen auf Dauer also offenbar nicht.

Aslan verweist in dem Zusammenhang auch auf den arabischen Gelehrten und Historiker Ibn Saad (784–845), der schreibt, dass zu Zeiten des Propheten Männer und Frauen gemeinsam in der Moschee beteten. Eine Begebenheit, von der auch andere immer wieder berichten: »Und beim Freitagsgebet kamen alle zusammen, Männer und Frauen, um zu beten, um die letzten Neuigkeiten zu erfahren, um sich belehren und unterweisen zu lassen.«[18]

Die Islamwissenschaftlerin Amina Wadud aus den USA ist die erste und sicher bekannteste Frau, die an einem Freitag vor einer gemischtgeschlechtlichen Gruppe gebetet hat. Mit diesem Schritt hatte sie 2005 weltweit für Aufsehen gesorgt und bereits im Vorfeld Morddrohungen erhalten, so dass die Zeremonie nicht wie geplant in einer Moschee stattfinden konnte, sondern die Gemeinde in eine protestantische Kirche ausweichen musste. Inzwischen spricht Amina Wadud regelmäßig das Freitagsgebet. Ich habe sie 2009 auf einer Konferenz musli-

17 Reza Aslan: *Kein Gott außer Gott*, S. 91
18 Ibn Saad: *At-tabqat al-kubra*, S. 247

mischer Frauen in Malaysia kennengelernt, wo sie von ihrem Engagement berichtete. Wir hoffen, sie regelmäßig in unsere Moschee nach Berlin einladen zu können.

Mittlerweile gibt es etliche Gruppierungen in der ganzen Welt, die Imaminnen vor gemischten Gruppen beten lassen – wenn auch mehrheitlich privat, also aus Angst vor Übergriffen eher im Verborgenen. In Deutschland gehört die muslimische Theologin und Islamwissenschaftlerin Rabeya Müller, Mitgründerin des Liberal-Islamischen Bundes, zu den wenigen Imaminnen, die sich öffentlich dazu bekennen, Gebete vor gemischten Gruppen zu leiten und die Freitagspredigt zu sprechen.

In Sachen moderner, reformierter, zeitgemäßer Islam passiert aktuell in einer ganzen Reihe von Ländern sehr viel. Nicht nur der gewalttätige Islam hat mehrere Gesichter, sondern auch der friedliche. Wir befinden uns in einer Umbruchphase, in der sich mutige Liberale zumindest in den westlichen Ländern immer weiter hinauswagen und sich immer mehr herausnehmen – obwohl sie nach wie vor heftigen Anfeindungen ausgesetzt sind.

MEINE AUSBILDUNG ZUR IMAMIN

Die Entscheidung, mich zur Imamin ausbilden zu lassen, ist nicht über Nacht entstanden, sondern hat sich langsam entwickelt, gemeinsam mit der Idee, eine liberale Moschee zu gründen. Zuerst wollte ich einen Ort schaffen und Menschen zusammenbringen, die voneinander lernen wollen, als Nächstes sollten dann eine Imamin und ein Imam gefunden werden, die der zu gründenden Moschee als Doppelspitze vorstehen sollten. An diesem Plan halte ich nach wie vor fest. Ich will das nicht persönlich machen, sondern mich weiterhin um andere Dinge kümmern können. Vorrangig sehe ich mich inmitten der Gläubigen, hinter einem Imam oder einer Imamin. Dennoch absolviere ich die religiöse Ausbildung, um hin und wieder vorbeten und die Predigt am Freitag sprechen zu können. Aber nicht nur aus diesem Grund, sondern auch, weil ich den Islam immer besser kennenlernen und immer tiefer in meinen Glauben eintauchen möchte.

Im Sommer 2015 habe ich in Istanbul mit Hilfe einer Privatlehrerin begonnen, den Koran und die Hadithe ernsthaft zu studieren. Ich habe sehr viel gelesen und Gespräche mit islamischen Theologinnen und Theologen geführt. Zudem war ich umgeben von Menschen, die mir halfen, meine Religion in ihren verschiedenen Facetten zu verstehen, einschließlich meiner Mutter, die im Alter von sechzig Jahren gelernt hat, den Koran zu lesen. Sogar in meinem Anwaltsbüro fand ich eine Praktikantin, die die Suren flüssig auf Arabisch lesen und mir bei den Hausaufgaben helfen konnte. Beeindruckt hat mich auch, wie während eines privaten Essens die Gastgeberin, die kein Kopftuch trug und sich sehr modern kleidete, plötzlich das Tischgebet sprach. Sie erklärte mir, dass sie das seit ihrer Kindheit mache, was mich im ersten Moment überraschte, weil sie überhaupt nicht dem Klischee der frommen Muslimin entsprach.

Für mich hat es sich besonders authentisch angefühlt, mich in einem islamischen Land mit meiner Religion zu beschäftigen. Das hat einerseits sicher mit meiner persönlichen Situation zu tun, andererseits aber auch mit der Tatsache, dass mir hier in Deutschland eher ein konservativer Islam begegnet. In der Türkei fand ich viele Menschen und Orte, die mir meine Religion positiv spiegelten und mir bestätigten, dass der Islam deutlich mehr Freude, Liebe und Barmherzigkeit bereithält als Gewalt und Unterdrückung. Damit will ich nicht sagen, dass in Deutschland keine modernen Muslime leben. Im Gegenteil, wir haben ja die Moschee gegründet, damit sie leichter zusammenkommen können als bisher. Aber in der Türkei fand ich ein islamisches Selbstverständnis und eine Magie vor, die mir hier in Deutschland noch fehlen, zum Beispiel an einem Ort wie der unterirdischen Sancaklar Camii im Istanbuler Stadtteil Büyükçekmece. Die Moschee wurde von einem türkischen Architekten, der selbst Atheist ist, in einen Hügel hineingebaut. Hier gibt es nichts, was einen davon ablenken könnte, mit Gott in Verbindung zu treten, weder Farben noch kunstvolle Verzierungen. Die Moschee besteht aus viel grauem

Beton und Lichteinfällen von oben. Dieser unbeschreibliche Minimalismus ergreift einen sofort, wenn man den Innenraum betritt, obwohl der Weg dorthin – über graue Stufen, die im Halbkreis unter die Erde führen, unterbrochen von Gras, vorbei an einem einzigen Olivenbaum – auch schon eine große Magie besitzt. Man ist unmittelbar vom Geist des Ortes und der Anwesenheit Gottes erfüllt. Im Innern gibt es nur einen einzigen Raum. Der Bereich für die Frauen ist von dem für die Männer lediglich durch einen Paravent getrennt. Wenn man steht, ist Sichtkontakt möglich. Ich war mit meiner Mutter dort, und wir haben an der Cuma teilgenommen und gemeinsam gebetet. Die Moschee war voll.

Liberale Muslime wagen sich in der Türkei inzwischen zwar kaum noch an die Öffentlichkeit, weil sie sich vor staatlichen Repressionen fürchten, aber es gibt sie. Sie leben in Freundschaft mit Atheisten, Christen, Juden und anderen und beten täglich für den Frieden.

Bis zum Putschversuch im Juli 2016 war ich schon recht weit fortgeschritten mit meinen Studien. Meine Lehrerin war stolz auf mich und schenkte mir meinen ersten Koran für unterwegs, schön eingepackt und handlich. Bei vielen Flügen zwischen Istanbul und Berlin habe ich darin gelesen und Suren auswendig gelernt.

Ich kann den Koran inzwischen, wenn auch nicht besonders schnell und flüssig, auf Arabisch lesen. Ich kenne die Buchstaben und die Zeichen, die oben und unten gesetzt werden, sowie deren Bedeutung. Verstehen kann ich den Text aber noch nicht, weil ich in Istanbul noch keine Arabischlehrerin gefunden hatte. So wird das aktuell von der Mehrheit der Muslime praktiziert: Wenn wir sagen, wir lesen den Koran, dann meinen wir, dass wir ihn rezitieren, also die arabischen Buchstaben zu Wörtern verbinden und an der richtigen Stelle die richtigen Vokale benutzen.

Ich will den Koran aber verstehen, beispielsweise um Gewaltpassagen nicht unkritisch und mit Hingabe zu lesen. Dazu muss man wissen, dass das Rezitieren wie ein Sprechgesang ist, getragen von einer tiefen, sehr ergreifenden Emotionalität, ähnlich wie beim Gebet der Juden oder bei der lateinischen Liturgie. Wenn man kein Arabisch versteht, liest man jedes Wort mit derselben Hingabe, auch die Passagen, die ich zum Beispiel kritisch sehe oder hinterfrage. Damit ich die Bedeutung des Gelesenen erfasse, greife ich zurzeit noch auf deutsche Koranübersetzungen zurück. Wobei eine Übersetzung allein nicht ausreicht, um sich dem Sinngehalt einer Sure wirklich anzunähern, man braucht immer mehrere Übertragungen von verschiedenen Autoren, um vergleichen zu können.

Türkische Koranübersetzungen finde ich weniger hilfreich und weniger vertrauenswürdig. In den meisten wird zum Beispiel im Zusammenhang mit dem Thema Kleidervorschriften oder Verhüllung ernsthaft das Wort Kopftuch verwendet, obwohl es im Arabischen gar nicht vorkommt. Sinngemäß ist auf Arabisch von »bedecken« oder »unter/hinter den Schleier/Vorhang tun« die Rede. Deshalb gab und gibt es diese heftigen Auseinandersetzungen um die Kopfbedeckung der Frau. Wenn türkische Muslime ganz klar aus ihrem Koran entnehmen, dass eine Frau die Pflicht hat, ein Kopftuch zu tragen, müssen wir uns nicht wundern, wenn viele von ihnen sich auf keinerlei Diskussionen darüber einlassen wollen.

Der liberale islamische Theologe Yaşar Nuri Öztürk spricht im Zusammenhang mit der sogenannten Gewaltsure gegen Frauen (Sure 4, Vers 34) davon, dass ein Mann, wenn seine Frau sich *iffetsiz* oder unkeusch verhalte, sie im ersten Schritt ermahnen, im zweiten Schritt im Bett allein lassen und im dritten Schritt aus dem Haus an einen anderen Ort bringen solle.[19] An dieser Stelle steht in den allermeisten deutschen und englischsprachigen Übersetzungen »und schlagt sie«.

Schon an diesen zwei Übersetzungsbeispielen lässt sich ablesen, dass es unmöglich ist, sich an tiefschürfenden, echten Diskussionen über die Bedeutung einzelner Suren zu beteiligen, wenn man das Arabische nicht versteht. Deshalb ist es mein großer Wunsch, den Koran im Original lesen zu können. Hinzu kommt, dass ich die Poesie der Sprache spüren möchte, von der mir viele vorschwärmen, die des Arabischen mächtig sind. Da ich Türkisch spreche, weiß ich, was Poesie im Zusammenhang mit einer orientalischen Sprache bedeutet: die Sprachmelodie, die Magie von Worten, die sich oft nicht angemessen ins Deutsche übersetzen lassen. Darüber hinaus habe ich inzwischen in Erfahrung gebracht, dass sehr viele interessante Bücher über den Islam nur in arabischer Sprache veröffentlicht werden. Und nicht zu vergessen: Bei Diskussionen über den Islam muss ich mir als nicht-arabische Muslimin bisher oft anhören, du verstehst das nicht, du kannst ja kein Arabisch.

Inzwischen habe ich also angefangen, die Sprache zu lernen, ein Projekt, das – gemeinsam mit dem Koranstudium – nicht auf ein oder zwei Jahre angelegt ist, son-

19 Vgl. Yaşar Nuri Öztürk: *Der verfälschte Islam*

dern mich voraussichtlich den Rest meines Lebens begleiten wird, worauf ich mich sehr freue. So soll es sein.
So sieht meine Zukunftsvision aus.

Durch den Putschversuch wurde mein Aufenthalt in der
Türkei jäh unterbrochen, und ich musste meinen Lebens-
mittelpunkt wieder nach Deutschland verlegen und quasi
von vorne beginnen. Mittlerweile habe ich in Berlin eine
sehr gute Koranlehrerin gefunden, die Deutsch-Syrerin
Miriam Amer, die auch Koranrezitatorin ist und zudem
Arabisch spricht. Ich konnte sie sogar als Unterstützerin
für unsere Moschee gewinnen, und sie hat für dieses
Buch einen inspirierenden Text über ihr Islamverständnis geschrieben, »Alle Menschen sind Geschwister«, der
im Anhang abgedruckt ist. Miriam ist ein wunderbarer
Mensch, der mir mit viel Liebe hilft, einen tieferen Zugang zu meinem Glauben zu finden.

Demnächst soll an der Humboldt-Universität in Berlin
ein Studiengang für Islamische Studien eingerichtet werden. An diesem Institut möchte ich mich einschreiben,
damit ich einen Abschluss bekomme, mit dem ich später
eventuell auch Islamunterricht erteilen kann. Für die
Ausbildung zur Imamin brauche ich zwar kein Studium,
aber als formale Legitimation ist es in Deutschland
immer besser, einen Abschluss vorweisen zu können.
Außerdem schadet es nicht, sondern ist im Gegenteil zu
begrüßen, wenn eine Muslimin sich an einer deutschen
Universität zur Imamin ausbilden lässt. Dafür haben wir
uns in der Islamkonferenz eingesetzt. Deshalb gibt es ja
inzwischen diese Institute an mehreren Standorten.

Meine Neugierde richtet sich nicht nur auf das Wissen über den Islam an sich, also auf die Schriften und

die jahrhundertealte Geschichte, sondern ich will auch die islamische Welt besser verstehen lernen. Wer hat die Deutungshoheit über unsere Religion, von wem kann ich lernen, wer verbreitet welchen Islam?

Mich hatte bei meinem langen Türkeiaufenthal, wie gesagt, irritiert, dass viele Muslime offenbar nur sehr wenig über ihren eigenen Glauben wissen und deshalb ganz unkritisch jede noch so absurde Koraninterpretation von ihren Imamen hinnehmen. Der Islam, den die Gläubigen gewissermaßen nur vom Hörensagen kennen, ist ein Islam der Untertanen, die ihren Gelehrten an den Lippen hängen, statt sich mittels Selbststudium ein eigenes Bild zu machen. Dieser Umstand erschreckt mich zutiefst. Auch in Deutschland ist es in den allermeisten Moscheegemeinden nicht erwünscht, Zweifel anzumelden und kritische Fragen zu stellen. Das handhaben wir in unserer Moschee anders, bei uns sind Zweifel ausdrücklich erwünscht.

KAPITEL 6

Die Grundlagen des Islam
und der Prophet als Vorbild

AUFKLÄRUNG IM ISLAM

Der Ruf nach Reformen in der islamischen Welt wird immer lauter. Doch ist der Islam überhaupt reformierbar? Bei dieser Frage scheiden sich die Geister, denn wie man sie beantwortet, hängt davon ab, auf welcher Seite man steht. Auf der der Fundamentalisten und der westlichen Islamkritiker, für die der Koran die noch heute Wort für Wort gültige Botschaft Gottes an uns Menschen ist, oder auf der Seite derer, die unsere Religion in die Jetztzeit überführen wollen, damit Muslime nicht zunehmend wieder in mittelalterlich anmutenden Verhältnissen leben müssen. Wobei man nicht vergessen darf, dass der Islam im Mittelalter teils deutlich moderner und aufgeklärter war als heute; die Zeit zwischen 750 und 1250 wird auch das Goldene Zeitalter des Islam genannt. Vorbildlich war vor allem die kulturelle und wirtschaftliche Blüte in al-Andalus, den vom 8. bis zum 15. Jahrhundert arabisch beherrschten Teilen der Iberischen Halbinsel, damals ein Zentrum der Gelehrsamkeit. In den Städten Córdoba, wo auch Ibn Rushd wirkte, und Granada fand aufgeklärtes islamisches Leben statt, in guter Nachbarschaft mit anderen Religionen.

Die Sozialpädagogin Müzeyyen Dreessen, die sich seit langem in der interkulturellen und interreligiösen Dialogarbeit engagiert und unsere Moscheegründung unterstützt, beschreibt die kulturellen und wissenschaftlichen Errungenschaften der damaligen Zeit in ihrem Gastbeitrag »Bildung in der islamischen Welt« im Anhang dieses Buches.

Wenn wir davon ausgehen – was ich tue –, dass der Islam genauso reformierbar ist wie zum Beispiel das Christentum, müssen wir uns fragen, welche Elemente unserer Religion überhaupt weiterentwickelt werden könnten und sollten: Welche Glaubensinhalte, Vorschriften und Traditionen passen nicht mehr zu unserer heutigen Lebensweise, welche hingegen müssen als unveränderlich angesehen werden? Und nicht zuletzt: Welche Voraussetzungen gilt es zu schaffen, um Veränderungen zu ermöglichen?

Im Zentrum der Reformbestrebungen vieler liberaler Muslime steht das Bemühen, die heiligen Schriften des Islam im historischen Kontext ihrer Entstehung zu betrachten und gleichzeitig dabei auch die heute problematischen Aspekte von Koran und Hadithen nicht zu verschweigen.

Der Koran gilt als direkte Offenbarung Gottes an den Propheten Mohammed und somit als Gesetzesgrundlage und Handlungsorientierung für alle Muslime. Im Islam ist es, wenn man ein gottgefälliger Mensch sein will, von großer Bedeutung, das eigene Handeln an den Gesetzen Allahs auszurichten. Da der Koran nicht alle Glaubensfragen und Lebensbereiche klar genug regelt, nutzen gläubige Muslime die Überlieferungen des Propheten, die Hadithe, als zweite Quelle. In den Hadithen sind die Aussprüche und Taten Mohammeds gesammelt, wie sie von seinen Zeitgenossen und den nachfolgenden Generationen festgehalten wurden. Die neue Religion wurde zunächst nur mündlich weitergegeben, weshalb durchaus Zweifel angebracht sind, welche Überlieferungen authentisch, also echt, und welche falsch, also unecht sind. Die Hadithenlehre bemüht sich herauszufinden, was der Prophet wirklich gesagt oder getan haben könnte und was ihm womöglich von Menschen zugeschrieben wurde, die eigene Interessen damit verfolgten. Mit verschiedenen mehr oder weniger komplizierten Verfahren werden die Hadithe auf ihre Echtheit hin überprüft. Jede Rechtsschule hat dazu ihre eigenen Methoden entwickelt und folgt eigenen Rechtsgelehrten.

Einigkeit herrscht jedoch dahingehend, dass die Folgerichtigkeit der Aussagen von Zeitzeugen über die Echtheit der Hadithe entscheidet. Dementsprechend wird zwischen starken und schwachen Hadithen unterschieden. Bei den starken handelt es sich um Überlieferungen, die sich durch eine ununterbrochene Kette von Aussagen lückenlos bis zu Mohammed zurückverfolgen lassen und deren Überlieferer als zuverlässig und vertrauenswürdig gelten. Bei einem schwachen Hadith fehlt beispielsweise eine Person in der Kette, oder es wird die Weitergabe einer Überlieferung von Person A an Person B behauptet, obwohl kein Nachweis darüber erbracht ist, dass A und B sich je begegnet sind.

Sich intensiv und kritisch mit den Überlieferungen zu beschäftigen ist neben dem Koranstudium eine der wichtigsten Quellen des Wissens über unseren Glauben, weil die einzelnen Suren und Verse oft nur mit Hilfe ausgiebiger Erläuterungen verständlich sind, wie die Hadithe sie liefern. Aber auch hier gilt: Nicht jedes Wort ist wörtlich zu verstehen, vieles muss in seiner Entstehungszeit betrachtet und interpretiert werden.

Nur der Abschied von der wortwörtlichen Lesart der Schriften kann den Weg frei machen für die Entwicklung eines liberalen, toleranten, geschlechtergerechten Islam, wie wir ihn anstreben. Wobei die historisch-kritische Betrachtung keineswegs neu ist, wie nicht zuletzt das Beispiel der Ankaraner Schule zeigt. Nur sind leider heute die Konservativen und Orthodoxen wieder auf dem Vormarsch und versuchen, ihre Glaubensgenossen ins 7. Jahrhundert zurückzukatapultieren. Nicht nur, aber auch in puncto Toleranz. Man muss es so deutlich sagen: Wenn fundamentalistische Muslime andere Muslime attackieren, weil diese sich »unzüchtig« kleiden oder sich mit Christen zum Essen an einen Tisch setzen, wenn muslimische Schüler sich von einer Lehrerin nichts sagen lassen, weil ein Mann angeblich nicht auf eine Frau hören soll, wenn Schüler einer Lehrerin nicht die Hand geben wollen, wenn Muslime nach Europa kommen und die dortige Lebensweise fortwährend kritisieren – dann unterscheiden sie sich im Hinblick auf Toleranz und die Akzeptanz der Freiheit der anderen nicht von deutschen Islamgegnern, die keine Muslime in ihrer Nähe dulden.

Noch ein Beispiel: Jeder Tourist, der arabische Länder bereist, passt sich den dortigen Gepflogenheiten an. Westliche Frauen legen im Iran sogar den Schleier an, wie alle wissen, die schon einmal Politikerinnen im Fernsehen gesehen haben, die hier als überzeugte Feministinnen gelten und im Iran plötzlich mit Kopftuch in die Kamera lächeln. Araber kommen hingegen nicht auf die Idee, dass arabische Frauen in Deutschland vielleicht auch die hier üblichen Kleiderregeln befolgen sollten, dabei ist das eigentlich eine islamische Regel. Muslime sollen sich, wenn sie in fremde Länder reisen, den Gepflogenheiten dort anpassen und nicht versuchen, die Einheimischen zu bekehren. Doch das eine ist die Theorie, das andere die Praxis.

Es gibt also Bereiche, in denen der Reformbedarf offensichtlich ist. Veränderung bedeutet da zuallererst: Aufklärung der Gläubigen über ihre Religion. Aufklärung über die Notwendigkeit, ihren Verstand zu nutzen und sich nicht den Einflüsterungen der Rückwärtsgewandten zu überlassen.

Viele Musliminnen und Muslime reagieren allerdings abwehrend, wenn sie hören, man wolle den Islam reformieren, denn sie fürchten, ihre Religion solle bis zur Unkenntlichkeit verändert oder ihnen gar weggenommen werden. Darum geht es uns liberalen Reformern natürlich nicht; im Gegenteil, wir wollen erreichen, dass Muslime ihre Religion frei und ohne Zwang in der Gemeinschaft aller Gläubigen leben können. Auch wenn die Sorge vor Veränderung meines Erachtens übertrieben ist, sollten wir sie ernst nehmen. Vielleicht wäre es sogar treffender, allgemein von Aufklärung zu sprechen statt von Reformen, denn darum geht es schließlich: den Einsatz unserer Vernunft, um Finsternis, Terror und Aberglauben zu überwinden. Wobei wir uns immer fragen müssen: Was macht unsere Religion im Innersten aus, welches Gebot ist als unumstößlich, also ewig zu verstehen? Und an welcher Stelle fordert Gott uns auf, vernünftige, zeitgemäße Entscheidungen für uns selbst und unsere Gesellschaft zu treffen?

Der Islam hat keine allgemein anerkannten Deutungen, wie es beispielsweise das Christentum im Hinblick auf das Evangelium hat. Uns Muslimen fehlen diese unstrittigen Vorgaben, deshalb sind die Buchhandlungen und Universitätsbibliotheken auch voll mit Kommentaren und Erläuterungen zu bestimmten Verhaltensweisen des Propheten, die wir als Richtschnur für unser eigenes Verhalten ansehen könnten. Endlos wird diskutiert, ob etwas laut Koran oder Hadithen halal oder haram ist. Ist es halal, im Gehen zu essen? Hat Mohammed im Gehen gegessen? Muss man das Gebet unterbrechen, wenn man gepupst hat? Bedeutet Nagellack, dass man unrein ist? Kann man mit Nagellack beten oder gar vorbeten? In Büchern über den Islam, in Kommentaren über den Koran und die Hadithe findet man Regeln für alle Lebensbereiche, von der Art und Weise, wie man morgens aufzustehen hat, bis hin zu Anleitungen, wie man sich zum Schlafen legen soll. Dazwischen gibt es kein Thema, über das nicht schon einmal ein islamisches Rechtsgutachten erstellt worden wäre oder ein Gelehrter oder Imam seine Meinung geäußert hätte.

Ich frage mich: Warum soll beispielsweise Nagellack verboten sein? Zu Zeiten des Propheten haben Frauen für die Verzierung ihrer Hände viel Henna benutzt, und dabei wurden auch die Nägel gefärbt. Das war nicht verboten, dazu findet sich nichts im Koran. Aber die Tatsache, dass moderner Nagellack kein Wasser durchlässt, führt nach konservativer Auffassung angeblich dazu, dass die rituelle Waschung vor dem Gebet ungültig ist, weil der Nagel nicht mit Wasser in Berührung kommt. Gläubige Frauen müssen folglich vor der Waschung jedes Mal den Nagellack entfernen. Oder auf neue Produkte zurückgreifen. Das ist kein Witz: 2016 wurde tatsächlich extra für Musliminnen ein wasserdurchlässiger Nagellack ohne Alkohol auf den Markt gebracht, um dieses »Problem« zu lösen.[20]

Wir müssen anfangen, gegen all diese Theorien und Verbote, vor allem gegen jegliche Einschränkung von Genuss und Lebenslust vorzugehen, und zwar mit Hilfe unseres Wissens über die Grundlagen des Islam.

Ausgehend von Immanuel Kants zentraler These, dass Aufklärung der »Ausgang des Menschen aus seiner selbstverschuldeten Unmündigkeit« ist, fordern und wünschen wir liberalen Muslime, dass unsere Glaubensgenossen in aller Welt sich von den rückwärtsgewandten Deutern ihrer Religion emanzipieren. Dass sie anfangen, eigenständig darüber nachzudenken, welche Regeln und Gebote wichtig sind für ihr Verhältnis zu Gott und welche ihnen womöglich aus Gründen des Machterhalts bestimmter Gruppierungen nur aufgepfropft wurden.

Wir bräuchten hier aber gar nicht auf die Philosophen der europäischen Aufklärung zurückzugreifen, denn in der islamischen Welt gab es schon früh Denker, die zum Einsatz des Verstandes auch in Glaubensdingen ermunterten. Zu nennen wären da beispielsweise wieder der Universalgelehrte Ibn Rushd, nach dem wir unsere Moschee benannt haben, oder der Arzt und Philosoph Ibn Sina (980–1037), dem die Medizin seiner Zeit viele wissenschaftliche Erkenntnisse zu verdanken hat. Für die heutige Zeit wäre der marokkanische Philosoph Mohammed Abed al-Jabri zu nennen, der in seinem Buch »Kritik der arabischen Vernunft« aufzeigt, dass es eine eigene

---

20 https://www.islamische-zeitung.de/neuer-nagellack-fuer-musliminnen/

arabische Form der Moderne gab. Und zwar – wie ich es auch für mich als richtig und konsequent entdeckt habe – unter Bezugnahme auf die Schriften von Ibn Rushd, der ein Brückenbauer und Aufklärer des Islam war.

Bekanntlich sind leider bei weitem noch nicht alle Muslime zu einer freien und selbstbestimmten Religionsausübung bereit und in der Lage, vor allem nicht in Diktaturen und autoritären Regimen, wie sie in der islamischen Welt nach wie vor verbreitet sind. Auch viele liberal eingestellte Muslime verhalten sich eher still. Sie schweigen einerseits, weil sie ihre Religiosität nicht zur Schau stellen wollen, denn zu den Grundprinzipien des Islam gehört ja, dass der Glaube eine Sache zwischen dem Einzelnen und Gott ist. Seit der islamistische Terror in der Welt ist, schweigen viele aber auch aus Angst. Denn oftmals müssen sie um ihr Leben fürchten, wenn sie moderne, zeitgemäße Ansichten über ihre Religion äußern. Auch viele Atheistinnen und Atheisten in islamischen Ländern halten sich noch zurück. Und ihre Sorge ist durchaus berechtigt, schließlich gilt in einigen Ländern die Scharia als Rechtssystem, und nach einer strengen Lesart des Koran steht, wenn man bestimmte Hadithe hinzuzieht, auf den Abfall vom Glauben die Todesstrafe. Mit Hilfe des Koran allein lässt sich das nicht begründen. Hier zeigt sich wieder einmal, dass politische Interessen und Motive zu einer Fortentwicklung der Traditionen geführt haben, beruhend auf Hadithen, die drakonische Strafen festlegen, obwohl es im Koran dafür keine Grundlage gibt.

Moderne Ansichten und die zeitgemäße Auslegung der heiligen Schriften gelten vielerorts ebenfalls als Abfall vom Glauben. Unter diesen Umständen kann es für aufgeklärte Muslime tatsächlich ein großes Wagnis sein, sich offen zu bekennen.

Die Auseinandersetzungen zwischen liberaleren und fundamentalistischen Muslimen gibt es, seit die frühen Muslime anfingen, sich wegen der Nachfolge des Propheten Mohammed regelrecht zu bekriegen. Denn die Fortführung und Verbreitung des Islam sollten nun durch einfache Menschen erfolgen, die weder, wie der Prophet, von Gott auserwählt noch mit den notwendigen Eigenschaften ausgestattet waren, die es brauchte, um die wachsende Gemeinschaft zusammenzuhalten. Abu Bakr, Vater von Aischa, der jüngsten Frau des Propheten, wurde nach langen, kontroversen Diskussionen der erste Kalif und Rechtsnachfolger des Propheten. Als er nach nur zwei Jahren Herrschaft starb, folgte – ebenfalls ein Schwiegervater Mohammeds – Umar Ibn al-Chattab, von dem es heißt, er habe die Frauen aus der Moschee gedrängt. Insgesamt gilt Umar als Kalif, auf den viele archaisch-patriarchale und strenge Hadithe zurückgehen. Nach dem Tod Umars folgte Uthman Ibn Affan, Schwiegersohn des Propheten, den Umar selbst ernannt haben soll. Zum vierten Kalifen wurde schließlich Ali Ibn Abi Talib ernannt, Vetter des Propheten und verheiratet mit dessen Tochter Fatima, der später von politischen Widersachern in einer Moschee ermordet wurde. Mit Ali endete die Reihe der sogenannten rechtgeleiteten Kalifen, und es kam zur Spaltung der muslimischen Gemeinschaft in Sunniten und Schiiten. Die Sunniten waren der Ansicht, der Rechtsnachfolger müsse aus dem Volk oder Stamm des Propheten kommen, während die Schiiten darauf bestanden, dass er der Familie des Propheten entstammte.

Die Existenz der verschiedenen Ausrichtungen des Islam beruht also auf der nicht geregelten Nachfolge des Propheten. Im Grunde handelt es sich um das Ergebnis eines Machtkampfes zwischen Männern, die sich nach dem Tod des vierten Kalifen als vermeintlich legitime Nachfolger Mohammeds in den Vordergrund drängten. Der Prophet selbst war schlicht Muslim, genau wie seine Anhänger.

Die von mir angestrebte Erneuerung zielt in gewisser Weise auch darauf ab, dass wir zum Urzustand unserer Religion zurückkehren, also zu einem Zustand, in dem es nur einen Islam gab und nicht viele einander bekämpfende Strömungen. Diese Forderung sollte jedoch keinesfalls mit der Ideologie der Salafisten verwechselt werden, die ebenfalls sagen, dass es nur einen Islam gibt. Ich meine nämlich im Gegensatz zu ihnen nicht, dass Muslime leben sollten wie zu Zeiten des Propheten, sondern dass wir auf der Grundlage des einen Islam wieder zu einer Gemeinschaft werden, in der kein Platz ist für Abgrenzung, Hass und Feindschaft. In der wir uns auf den Kern unseres Glaubens konzentrieren, also auf die Barmherzigkeit Gottes und unsere Liebe zu Gott, aus der wir die Liebe zu unseren Mitmenschen ableiten. Und die Toleranz denen gegenüber, die anders glauben und anders denken als wir.

Um uns diesem Ziel anzunähern, wollen wir in unserer Moschee gemeinsam beten, aber auch über die Grundpfeiler unseres Glaubens diskutieren. Wir wollen einen Ort schaffen, an dem wir uns erlauben, Zweifel auszusprechen und uns auszutauschen, um uns als Muslime weiterzuentwickeln.

UMDENKEN TUT NOT

Ansätze für Veränderungen gibt es viele. Die wichtigsten gesellschaftlichen und politischen Reformen, die es braucht, wenn der Islam eine langfristige Perspektive haben will, liegen auf der Hand. Zunächst einmal müssten sich alle Muslime ohne Wenn und Aber von der Gewalt verabschieden. Ein weiterer zentraler Punkt wäre, dass die islamischen Länder sich der Allgemeinen Erklärung der Menschenrechte der Vereinten Nationen von 1948 anschließen. Was nichts anderes bedeutet, als dass sie die Universalität der Menschenrechte anerkennen müssten. Die seit 1990 in der islamischen Welt gültige Kairoer Erklärung der Menschenrechte greift viel zu kurz. So fehlt beispielsweise die absolute Gleichberechtigung von Mann und Frau, außerdem sind alle dort gewährten Rechte unter den Vorbehalt gestellt, dass sie mit der Scharia vereinbar sein müssen. Wenn islamisches Recht in Ländern wie Saudi-Arabien oder Iran also vorsieht, dass Frauen nicht unverhüllt aus dem Haus gehen dürfen, dann werden die allgemeinen Menschenrechte der Frauen dort in diesem Punkt außer Kraft gesetzt. Das darf natürlich nicht sein.

Zu den notwendigen Reformen gehört auch die Abschaffung von Diskriminierung und Unterdrückung Homo- und Transsexueller sowie Andersgläubiger. Deren Grundrechte müssen in nationales Recht umgesetzt werden – eine wichtige Voraussetzung, ohne die kein dauerhafter gesellschaftlicher Frieden erreicht werden kann. Muslime müssten anerkennen, dass die Religionsfreiheit nicht nur für den Islam, sondern genauso für die anderen Religionen gilt. Die Folge wäre, dass die Feindschaft gegenüber den Christen und der noch weit verbreitete Antisemitismus überwunden würden. Selbstverständlich darf der Abfall vom Glauben nicht mehr bestraft werden, schon gar nicht mit dem Tode, sondern müsste als Privatangelegenheit gelten.

Zusammenfassend lässt sich sagen: Die islamischen Gesellschaften müssen sowohl als Gemeinschaft gläubiger Individuen als auch in rechtlicher und politischer Hinsicht endlich in der Moderne ankommen. Und zwar so, wie sich die modernen Gesellschaften des Westens (die im Übrigen kein Patent darauf haben) im 21. Jahrhundert darstellen: in einer Welt der Verfassungswerte, mit einem Menschenbild, das insbesondere individuelle Persönlichkeitsrechte als Selbstverständlichkeit ansieht.

Nicht zuletzt muss der Islam seinen Platz in der säkularen Welt finden, in der Politik und Religion voneinander getrennt sind. So wie es in der Türkei war, bevor die AKP an die Macht kam. Viele gläubige Muslime fürchten heute jedoch, dass ihre Religion diskreditiert würde, wenn sie »nur« noch Privatsache wäre. Dass sie an Akzeptanz einbüßen könnte und womöglich zu einer Art Sekte degradiert würde. So ist Säkularität aber nicht gemeint. Religion soll sich einfach nicht in Politik einmischen, weil bei einer Vermischung beider Sphären Demokratie nicht möglich ist. Wenn muslimische Abgeordnete in Parlamenten beispielsweise den Koran oder

Hadithsammlungen bemühen, um Gesetzesvorhaben durchzusetzen oder abzulehnen, ist eine sachgemäße parlamentarische Debatte nicht mehr möglich.

Säkular zu sein bedeutet auch keineswegs, dass Menschen, die Politik machen, nicht religiös sein dürfen. Kein Politiker gibt sein religiösen Gefühle und Moralvorstellungen an der Garderobe ab, bevor er den Sitzungssaal betritt. Er darf sich bei politischen oder gesetzlichen Regelungen in seiner Argumentation nur nicht auf Bibel, Thora oder Koran berufen. Politik wird von Vertretern politischer Parteien gemacht, die vom Volk gewählt wurden, und nicht von Geistlichen oder von Politikern, die sich gleichzeitig für Imame halten und nur die Interessen ihrer eigenen Glaubensrichtung vertreten.

DIE SCHRIFTEN
IN IHRER ZEIT VERSTEHEN

Ob die islamischen Länder oder zumindest die Muslime im Westen all diese Forderungen akzeptieren und irgendwann danach leben können? Westliche Islamkritiker meinen ja oft, der Islam sei, weil der Koran als direktes Wort Gottes gesehen werde, grundsätzlich nicht reformierbar. So ähnlich argumentieren, wie gesagt, auch muslimische Fundamentalisten. Ist es also tatsächlich unmöglich, den Islam aufzuklären, weil man sonst die Grundpfeiler der Religion antasten müsste? Bleibt es ein netter Versuch, wenn man glaubt, sich auf die spirituellen und friedlichen Seiten des Islam beschränken zu können?

Der oft geäußerte Vorwurf, man mache die Religion zu einem Selbstbedienungsladen, wenn man sich nur die Rosinen herauspickt und beispielsweise die Gewaltsuren und sonstige problematische Passagen aus den Schriften für heute nicht mehr gültig erklärt, ist nicht ganz von der Hand zu weisen. Tatsächlich können wir nicht einfach nur Mohammeds friedliche Aussagen aus der frühen Phase in Mekka heranziehen. Der Prophet hat in Medina und in der späten mekkanischen Phase sehr viel Gewalt gepredigt und selbst angewandt, indem er mit seinem Schwert kämpfte. Er war auch nicht immer nur gut zu Frauen, um es vorsichtig auszudrücken. Die Hadithe, auf die sich mittelalterliche Gelehrte wie al-Ghazali beziehen, wenn sie Frauenfeindlichkeit und Diskriminierung predigen, werden ebenfalls auf Mohammed zurückgeführt, wie alles andere in den Überlieferungen. Noch heute berufen sich Männer auf den Koran und den Propheten, wenn sie ihre Frauen schlagen. Im türkischen Fernsehen sprechen Imame, die in türkischen Predigerschulen ausgebildet wurden und an türkischen Universitäten studiert haben, davon, dass Allah Männern erlaube, Frauen körperlich zu züchtigen.

Wie kann man nun als friedlicher Muslim die Schriften auslegen, ohne gegen das Wort Gottes zu sprechen? Die Antwort ist im Grunde einfach: Nur wenn wir berücksichtigen, was in dieser lange zurückliegenden Zeit alles passiert ist, einer Zeit, als die Welt noch eine völlig andere war als heute, wenn wir also versuchen zu verstehen, warum Mohammed so und nicht anders gehandelt und gesprochen hat, nähern wir uns einer Lösung des Problems an. Wir können auch nicht auf der einen Seite sagen, wir müssen den Koran und die Hadithe historisch-kritisch auslegen, gleichzeitig aber selbst am Wortlaut der Überlieferungen und des Koran kleben, wenn wir beispielsweise das Frauenbild des Islam kritisieren.

Ein wichtiger Aspekt bei der Aufklärung ist die Bereitschaft der Gläubigen, Zweifel zuzulassen, zu hadern, kritische Fragen zu stellen und Mohammed nicht nur als Propheten, sondern auch als Menschen in seiner Zeit wahrzunehmen. Wenn er also auf die Frage eines Gläubigen, ob er eine hübsche, vornehme Frau heiraten dürfe, die aber unfruchtbar sei, antwortete, nein, er solle sich eine fruchtbare Frau suchen,[21] dann dürfen wir getrost davon ausgehen, dass dies mit der konkreten historischen Situation zu hat: Mohammed verfolgte damals das Ziel, die Zahl der Muslime schnell zu erhöhen, deshalb riet er Männern, mehrere Frauen zu haben und bei der Wahl darauf zu achten, dass sie auch Kinder bekommen konnten.

Den Propheten auch als Menschen zu sehen, muss keinen Verrat an ihm bedeuten, er selbst hat schließlich immer wieder betont, dass er nur ein Mensch sei. Wer sich heute das Leben und die Taten des Propheten zum Vorbild nimmt, sollte wissen, dass der in einer bestimmten Zeit gelebt hat und unter besonderen Umständen zum Religionsstifter wurde.

Die historisch-kritische Auseinandersetzung mit dem Koran und den Hadithen ist der Schlüssel zur behutsamen Anpassung unserer Glaubensinhalte an die heutige Zeit, ohne die die islamische Welt auf ewig in den Fängen der Fundamentalisten verbleiben würde. Es darf nicht sein, dass heute Regeln eins zu eins befolgt werden müssen, die im 7. Jahrhundert aufgestellt wurden. Gleichzeitig sollten wir aber auch nicht alles, was zu Zeiten Mohammeds passiert ist, nach den Errungenschaften des 21. Jahrhunderts beurteilen. Ich kann nicht das Gewaltschutzgesetz von heute zur Hand nehmen und das Verhalten von muslimischen Männern aus dem 7. Jahrhundert danach beurteilen. Ebenso wie ich das Alte Testament nicht nach unserem Grundgesetz bewerten kann. Auch der große Reformer Martin Luther hat sich nicht in

---

21 Vgl. https://de.europenews.dk/-Muhammad-und-seine-Frauen-ein-be dingtes-Vorbild-fuer-Muslime-78532.html

allen seinen Schriften beispielsweise als großer Frauen- und Judenfreund zu erkennen gegeben.

Auch wenn ich dafür plädiere, dass wir unseren Verstand nutzen, um die heiligen Schriften des Islam zu verstehen, erwarte ich nicht von jeder Muslimin und jedem Muslim, dass sie oder er eine Predigerschule besucht. Dennoch, einen Grundsatz sollten wir alle kennen: Kein Gläubiger darf von einem anderen Rechenschaft darüber verlangen, ob er ein guter Muslim ist und alle religiösen Pflichten erfüllt. Wir Menschen haben nicht das Recht, andere in ihrem Glauben zu beurteilen. Das darf nur Allah. Wir selbst sollten uns eher dafür interessieren, wie wir anderen Muslimen helfen können, indem wir beispielsweise geflüchteten Glaubensbrüdern und -schwestern helfen.

DIE FÜNF SÄULEN DES ISLAM

Das arabische Wort Islam bedeutet Unterwerfung unter Gottes Willen, und um dieser Aufforderung zur absoluten Hingabe an Gott nachzukommen, gibt es die fünf Glaubenspflichten der Muslime, die sogenannten Säulen des Islam, wie sie in »Die Sammlung der Hadithe« von al-Buhari auf Seite 33 aufgeführt werden: »Ibn Umar berichtet, der Gesandte Gottes (S) habe gesagt: Der Islam basiert auf fünf grundlegenden Pflichten: Dem Glaubensbekenntnis [...], dem Gebet, der gesetzlichen Abgabe, der Wallfahrt sowie dem Fasten im Ramadan.« Der Mensch soll also nicht einfach nur glauben, sondern aktiv bekennen und handeln. Im Koran selbst findet sich kein vergleichbarer Hinweis.

Das Glaubensbekenntnis
(Schahada)

Das Bekenntnis zu Gott und seinem Gesandten Mohammed erschallt in arabischer Sprache, wenn der Muezzin zum Gebet ruft, und alle Muslime sind aufgefordert, es nachzusprechen: »Aschhadu an la-ilaha-ill-allah wa aschhadu anna muhammadan rasulullah« – Es gibt keinen Gott außer Gott, und Mohammed ist der Gesandte

Gottes. Wer dieses Bekenntnis vor Zeugen spricht, gilt als Muslim.

Wir finden die Schahada, die aus zwei Teilen, also zwei Bekenntnissen besteht – zu Gott und zu Mohammed –, nicht im Koran, sondern ebenfalls in den Hadithen. Erstmals nachgewiesen wurde das Glaubensbekenntnis durch eine Inschrift am Felsendom in Jerusalem aus den Jahren 691/692. Sie war kombiniert mit der arabischen Anrufungsformel Basmala, die fast vor jeder Sure im Koran steht (nur nicht vor der Schwertsure) und lautet: »Bismillahirrahmanirrahim« – Im Namen Gottes, des Erbarmers, des Barmherzigen. Jeder Gottesdienst beginnt mit dieser Formel.

Den Anfang, also Bismillah (Im Namen Gottes), sprechen Muslime auch vor allen möglichen Tätigkeiten, um sich der Nähe Gottes zu vergewissern, in der Hoffnung, mit seiner Hilfe diese Tätigkeit gut verrichten zu können. Man spricht die Formel, wenn ein Tier geopfert wird oder vor einer längeren Autofahrt. Meine Mama sagt sie sogar vor banaleren Vorhaben wie dem Zuschneiden eines Stoffes.

Das Bekenntnis zum einen Gott, also die Festlegung auf den Monotheismus, findet sich allerdings im Koran. In Sure 112 heißt es: »Im Namen Gottes, des Erbarmers, des Barmherzigen. 1 Sprich: Er ist Gott, ein Einziger, 2 Gott, der Undurchdringliche. 3 Er hat nicht gezeugt, und Er ist nicht gezeugt worden, 4 und niemand ist Ihm ebenbürtig.« (Khoury) Diese Sure gilt als die einzige dogmatische Aussage der islamischen Theologie.

Was könnte oder müsste beim Glaubensbekenntnis reformiert werden? Meiner Ansicht nach nichts, denn niemand würde ernsthaft von Muslimen verlangen, dass sie sich vom Monotheismus verabschieden. Auch in Christentum und Judentum gilt: »Du sollst keine anderen Götter neben mir haben.«

Das Gebet (Salat)

Bekanntermaßen sollen sunnitische Muslime fünf Mal am Tag das Gebet verrichten – auch das eine der obersten religiösen Pflichten. Die Gebetsrichtung (Qibla) beim täglichen Ritualgebet ist der Standort der Kaaba, also des Kubus, der sich im Herzen der Heiligen Moschee in Mekka befindet. In der medinischen Zeit wurde noch Richtung Jerusalem gebetet, dem Standort des Felsendoms, von wo aus Mohammed die Himmelsreise angetreten haben soll.

Im Koran selbst sind für die Zeit des Propheten nur drei Gebete am Tag nachgewiesen, weshalb die Schiiten nur drei Mal am Tag beten. Erst durch die Himmelsreise, die sogenannte Miradsch, wurde die Zahl auf fünf erhöht, wie sich aus den Hadithen entnehmen lässt. Bei al-Buhari heißt es auf Seite 96: »Ibn Hazm und Anas Ibn Malik berichten, der Prophet (S) habe erzählt: Anschließend wies Gott meine Gemeinde an, jeden Tag fünfzig Gebete zu verrichten. Nachdem ich diese Anordnung entgegengenommen hatte, ging ich zurück. Ich kam bei Moses vorbei, und er fragte mich: ›Welche Verordnung hat Gott für deine Gemeinde erlassen?‹ Ich antwortete: ›Er hat fünfzig Gebete pro Tag vorgeschrieben.‹ Moses sprach: ›Geh zurück zu deinem Herrn! Deine Gemeinde kann das nicht leisten!‹ Ich tat, was er gesagt hatte. Gott fragte nach meinem Begehren und verminderte darauf die Anzahl der Gebete auf die Hälfte. Als ich wieder zu Moses kam, sagte ich: ›Er hat es auf die Hälfte reduziert!‹ Er aber sprach: ›Kehre zu deinem Herrn zurück, denn deine Gemeinde vermag das nicht!‹ Ich ging wiederum zu Gott, und er verminderte die Zahl der Gebete erneut auf die Hälfte. Als ich wieder bei Moses war, sagte er wieder: ›Geh zu deinem Herrn zurück, deine Gemeinde ist dazu nicht imstande!‹ Und wieder ging ich zu Gott. Er sagte: ›Es sollen fünf Gebete sein, die wie fünfzig Gebete berechnet werden. Und mein Wort ändert sich nicht!‹ Als ich zu Moses kam, sagte er abermals: ›Kehre zu deinem Herrn zurück!‹ Ich aber entgegnete: ›Nein, das werde ich nicht tun! Ich schäme mich vor ihm!‹«

Die Anzahl der Gebete pro Tag ist somit für sunnitische Muslime auf fünf festgelegt. Dennoch gibt es inzwischen einige Stimmen, auch unter Sunniten, die meinen, da ursprünglich nur drei Gebete vorgeschrieben waren, stelle die nachträgliche Erhöhung keine Pflicht dar. Darüber lohnt es sich zu diskutieren, und mit solchen Fragen werden wir uns in der Ibn-Rushd-Goethe-Moschee sicher ebenfalls beschäftigen: Wie viele Gebete pro Tag empfinden wir als unsere religiöse Pflicht? Können unsere modernen Lebensverhältnisse und Zwänge Einfluss auf die Häufigkeit des Gebets nehmen?

Wobei stets zu bedenken bleibt: Am Ende ist es die freie Entscheidung jeder gläubigen Person, wie oft sie betet. Denn wir alle übernehmen selbst die Verantwortung dafür, inwieweit wir unsere religiösen Pflichten erfüllen. Niemand hat Regeln für alle Muslime aufzustellen, deren Einhaltung er bei anderen überprüft. Für liberale Muslime gilt, wie bereits erwähnt: Es darf keinen Zwang in der Religion geben.

Das islamische Gebet zu verrichten ist gar nicht so einfach. Man muss die einzelnen Bewegungen in der richtigen Reihenfolge ausführen – stehen, sich verneigen, hinknien, wieder aufstehen – und die jeweiligen Gebetstexte dazu auswendig aufsagen können. Leider habe ich die Praxis nicht, wie viele andere muslimische Kinder, schon früh von den Eltern gelernt. In den letzten Jahren habe ich das nachgeholt, teilweise im Selbststudium, teilweise mit Hilfe meiner Koranlehrerin und meiner Mutter. Ich habe zum Beispiel gelernt, dass man sich manche Suren aussuchen kann, andere hingegen Pflicht sind, so wie die Fatiha-Sure, die Eröffnungssure des Koran, die folgendermaßen lautet: »1 Im Namen Gottes, des Erbarmers, des Barmherzigen. 2 Lob sei Gott, dem Herrn der Welten, 3 dem Erbarmer, dem Barmherzigen, 4 der Verfügungsgewalt besitzt, über den Tag des Gerichtes! 5 Dir dienen wir, und Dich bitten wir um Hilfe. 6 Führe uns den geraden Weg, 7 den Weg derer, die Du begnadet hast, die nicht dem Zorn verfallen und nicht irregehen.« (Khoury)

Anfangs fiel es mir schwer zu akzeptieren, dass ich nicht genau verstand, warum welche Sure an welcher Stelle aufgesagt wird und warum die Reihenfolge der Bewegungen so ist, wie sie ist. Die Mehrzahl der Muslime, mit denen ich sprach und die seit vielen Jahren beteten, konnte mir das auch nicht erklären. Jeder hatte es von irgendjemandem übernommen, die meisten von den Eltern. Was ich feststellte, war, dass das Grundmuster immer identisch ist. Um jedoch das zugrundeliegende Prinzip wirklich zu verstehen, braucht es dann doch islamische Gelehrte und entsprechende Literatur.

Schiiten und Aleviten beten anders und sagen andere

Suren oder Texte auf als Sunniten. Auch darüber wollen wir uns in unserer Moschee austauschen.

Das Gebet kann zu Hause oder an jedem anderen hergerichteten, sauberen Platz verrichtet werden. Der Gebetsteppich dient dazu, sich einen solchen Platz zu schaffen, an dem man niederknien und sich verbeugen kann. Statt eines Teppichs kann auch jedes andere Stück Stoff oder ein Kleidungsstück verwendet werden, sofern es sauber ist. So sieht man inzwischen manchmal auch in Deutschlands Straßen, wie muslimische Männer ihr Jackett ausziehen und an einer ruhigen Ecke ihr Gebet verrichten.

Der Betende selbst und seine Kleidung müssen rein sein. Dazu führt der Gläubige vorher das Waschritual durch, es sei denn, seine Reinheit wurde zwischen zwei Gebeten nicht aufgehoben, wie es zum Beispiel durch einen Toilettengang oder Geschlechtsverkehr geschieht.

Nur am Freitagmittag ist es den Gläubigen traditionell vorgeschrieben, zum Gebet die Moschee aufzusuchen; den Frauen wird es lediglich empfohlen, zumindest den Hadithen zufolge. Der Koran hingegen fordert, wie bereits beschrieben, eigentlich alle Gläubigen auf, am Freitag zum Mittagsgebet in die Moschee zu gehen und anschließend die Predigt zu hören. Auf Arabisch heißt das gemeinschaftliche Freitagsgebet Salat al-dschuma, auf Türkisch Cuma, und es zählt, wie auch Gebete bei anderen Gelegenheiten, 25-fach.

Für liberale Muslime kann sich beim Thema Gebet vor allem im Hinblick auf die Beteiligung von Frauen Konfliktstoff ergeben. Anders gesagt, Reformbedarf. Als ich vor einigen Jahren das erste Mal einige Muslime bei mir zu Hause versammelt hatte, um mit ihnen über die Idee der Gründung einer progressiven Moschee zu sprechen, kam es zum Streit über die Frage, ob Frauen ohne Kopftuch beten dürfen. Ich hatte einen schwulen Muslim aus Marokko eingeladen, der eventuell sogar als Imam für unsere Moschee in Frage gekommen wäre. Leider war er der Ansicht, dass es für eine Frau nicht erlaubt sei, das Gebet ohne Kopftuch zu verrichten. Und er war nicht der Einzige in der Runde, der meine Forderung ablehnte, eine Frau müsse selbst entscheiden können, ob sie beim Beten ein Kopftuch trage oder nicht. Meine Begründung, dass die Kopfbedeckung in der Überlieferung zu den fünf Säulen nicht genannt wird, ließen sie nicht gelten. Es stehe doch im Koran, sagten einige, konnten mir die genaue Stelle aber nicht nennen.

Ich frage mich noch heute, wie jemand, der wegen seiner Homosexualität selbst viel Ablehnung innerhalb der muslimischen Gemeinschaft erfährt, das Kopftuch für die Frau beim Gebet als so essentiell ansehen kann, dass eine Zusammenarbeit zwischen uns, obwohl wir viele liberale Positionen teilen, nicht möglich ist. Unter anderem wegen dieser Differenzen gehören nur noch vier Personen aus der ursprünglichen Gruppe zu den aktuellen Gründungsmitgliedern unserer Moschee. Es sind diejenigen, die kein Problem damit haben, dass Frauen ohne Kopftuch die Moschee betreten und auch ohne Kopfbedeckung das Gebet verrichten, wenn sie möchten. Selbst die Imamin wird keinem Kopftuchzwang unterworfen sein.

Almosen (Sadaka, Zakat)

Der Ursprung des Almosenprinzips besteht darin, dass Muslime sich untereinander helfen sollen. Wer mehr Geld oder materielle Güter zur Verfügung hat, soll andere unterstützen. Ein Selbstverständnis und eine Regelung, die man nur positiv bewerten kann. Die entsprechende Sure 24, Vers 56 lautet: »Und verrichtet das Gebet und entrichtet die Abgabe, und gehorchet dem Gesandten, auf dass ihr Erbarmen findet.« (Khoury)

Bei der Armenspende handelt es sich teils um eine freiwillige Abgabe, die Sadaka, teils um eine verpflichtende Spende, die Zakat, deren Höhe anhand des Besitzes eines jeden Muslims berechnet werden kann.

Muslime, für die die Almosengabe eine ebenso wichtige religiöse Pflicht darstellt wie das Gebet oder das Fasten, achten sehr darauf, dass sie ihr auch genauso umfassend nachkommen wie den anderen Glaubenssäulen. So kommt es, dass fastende Muslime, die zum Opferfest ein Tier opfern, sowohl einen Teil des Fleisches als auch einen bestimmten Prozentsatz ihres Vermögens an Arme oder soziale Einrichtungen spenden. Es gibt keine Autorität oder Institution, die das überprüft. Jeder ist nur dem eigenen Gewissen und Gott verpflichtet.

Fasten (Saum)

Wenn man von einem praktizierenden Muslim spricht, dann meint man in der Regel einen, der das rituelle Gebet und das Fasten im Ramadan einhält. Das sind die zwei religiösen Pflichten, nach deren Einhaltung oder

Nicht-Einhaltung man gemeinhin als religiös oder nicht-religiös eingestuft wird.

Es gibt sehr viele Muslime, die sich mit dem täglichen Gebet schwertun, aber regelmäßig jedes Jahr ohne Unterbrechung fasten. Ich selbst habe im Sommer 2014 nach etlichen Jahren wieder mit dem Fasten begonnen. Der Ramadan hat seine eigene Magie, wenn man ihn in einem islamischen Land erlebt. Das gemeinsame Fasten mit anderen und das Fastenbrechen am Abend können einem Gläubigen ein starkes Zugehörigkeitsgefühl und schöne gemeinsame Stunden mit Familienangehörigen und Freunden bescheren.

Als ich mich entschied, mich mehr mit den religiösen Pflichten des Islam zu beschäftigen und diese auch zu praktizieren, war es für mich am einfachsten, zunächst mit dem Fasten zu beginnen. Dazu muss man nicht mehr tun, als von Sonnenaufgang bis Sonnenuntergang auf Essen und Trinken zu verzichten. Es ist erstaunlich, wie einfach das sein kann, wenn man diese Entscheidung aus tiefer innerer Überzeugung trifft. Sogar an den heißesten und längsten Tagen der Sommer 2014 und 2015 hatte ich keinerlei Probleme, bis Sonnenuntergang nichts zu essen und zu trinken. 2017 fällt die Eröffnung unserer Moschee in den Ramadan. Über diesen Zufall freue ich mich sehr. So können wir am Tag der Eröffnung gemeinsam das Fastenbrechen begehen.

Während des Ramadans läuft das Leben in islamischen Ländern langsamer, und der Tagesrhythmus verändert sich. Teilweise machen die Geschäfte später auf, und die Menschen sind insgesamt, wie man heute sagen würde, entschleunigt. Dem einen oder anderen steigt das Fasten jedoch auch zu Kopf, was unter anderem zu aggressiven

Szenen im Straßenverkehr führen kann. Deshalb bleibt man tagsüber zu Hause, sofern man es sich leisten kann. Manche nehmen sich für diese Zeit auch Urlaub. Von einer jungen Frau hörte ich, dass sie die Fastenzeit deshalb so gut überstehe, weil sie die meiste Zeit des Tages schlafe. Das ist eigentlich nicht Sinn und Zweck des Fastens. Man soll den Verzicht auf die Nahrungsaufnahme und das Trinken durchaus spüren.

Der Sinn des Fastens bei den Muslimen besteht unter anderem darin, dass man sich in Bescheidenheit und Mäßigung übt. Gleichzeitig ist es eine Form des Gottesdienstes und der Auszeit vom Stress des Alltags, eine Gelegenheit zum Nachdenken darüber, was im Leben eines Menschen wichtig ist. Sozusagen eine innere Einkehr, eine Hinwendung zu Gott – und beim Fastenbrechen am Abend das Zelebrieren der Gemeinschaft mit anderen Gläubigen.

Natürlich kann man auch Muslim sein, ohne zu fasten, denn es gibt durchaus Situationen, in denen man nicht auf Essen und Trinken verzichten soll, etwa im Alter, bei Schwangerschaft, Krankheit oder auch während der Periode der Frau. Das Fasten soll für den Menschen nicht zu einer Qual werden.

In Sure 2, Vers 185 heißt es: »Der Monat Ramadan ist es, in dem der Koran herabgesandt wurde als Rechtleitung für die Menschen und als deutliches Zeichen der Rechtleitung und der Unterscheidungsnorm. Wer von euch nun in dem Monat anwesend ist, der soll in ihm fasten. Und wer krank ist oder sich auf einer Reise befindet, für den gilt eine Anzahl anderer Tage. Gott will für euch Erleichterung, Er will für euch nicht Erschwernis, und dass ihr die Zahl (der Tage) vollendet und Gott dafür hochpreiset, dass Er euch rechtgeleitet hat, und dass ihr wohl dankbar werdet.« (Khoury)

Die Fastenzeit im Islam ist, wie auch das Fasten aus nicht-religiösen Gründen, durchaus eine Zeit der Abwendung vom Übermaß. Nicht wenige Familien zelebrieren das Fastenbrechen jedoch inzwischen mit einem täglichen Festmahl. Ich sehe diese verbreitete Gewohnheit als Beleg, dass für viele Muslime, ähnlich wie für Christen an Weihnachten und Ostern, eigentlich gar nicht mehr der religiöse oder spirituelle Sinn im Vordergrund steht, sondern sie nur die äußere Form einhalten – und sich für die Strapazen der Entsagung mit einer üppigen Schlemmerei belohnen.

Für mich kann ich bestätigen, dass sich die Tage, an denen ich auf Speisen und Getränke verzichtet und am Ende des Tages das Fasten gebrochen habe, wirklich wie ein Gottesdienst angefühlt haben, ähnlich wie beim Gebet. Ich war in diesen Tagen sehr viel nachdenklicher, sehr viel mehr bei mir und deutlich entspannter. Wirklich entschleunigt.

Pilgerfahrt (Haddsch)

Der Haddsch, die Wallfahrt nach Medina und Mekka, gehört ebenfalls zu den fünf Säulen und sollte von allen gesunden und volljährigen Muslimen, Frauen wie Männern, verrichtet werden, sofern sie materiell und immateriell dazu in der Lage sind.

Diese religiöse Pflicht ergibt sich aus Sure 3, Vers 96–97: »Das erste Haus, das für die Menschen errichtet wurde, ist gewiss dasjenige in Bakka [Mekka]; voller

Segen ist es und Rechtleitung für die Weltenbewohner. 97 In ihm sind deutliche Zeichen. Es ist die Stätte Abrahams, und wer es betritt, ist in Sicherheit. Und Gott hat den Menschen die Pflicht zur Wallfahrt nach dem Haus auferlegt, allen, die dazu eine Möglichkeit finden. Und wenn einer ungläubig ist, so ist Gott auf die Weltenbewohner nicht angewiesen.« (Khoury)

Ihren Ursprung hat die Wallfahrt nach Mekka, wie viele andere muslimische Traditionen – auch das Fasten –, in der vorislamischen Zeit. Der Prophet ordnete jedoch im Jahr 632, kurz vor seinem Tod, die Abläufe und Rituale während des Haddsch neu, so dass sich die Wallfahrt der Muslime von der der Polytheisten abhob. Im Laufe der Zeit ergab es sich, nicht unbedingt friedlich und nicht ohne Blutvergießen, dass nur noch die Muslime Zugang zur Kaaba hatten, dem quaderförmigen Gebäude inmitten der heiligen Moschee. Die Kaaba ist das Haus Gottes, welches von Adam errichtet wurde und in dem auch Abraham gewohnt haben soll.

Die Pilgerfahrt kann nur zu einer bestimmten Zeit unternommen werden, die nach dem islamischen Mondkalender berechnet wird. Sie findet immer im Dhul-Hidscha, dem zwölften und letzten Monat des islamischen Kalenders, statt, und endet mit dem Opferfest. 2017 findet der Haddsch vom 30. August bis zum 4. September statt. Man benötigt nur wenige Tage, um alle Rituale, wie zum Beispiel die Steinigung des Teufels und die Umrundung der Kaaba, zu absolvieren. Manch ein Gläubiger bleibt jedoch länger oder kommt schon früher, um den Ort ausgiebig zu genießen. Wer die Wallfahrt gemacht hat, wird Haddsch (türk. Hacı) genannt.

Auch für meine Eltern war die Pilgerfahrt das wichtigste religiöse Ereignis ihres Lebens. Meine Mutter berichtet heute noch von dem unbeschreiblichen Glücksgefühl, das sie durchströmte, als sie mit all den anderen Muslimen die letzte der fünf religiösen Pflichten erfüllte. Wie alle, die einmal den Haddsch gemacht haben, berichteten meine Eltern von dieser besonders intensiv empfundenen Gemeinsamkeit. Man ist weit entfernt von allen Sorgen und Problemen des Alltags und allem Materiellen. Ausgestattet und gekleidet nur mit dem Nötigsten beziehungsweise Einfachsten, verbringt man dort mehrere Tage inmitten unzähliger anderer Menschen, die ebenfalls in erster Linie die Nähe zu Gott suchen. Meine Mutter, die zu dem Zeitpunkt Mitte sechzig war und Knieprobleme hatte, erzählte später, bei der Umrundung der Kaaba habe sie sich wie eine Feder gefühlt, als hätten ihre Füße den Boden nicht mehr berührt. Obwohl sie umgeben war von Menschenmassen, habe sie keine Panik, sondern ein Gefühl von Geborgenheit empfunden. Sie erinnert sich an dieses Gefühl heute noch, als sei es gestern gewesen, und es ist ihr größter Wunsch, diese Fahrt erneut zu machen. Wenn wir es irgendwie schaffen, werden sie und ich gemeinsam nach Mekka pilgern, denn es ist auch mein großer Wunsch, sie dorthin zu begleiten, seit mein Vater 2014 gestorben ist.

Leider kommen jedes Jahr beim Haddsch auch viele Menschen zu Tode. Immer wieder entstehen Paniksituationen, so dass Gläubige in der Menge erdrückt werden. Unvorstellbar, aber sehr oft berichtet: Sogar in Mekka werden Frauen sexuell belästigt oder gar vergewaltigt. Selbst an diesem heiligen Ort und bei diesem heiligen Anlass! Für mich stellt sich hier wieder einmal die Frage, was für ein Frauenbild muslimische Männer haben, die sich auf einer Pilgerfahrt an einer Frau vergehen. Während des Haddsch sollen sich beide Geschlechter zurückhalten und keinen Geschlechtsverkehr haben. Wenn es also Männer gibt, die sich sogar an einem der heiligsten Orte des Islam sexuell nicht unter Kontrolle haben, kann etwas nicht stimmen mit ihnen und ihrer Religiosität. Leider existieren vergleichbare Probleme auch in anderen Religionen; denken wir nur an die vielen Missbrauchsfälle in der katholischen Kirche, die in den letzten Jahren ans Licht gekommen sind.

DIE GESCHICHTE
MOHAMMEDS

Keine Glaubensgemeinschaft wächst so schnell wie die der Muslime; inzwischen zählt laut einer Studie des US-Instituts Pew von 2009 weltweit jeder vierte Mensch dazu. Mohammed sollte und wollte ihnen allen ein Vorbild sein, ihnen Hoffnung und seelischen Frieden bringen. Im Westen wird der Prophet jedoch oft als Mann des Hasses und des Krieges dargestellt, während Jesus als Inbegriff des Friedens und der Nächstenliebe gilt.

»Mohammed war nur ein Mensch, Jesus Christus der Sohn Gottes. Mohammed hat Kriege geführt, Jesus steht für Liebe und Toleranz.« Bei meinen Vorträgen werde ich oft mit solchen Gegenüberstellungen konfrontiert, was ich als verkürzt und ungerecht empfinde. Es ist wirklich nicht leicht, in Zeiten islamistischen Terrors, der sich auf unsere Religion und den Propheten beruft, Kritiker davon zu überzeugen, dass Mohammed ein guter Mensch war. Dieses negative Bild zu korrigieren, haben wir uns als Gemeinde vorgenommen. Wir werden uns intensiv darum bemühen, ihn auch in seiner Zeitgebundenheit zu sehen, und uns kritisch mit den Hadithen befassen, in denen strittige Aspekte aus seinem Leben überliefert werden. Da wir diesbezüglich noch ganz am Anfang stehen, möchte ich hier nur kurz das Wichtigste über Mo-

hammed, seine erste Frau Hatice und die Offenbarungs-
geschichte erzählen.

Mohammed war Prophet und Gesandter Gottes, also
Verkünder und Stifter unserer Religion. Ohne ihn würde
es keinen Islam geben. Sein voller Name soll Abul Qasim
Muhammad ibn Abdallah ibn Abdalmuttalib ibn Ha-
schim ibn Abd Manaf al-Quraischi gelautet haben. Seine
Geburt in Mekka wird auf die Zeit zwischen 570 und 573
geschätzt, sein Tod in Medina ist auf den 8. Juni 632 da-
tiert. Mohammed war Mitglied der Familie der Banu Ha-
schim, die zum Stamm der Quraisch gehörte, und somit
Angehöriger einer Stammeskultur, wie sie damals in der
Gegend weit verbreitet war. Dies erwähne ich, weil in der
Islamdebatte immer wieder behauptet wird, die Muslime
würden keinen Individualismus kennen, der dem des
Westens vergleichbar sei, weil sie aus einer Stammeskultur hervorgegangen sind. Zu Zeiten Mohammeds waren
in der Region aber alle anderen Kulturen und Religionen
ebenfalls in Stämmen organisiert. Es spricht also nichts
dagegen, dass Muslime heute einen Individualismus-
Begriff entwickeln, der mit der Allgemeinen Erklärung
der Menschenrechte vereinbar ist und die Freiheitsrechte
für ein selbstbestimmtes Leben garantiert.

Mohammed wurde schon mit acht Jahren Vollwaise
und wuchs bei einem Bruder seines Vaters auf. Die
Gegend um Mekka war damals rau und gefährlich, immer wieder kam es zu Unruhen und Gewaltausbrüchen
zwischen den verschiedenen Stämmen und Familien.
Mohammed gehörte einer arabischen Glaubensgemeinschaft an, die mehr als dreihundert Götzen anbetete, und
er hatte großen Respekt vor dem Glauben seiner Vorfahren.

Als junger Mann wurde er Karawanenführer, eine Aufgabe, die er offenbar sehr erfolgreich ausübte. Insgesamt weiß man leider wenig über sein Leben in der vorislamischen Zeit. Seine Spitznamen sollen »der Treue« und »der Rechtschaffene« gewesen sein, weil er offenbar sehr sozial eingestellt und bemerkenswert tüchtig war. Zudem habe er über ausgezeichnete Führungsqualitäten verfügt, wie man heute sagen würde, und sei ein schöner Mann gewesen.

Seine damalige Arbeitgeberin war die erfolgreiche Geschäftsfrau Hatice (arab. Chadidscha), die von 555 bis 619 lebte. Sie nahm Mohammed zunächst in Dienst und machte ihm später, obwohl fünfzehn Jahre älter als er, einen Heiratsantrag. So wurde Hatice Mohammeds erste Ehefrau. Mit ihr lebte er in einer Einehe, und zwar 25 Jahre lang. Die beiden hatten fünf Töchter. Die bekannteste ist Fatma/Fatima, die später einen Neffen ihres Vaters, Ali, heiratete. Aus dieser Ehe stammen die einzigen direkten Nachkommen Mohammeds; alle anderen Kinder seiner Töchter erreichten das Erwachsenenalter nicht. Erst als seine erste Frau Hatice starb, nahm Mohammed sich, den Gepflogenheiten der damaligen Zeit entsprechend, mehrere Ehefrauen. Unter anderem das Kind Ayşe/Aischa. Ob Ayşe neun oder fünfzehn Jahre alt war, als er mit ihr die Ehe vollzog – darüber wird in den verschiedenen Rechtsschulen kontrovers diskutiert –, auf jeden Fall war sie noch ein Kind und Mohammed zu dem Zeitpunkt wohl mindestens fünfzig Jahre alt. Dieser Aspekt seiner Biographie ist weder rühmlich, noch sollten wir ihn verharmlosen, aber wir dürfen auch nicht vergessen, zu welcher Zeit dies geschah. Liest man die Bibel, so begegnet man einer ähnlichen Praxis. Sobald die Mädchen menstruierten, galten sie als heiratsfähig. Männer mit mehreren oder sogar sehr vielen Frauen waren keine Seltenheit.

Jedes Jahr soll sich Mohammed für insgesamt einen Monat in eine Höhle auf dem Berg Hira in der Nähe von Mekka zurückgezogen haben, um Buße zu tun. Er soll während der Zeit gefastet und gebetet haben. Ungefähr im Jahr 610 hatte er dort einen Traum, in dem ihm der Erzengel Gabriel (arab. Dschibril) erschien. Anschließend soll Mohammed sehr verwirrt zu seiner Frau Hatice geeilt sein und ihr Folgendes berichtet haben:

»Als ich schlief [...], trat der Engel Gabriel zu mir mit einem Tuch wie aus Brokat, worauf etwas geschrieben stand, und sprach: ›Lies!‹

›Ich kann nicht lesen‹, erwiderte ich.

Da presste er das Tuch auf mich, dass ich dachte, es wäre mein Tod. Dann ließ er mich los und sagte wieder:

›Lies!‹

›Ich kann nicht lesen‹, antwortete ich.

Und wieder würgte er mich mit dem Tuch, dass ich dachte, ich müsste sterben. Und als er mich freigab, befahl er erneut:

›Lies!‹

Und zum dritten Male antwortete ich: ›Ich kann nicht lesen.‹

Als er mich dann nochmals fast zu Tode würgte und mir wieder zu lesen befahl, fragte ich aus Angst, er könnte es nochmals tun:

›Was soll ich lesen?‹ Da sprach er:

›Lies im Namen deines Herrn, des Schöpfers, der den

Menschen erschuf aus geronnenem Blut! Lies! Und der Edelmütigste ist dein Herr, Er, der das Schreibrohr zu gebrauchen lehrte, der die Menschen lehrte, was sie nicht wussten.‹ (Sure 96, 1–5)

Ich wiederholte die Worte, und als ich geendet hatte, entfernte er sich von mir. Ich aber erwachte, und es war mir, als wären mir die Worte ins Herz geschrieben.«[22]

Dies war die erste Sure, die herabgesandt wurde.

Hatice hielt Mohammed in den Armen, während er ihr von seinem Traum erzählte, sie beruhigte ihn und sagte, er brauche keine Angst zu haben. Sie war sich sicher, dass es sich nicht um eine Sinnestäuschung handelte, und konnte schließlich auch Mohammed davon überzeugen, dass ihm etwas Besonderes offenbart worden war: eine neue Religion.

Mit Hatice oder Chadidscha werden wir uns in unserer Moschee ausführlich beschäftigen, denn es gibt so vieles, was wir über diese beeindruckende Frau nicht wissen. Ich möchte beispielsweise verstehen, warum sie in unserer Religion nicht eine viel größere Rolle spielt als Mohammeds spätere Frauen, die mit der Polygamie einverstanden waren und ihr Leben zumeist eher im Haus als außerhalb verbrachten. Warum findet so wenig Beachtung, dass Hatice die erste Muslimin war und Mohammed darin bestärkte, an seine Rolle als Prophet zu glauben und die neue Religion zu verkünden?

Hatice sollte ein Vorbild für uns Frauen sein, denn sie beweist zum Beispiel auch, dass wir gute Geschäftsfrauen sein können, zudem Chefin von Männern und

---

22 Zitiert nach Ibn Ishaq: *Das Leben des Propheten*, S. 46

mehr verdienen als unsere Angetrauten. Dass Hatice dem Propheten einen Heiratsantrag gemacht haben soll, sieht kein Muslim als Schande an, aber sie bleibt die einzige Ausnahme, bei der das akzeptiert ist. Nebenbei: Die Sache mit dem Jungfrauenwahn kann schwerlich auf den Propheten zurückzuführen sein, da von seinen Ehefrauen nur Aischa zum Zeitpunkt der Eheschließung noch Jungfrau war.

KAPITEL 7

Unsere Moschee wird eröffnet

DIE PLANUNGSPHASE

Die Idee, eine liberale Moschee zu gründen, verfolge ich bereits seit 2009, es hat also eine ganze Weile gedauert, bis dieser Traum nun endlich in Erfüllung gegangen ist. Woran lag das?

Zunächst gab es eine ganze Reihe formaler Aspekte zu berücksichtigen und die entsprechenden Hürden zu nehmen. So hatte mir ursprünglich als Rechtsform ein eingetragener Verein vorgeschwebt, doch im Laufe der Zeit hörte ich immer wieder von Menschen, die in Projekten arbeiteten, dass eine gemeinnützige GmbH in vielerlei Hinsicht praktikabler sei als eine Vereinsgründung. Zwar fürchtete ich zunächst, eine gGmbH – wobei das »g« für gemeinnützig steht – könne leicht mit einer normalen GmbH, also einer gewinnorientierten Gesellschaft verwechselt werden, und das ließ mich zurückschrecken. Inzwischen habe ich diesen bürokratischen Punkt mit meinen Mitstreiterinnen und Mitstreitern ausführlich diskutiert, und wir sind zu dem Entschluss gekommen, dass die formalen Vorteile der gGmbH überwiegen, also haben wir im Frühjahr 2017 mit der Gründung der »Ibn Rushd-Goethe gGmbH« den Grundstein für unsere Moschee gelegt.

Ein weiterer Faktor, der die Planungsphase in die Länge zog, war sozusagen der menschliche. Man ist als einzelne Person keine muslimische Gemeinschaft oder Cemaat, daher kann man alleine auch keine Moschee gründen. Ich versuchte also Menschen zu finden, die ich für meine Idee begeistern konnte. Dabei stellte sich heraus, dass es gar nicht so einfach ist, Muslime davon zu überzeugen, mit ihrem Namen an die Öffentlichkeit zu gehen und offiziell an der Gründung einer liberalen Moschee mitzuwirken. Zwischendurch hatten sich bereits Personen gefunden, die es sich später aus verschiedenen Gründen anders überlegten. Die einen hatten dann doch Angst, sich öffentlich zu so einem »provokativen« Vorhaben zu bekennen, den anderen wurde klar, dass sie neben ihrer Berufstätigkeit nicht genügend Zeit haben würden, sich ehrenamtlich in einer Moschee zu betätigen.

Außerdem scheint es bei einem Projekt wie diesem wohl immer so zu sein, dass es eine Weile braucht, um zu wachsen. Und es ist gewachsen. Über verschiedene Kanäle konnte ich am Ende sechs Personen für die Gründung der gemeinnützigen GmbH gewinnen. Wir sind vier Frauen und drei Männer, wobei wir aus Paritätsgründen langfristig gerne noch einen vierten Mann dabeihätten. Darüber hinaus gibt es einen Beirat, dem zehn bis fünfzehn Personen angehören.

Entsprechend meinem großen Wunsch nach Vielfalt haben sich tatsächlich Sunniten, Schiiten und Aleviten mit mir zusammengetan, um diese Moschee entstehen zu lassen. Dr. Mimoun Azizi, marokkanisch-deutscher Arzt, Philosoph, Politologe und Soziologe, sowie Akram Naasan, syrisch-kurdisch-deutscher Arzt für Notfallmedizin, waren die ersten beiden, die sich festlegten, dass sie auf jeden Fall dabei sein würden. Das war im Oktober 2016. Es folgten Professor Dr. Abdel-Hakim

Ourghi, algerisch-deutscher Islamwissenschaftler, dann die Berufsbetreuerin Gönül Doğan, eine alevitische Kurdin mit Wurzeln in der Türkei, und schließlich die ägyptisch-jemenitisch-schweizerische Politologin Dr. Elham Manea sowie die tunesisch-schweizerische Romanistin Saïda Keller-Messahli.

Ein Aspekt, dessen Lösung ebenfalls geraume Zeit in Anspruch nahm, war die Raumfrage, wobei uns von Anfang an klar war, dass wir zunächst natürlich noch kein eigenes Gebäude haben würden. Nach einem Vortrag, den ich beim Pfarrkonvent in Berlin gehalten hatte, boten mir mehrere Pfarrer an, uns dabei zu helfen, Räumlichkeiten in ihren Gemeinden zu finden. Und tatsächlich können wir nun in der evangelischen St. Johanniskirche in Berlin-Moabit einen ungefähr 90 m² großen Raum anmieten, bei Bedarf gegebenenfalls auch zusätzliche Räume. Unser langfristiges Ziel ist es jedoch, ein eigenes Gebäude zu bauen oder ein bereits existierendes in eine Moschee umzuwandeln. Denn für all die Dinge, die wir vorhaben, brauchen wir Platz: Wir wollen einen Raum der Spiritualität für unsere Gottesdienste und Gebete, einen Raum für Ruhe und Besinnung, außerdem Veranstaltungsräume für die Lehre und für den Dialog mit anderen Religionen und Weltanschauungen. Unsere Moschee soll zudem ein Ort der Begegnung sein, deshalb würden wir gerne auch ein kleines Café unterhalten. Um ein so großes Projekt realisieren zu können, sammeln wir Spenden, und ich bin optimistisch, dass wir damit Erfolg haben werden. Nach meinem vielbeachteten Aufruf in der *Zeit* vom 19. Mai 2016 – Überschrift: »Gründet mit mir eine liberale Moschee!« – meldeten sich bereits viele Leserinnen und Leser, die mir Unterstützung zusagten und nur zu gerne sofort Geld gespendet hätten; zu dem Zeitpunkt war das aber leider noch nicht möglich. Inzwischen hat die »Ibn Rushd-Goethe gGmbH« bei der Berliner Sparkasse (BIC: BELADEBEXXX) ein Spendenkonto eingerichtet. Die IBAN lautet: DE85 1005 0000 0190 6299 08. Alle Informationen zu Spendenmöglichkeiten finden sich auf unserer Webseite www.ibn-rushd-goethe-moschee.de.

Der Ort, den wir jetzt gefunden haben, passt für den Moment jedoch sehr gut zu uns, da es sich bei der St. Johanniskirche um eine christliche Gemeinde handelt, die offen ist für interreligiösen Dialog und angebunden an die Kirchengemeinde, die das Berliner House of One baut und initiiert hat.

DIE MOSCHEE ALS ORT DES GEBETS
– FÜR FRAUEN UND MÄNNER GEMEINSAM

Das Wort Moschee (arab. Masdschid, türk. Camii oder Cami) bedeutet Ort der Niederwerfung vor Gott. In der Moschee kommen Muslime zusammen, um gemeinsam ungestört das rituelle Gebet zu verrichten. Es ist aber, wie bereits beschrieben, keine Pflicht, eine Moschee aufzusuchen, man kann auch an anderen Orten beten, sofern man gewisse Vorkehrungen trifft.

Dafür, wie eine Moschee architektonisch auszusehen hat, gibt es keine Vorgaben im Koran oder in den Hadithen. Die typische Form, wie wir sie heute kennen, also in der Regel mit Kuppel und Minarett, hat sich erst nach und nach entwickelt. So kam das Minarett beispielsweise hinzu, als die Muslime im syrischen Damaskus die Herrschaft übernahmen und anfingen, christliche Kirchen in Moscheen umzuwandeln. Ab da nutzte der Muezzin den Turm, um die Gläubigen zum Gebet zu rufen. Mittlerweile steigt kaum noch ein Muezzin auf das Minarett, stattdessen erschallt der Ruf meist aus einem Lautsprecher.

Moscheen haben in der Regel einen Eingangsbereich oder Hof, in dem sich die Vorrichtungen für die rituelle Waschung befinden. Eine Moschee darf nie verschlossen sein. Die Menschen sollen jederzeit die Möglichkeit haben, Toiletten zu benutzen und sich zu reinigen, um beten zu können – unabhängig davon, ob gerade der Imam oder Mufti oder ein sonstiger Bediensteter der Moschee anwesend ist.

Moscheen sind keine Sakral- oder Kultgebäude, wie man das von anderen Religionen kennt. Deshalb konnten zum Beispiel in Deutschland Tausende sogenannter Hinterhof-Moscheen entstehen. Muslimische Gemeinden mieteten einfach irgendwelche Büro- oder Lagerräume an, um dort gemeinsam zu beten. Mit der Zeit gelang es ihnen meist jedoch, sehr schöne Innenräume zu schaffen, so hässlich die Gebäude von außen auch waren.

Der Hof des Propheten war der erste Ort, an dem sich die Muslime zum Gebet versammelten, nachdem die Gemeinschaft aus Mekka – wo sie mit anderen Gläubigen an der Kaaba gebetet hatte – vertrieben worden war und sich 622 in Medina niedergelassen hatte. Mohammeds Hof war nicht überdacht, erst mit der Zeit wurden vier Wände errichtet und ein Dach aus Dattelpalmenblättern geschaffen. Es gab dort beim Gebet, so heißt es, keine Geschlechtertrennung, die Gemeinde war damals noch sehr klein. Im Jahr 628 soll die inzwischen als Prophetenmoschee bezeichnete Masdschid erstmals baulich verändert und vergrößert worden sein. Ab diesem Zeitpunkt diente sie als architektonisches Vorbild für alle neugegründeten Moscheen; bis heute ist sie die zweitheiligste Moschee in der islamischen Welt.

In der Moschee sollen die Gläubigen bescheidene und zurückhaltende Kleidung tragen. Für Frauen gilt traditionell, dass zudem das Haupthaar zu bedecken ist. Hierfür gibt es allerdings keine theologische Grundlage.

Für Männer ist die Takke, eine Kopfbedeckung, die der Kippa der Juden ähnelt, freiwillig.

Der Moscheebesuch am Freitag ist, wie in Kapitel 5 beschrieben, in erster Linie Männersache geworden, weil Hadithe, die meiner Ansicht nach zu den schwachen gehören, uns Frauen verdrängt haben. Für Männer ist das Gebet hingegen verpflichtend, und so kann man in islamischen Ländern freitagmittags erleben, dass die Geschäfte geschlossen sind und die Herren ruhig oder im Eiltempo Richtung Moschee laufen. Niemand muss ein Schild mit der Botschaft »Bin gleich wieder da« an die Tür hängen, weil ohnehin jeder weiß, dass der Laden nach der Cuma wieder geöffnet wird.

Muslimische Frauen sind insgesamt deutlich seltener in Moscheen anzutreffen als Männer. Es sei denn, sie besuchen einen speziellen Korankurs für Frauen oder nehmen an einem Totengebet teil. Auch da gilt übrigens die Geschlechtertrennung: Die Männer finden sich im schönen Hauptraum ein, die Frauen in oft lieblos eingerichteten Nebenräumen.

In der Şakirin-Moschee im Istanbuler Stadtteil Üsküdar ist das anders. Die modernste Moschee der Türkei, deren Eröffnung im Mai 2009 international für Aufsehen sorgte, wurde von der türkischen Kunsthistorikerin und Innenarchitektin Zeynep Fadıllıoğlu entworfen. Frauen und Männer sind hier zwar noch getrennt, aber uns Frauen wurde der schönste Platz zugewiesen: eine lichtdurchflutete Empore. Das ist nicht der einzige Tabubruch in dieser Moschee. Frauen betreten das Gebäude beispielsweise nicht wie üblich durch einen Nebeneingang, sondern gemeinsam mit den Männern durch den Haupteingang.

Bei der architektonisch ebenfalls revolutionären unterirdischen Sancaklar Camii im Istanbuler Stadtteil Büyükçekmece sind meine Geschlechtsgenossinnen beim Beten, wie bereits erwähnt, nur durch einen Paravent von den Männern im großen Hauptraum getrennt, sie müssen die Moschee jedoch noch durch einen Nebeneingang betreten. Dennoch ist diese preisgekrönte, von Emre Arolat entworfene Moschee wunderschön und ein wahrer Ort der Ruhe. Den logischen nächsten Schritt, nämlich Frauen und Männer ohne Sichtschutz im selben Raum beten zu lassen, wagt bisher kaum eine Gemeinde. In Afrika soll es einzelne Moscheen geben, in denen das praktiziert wird, und die Imamin Amina Wadud hat es in New York eingeführt.

Auch in unserer Moschee wird es keine Geschlechtertrennung geben, Frauen und Männer werden in einem großen Raum gemeinsam beten. Selbstverständlich bleibt es allen selbst überlassen, ob sie sich mit Geschlechtsgenossinnen oder -genossen in die eine oder andere Ecke zurückziehen möchten. Es soll weder einen Zwang geben, sich zu trennen, noch einen Zwang, sich zu vermischen. Da aber keine separaten Räume für Frauen und Männer vorgesehen sind, werden die Gläubigen einen respektvollen Weg finden, wie sie die Moschee gemeinsam für den Zweck nutzen können, für den sie zuallererst gedacht ist: das ungestörte Gebet.

Wir gehen davon aus, dass in unsere Moschee mehr Frauen kommen werden als in traditionelle Moscheen, denn wir heißen sie explizit willkommen und sprechen auch Paare an, die sich gemeinsame Moscheebesuche wünschen, zu zweit oder in Begleitung ihrer Kinder.

Ich bin der festen Überzeugung, dass muslimische

Männer und Frauen durchaus gemeinsam beten können, ohne sich ständig gegenseitig abzulenken. Von Konservativen wird die räumliche Trennung ja damit begründet, dass die Geschlechter einen zu starken sexuellen Reiz aufeinander ausüben, als dass sie sich auf ihr Gebet konzentrieren könnten, wenn sie im selben Raum beten. Das sehen wir aufgeklärten Muslime bekanntermaßen anders. Professor Mouhanad Khorchide, Leiter des Zentrums für Islamische Theologie an der Universität Münster, beschreibt in seinem im Anhang abgedruckten Brief an mich, wie hinderlich die übersexualisierte Betrachtung des Geschlechterverhältnisses im Islam für ein gleichberechtigtes Miteinander ist.

Dass das gemeinsame Gebet tatsächlich möglich ist, haben schon etliche Gruppierungen vor uns bewiesen: Amina Wadud in New York, die »Muslims for Progressive Values« in Kalifornien, die »Inclusive Mosque«-Initiative in England, die Gemeinde des schwulen Imams Ludovic-Mohamed Zahed in Paris, der Liberal-Islamische Bund (LIB) in Deutschland und viele andere, die sich in privaten Wohnungen treffen, aus Sorge, von Fundamentalisten angegriffen oder unterwandert zu werden, wenn sie sich öffentlich zeigen.

Was das Thema Kopfbedeckung für Frauen angeht, muss ich zugeben, dass ich 2009, als ich eine Moscheegründung erstmals ernsthaft in Erwägung zog, noch der Überzeugung war, in dieser Moschee solle es keine Kopftücher geben. Aufgrund vieler Diskussionen und der aktuellen Entwicklung, dass immer mehr kopftuchtragende Frauen sich politisch wie religiös öffnen und sich nicht mehr nur zum Thema Kopftuch zu Wort melden, habe ich inzwischen meine Meinung geändert. Ich vertrete jetzt die Ansicht, dass wir auch in dieser Hinsicht keinen Zwang ausüben sollten. Frauen sind also eingeladen, mit oder ohne Kopftuch unsere Moschee zu betreten und mit uns und anderen zu beten.

DIE NAMENSFINDUNG

Wie bei so vielen Projekten war es auch im Vorfeld unserer Moscheegründung nicht ganz einfach, einen Namen zu finden, mit dem sich alle Beteiligten identifizieren konnten. Mir persönlich war vor allem daran gelegen, dass nicht ich als Initiatorin den Namen vorgab, sondern die Gründungsmitglieder ihn gemeinsam bestimmten.

Zunächst stand lange Zeit »Moschee der Vielfalt und Liebe« im Raum. Uns geht es ja zum einen darum, die Pluralität der Muslime in unserer Gesellschaft zu spiegeln, zum anderen wollen wir uns auch wieder auf das konzentrieren, wofür unsere Religion eigentlich stehen sollte, nämlich Liebe. Liebe zu Gott und den Menschen.

Mit der Zeit wurden jedoch die Bedenken immer lauter, Begriffe wie Vielfalt und Liebe könnten zu abgedroschen wirken, um unsere liberalen, aufklärerischen Ziele zu transportieren. Da wir uns von anderen Moscheen unterscheiden und im Namen auch gleich einen gewissen Standpunkt deutlich machen wollten, entschieden wir uns schließlich nach intensiven Diskussionen für den Namen Ibn-Rushd-Goethe-Moschee. Zum einen nach dem andalusischen Philosophen und Arzt Ibn Rushd – geboren 1126 in Córdoba, gestorben 1198 in Marrakesch –, der als Vordenker der islamischen Aufklärung gilt. Zum anderen nach dem deutschen Dichter Johann

Wolfgang von Goethe, einem großen Bewunderer der islamischen Theologie, der sich nicht zuletzt in seiner Gedichtsammlung »West-östlicher Divan« ausführlich mit dem Koran und der islamischen Mystik befasst hat. Inwiefern unsere beiden Namensgeber für einen friedlichen, barmherzigen Islam stehen und Brückenbauer für den west-östlichen Dialog sind, erläutert Mimoun Azizi, der als Mitgründer der Moschee großen Anteil an der Namensfindung hatte, im Anhang dieses Buches.

Mich als Feministin hätte natürlich gefreut, wenn wir auch eine Frau als Namenspatronin gefunden hätten. Zum damaligen Zeitpunkt fielen uns aber nur Mohammeds Frauen Hatice und Ayşe ein, und die beiden Namen erschienen uns zu beliebig, weil sehr viele Moscheen und religiöse Einrichtungen auf der ganzen Welt nach ihnen benannt sind. Bei Ayşe wurden wegen der bereits im Kindesalter geschlossenen Ehe zudem negative Assoziationen geweckt. Wir haben es uns also zur Aufgabe gemacht, die für unsere Religion wichtigen Frauengestalten zu erforschen. Darüber hinaus werden wir allen, die bisher schon in dieser Richtung gearbeitet haben, die Möglichkeit bieten, ihre Forschungsergebnisse in unserer Moschee einer interessierten Öffentlichkeit vorzustellen. Wir hoffen und glauben, dass es in nicht allzu ferner Zukunft eine liberale Moschee geben wird, die einen Frauennamen trägt.

OFFEN FÜR ALLE

Mit der Idee, eine weltoffene Moschee zu gründen, in der alle Menschen willkommen sind und in der zum Beispiel auch eine Imamin vor einer gemischten Gruppe beten kann, haben wir das Rad nicht neu erfunden, wenn es auch noch vergleichsweise wenige solcher Gemeinden gibt. Was wir aber hoffentlich als Erste schaffen werden, ist die Errichtung einer schönen, großen Moschee mit einer ganz eigenen, auf unsere Bedürfnisse und unsere religiösen Überzeugungen zugeschnittenen äußeren und inneren Form. Wir stehen derzeit in engem Kontakt mit einer Professorin für Architektur, die mit Studierenden aus Kairo und Berlin an einem Entwurf für eine moderne Moschee arbeitet. Falls es uns gelingen sollte, genug Geld zu sammeln, könnten wir idealerweise ein Grundstück kaufen und ein Gebäude nach ihren Plänen darauf errichten. Ansonsten hoffe ich, dass es uns möglich sein wird, ein bestehendes Gebäude umzubauen. Dabei kann es sich selbstverständlich auch um eine Kirche handeln, also einen Ort, an dem Gott schon vorhanden ist.

Unsere Moschee soll ein Ort des Gebets und der Begegnung sein, nicht nur, aber zuallererst für Menschen, die wegen ihrer religiösen Überzeugungen bisher in keiner anderen Moschee zu Hause waren und die sich von den konservativen islamischen Verbänden nicht vertreten und nicht akzeptiert fühlen. Mohammed gehörte weder der Rechtsschule der Schiiten noch der der Sunniten, Aleviten, Wahhabiten oder Salafisten an. Zu Zeiten des Propheten gab es nur den einen Islam und die Muslime. Deshalb sollen unter dem Dach unserer Moschee alle Menschen zusammenkommen können, ganz gleich, welcher heutigen Ausrichtung sie angehören. Sie sollen gemeinsam beten und über den Islam diskutieren können, über die vielen aktuellen Probleme ebenso wie über all die schönen Dinge, die unsere Religion bereithält. So wollen wir einen Beitrag dazu leisten, dass sich das Ansehen des Islam in der Welt verbessert und Musliminnen und Muslime wieder freier und sicherer leben können – hier bei uns ebenso wie in den vielen krisen- und kriegsgeschüttelten islamischen Ländern.

Moscheen waren schon immer auch ein Ort der sozialen Begegnung, der politischen Diskussionen oder der Handelsgeschäfte. Deshalb werden in unserer Moschee regelmäßig Veranstaltungen stattfinden, zu denen wir Menschen aus aller Welt einladen wollen, um die vielen Gesichter des Islam auch hier in Deutschland bekannt zu machen. Denn weltweit arbeiten sehr viel mehr Muslime an der Erneuerung unserer Religion oder leben einen zeitgemäßen, reformierten Islam, als man sich hier allgemein vorstellt.

Es gibt für uns alle noch so viel zu lernen. Ich selbst habe den Eindruck, je mehr ich über den Islam und die Gemeinschaft der Muslime lese, je öfter ich mit anderen Gläubigen über unsere Religion spreche, desto weniger weiß ich. Oder besser gesagt, desto breiter wird das Spektrum an Themen, über die ich dringend mehr erfahren möchte. Ich erwarte nicht, dass ich mir alles existente Wissen über den Islam aneignen kann, aber ich hoffe, dass sich in unserer Moschee eine Gemeinschaft bildet, die sich gegenseitig in Liebe und Neugierde bereichert. Es soll und darf gezweifelt, gehadert und über alles gestritten werden. Das entfernt uns nicht von Gott, sondern bringt uns ihm näher. Denn Gott hat uns unseren Verstand gegeben, damit wir ihn nutzen. Es ist unsere Aufgabe und unsere Pflicht, uns anzustrengen, nach einem Sinn in unserem Leben zu suchen, mit anderen über all die Fragen der Menschheit zu diskutieren und uns gegenseitig zu belehren. Denn jeden Tag passieren neue Dinge; nichts von dem, was wir auf dieser Welt erleben, ist für die Ewigkeit.

Nicht jeder Mensch muss an Gott glauben. Ich bin jedoch gläubig und stehe dazu, obwohl ich Feministin und politisch eher links angesiedelt bin und es in meinem Umfeld viele Atheisten gibt. Auch das hat sicher einen Sinn. Ich muss aber diesen Sinn nicht in vollem Umfang verstehen. Ob es das Paradies und ein Leben nach dem Tod gibt, ob die Hölle lediglich eine Metapher oder ein wirklich brutaler Ort für böse und sündige Menschen ist, all das können wir nicht wissen, weil es sich erst am Ende oder nach dem Ende unseres kurzen, bescheidenen Lebens herausstellen wird. Was wir aber wissen, ist, dass wir diese Welt für alle Menschen zu einem Paradies auf Erden machen sollten, anstatt zu einer Hölle, wie es für sehr viele leider bittere Realität ist.

Wenn ich sage, dass ich an die Liebe und Barmherzigkeit Gottes glaube, dann meine ich damit auch die Liebe und Barmherzigkeit, zu der wir Menschen fähig sind. Deshalb war und ist es mein Wunsch, einen Ort zu schaffen, an dem Muslime sich trauen, in einen west-östlichen

Diskurs über Gott und die Welt einzutreten und daran zu arbeiten, dass unsere Religion nicht mehr nur mit Terror, Tod und Hass in Verbindung gebracht wird, sondern in erster Linie mit Liebe zu uns selbst, zu unseren Nächsten und zu Gott.

ANHANG

MIRIAM AMER[23]

Alle Menschen sind Geschwister

Die Idee einer Moschee, in der alle so sein dürfen, wie sie sind, in der alle glauben dürfen, was sie glauben, in der nicht Dogmen das Fundament ausmachen, sondern Liebe, Respekt und Toleranz – diese Idee ist wundervoll und deckt sich absolut mit meinem Islamverständnis.

Islam wird mit Hingabe oder Ergebenheit übersetzt. Manche sagen auch, das Wort bedeute, sich dem Willen Gottes zu ergeben. Das klingt auf den ersten und für manche auch auf den zweiten Blick fatalistisch, so als würde ein maskierter Cowboy-Gott mit einer Pistole vor einem stehen und der kleine Mensch, keinen Ausweg sehend, zitternd die Hände heben: »Ich ergebe mich, was willst du von mir?« Und Gott, durch sein schwarzes Tuch nuschelnd: »Kluge Entscheidung, Mädchen! Hier ist ein 17-Kilo-Katalog mit allen Verboten und Geboten. Wehe, du hältst dich nicht an jedes einzelne von ihnen!«

Dazu kann ich nur sagen: »Allahu Akbar – Gott ist größer.« Der Schöpfer von allem, was ist und nicht ist, ist größer als so eine Vorstellung. Er ist so groß, dass man ihn nicht fassen kann, und doch so nahe. Und wenn ich

---

23 Die Deutsch-Syrerin Miriam Amer ist Koranlehrerin und -rezitatorin.

»er« sage, meine ich weder diesen fiesen Cowboy-Gott noch einen gütig lächelnden alten Mann mit Rauschebart über den Wolken. Aber das ist ein anderes Thema ...

Er ist so nahe, wenn wir die Hindernisse aus dem Weg räumen, die wir im Laufe unseres Lebens zwischen ihm und uns aufgebaut haben.

Und genau um den Zustand der Nähe, das Sich-Nähern, das Loslassen der Hindernisse, darum geht es. Wir nähern uns mit einer Hingabe, deren Ursprung Liebe ist und die nicht die Form anbetet, sondern sie höchstens als Mittel des Begreifens nutzt.

Wir nähern uns, indem wir den Mut aufbringen, unser Nicht-Wissen einzugestehen, indem wir aufhören, »Ana Akbar! – Ich, mein Glaube, meine Lebensweise sind größer, besser, wahrer als deine!« zu schreien.

Wir schreien im besten Falle überhaupt nicht mehr, denn wir haben begriffen, dass nur diejenigen schreien, die zu viel Unsicherheit in sich tragen, um andere Ansichten ertragen zu können.

Aufrichtige Muslime sind bescheiden, sie verstehen sich nicht als Anwälte Gottes auf Erden, denn sie sind sich ihrer Subjektivität und Begrenztheit bewusst. Sie versuchen, eigene Erkenntnisse für sich umzusetzen, und sind damit so sehr beschäftigt, dass ihnen gar kein Raum bleibt, sich in angeblichen Irrtümern, Schwächen oder Sünden anderer zu suhlen. Stellt man ihnen Fragen über ihren Glauben, dann antworten sie ehrlich, ohne die Absicht, jemandem ihre religiösen Ansichten aufzudrängen.

Wenn sie Unrecht sehen, versuchen sie es mit Liebe zu beseitigen, angespornt durch den Wunsch nach Gerechtigkeit und Frieden, nicht um ihr Ego à la »Wir, die holden Retter des Rechts« zu stärken, und auch nicht, weil sie dringend ein Feindbild brauchen, eine Projektionsfläche für eigene unterdrückte Aggressionen.

Da wären wir bei den Absichten, die gleich nach der Erkenntnis des einen Gottes kommen. Die Absicht zu reflektieren und Gott um Hilfe zur Aufrichtigkeit zu bitten, ist eine der wichtigsten Aufgaben von Muslimen; so steht es im ersten Kapitel des Koran. Denn es nützt nichts, wenn du die besten Dinge tust (oder meinst zu tun) und dabei überheblich oder unehrlich bist.

Für manchen hört sich das vielleicht zu naiv-idealistisch an, zu sehr nach Happy-Hippie-Sufi-Islam und viel zu weit weg von der Realität, dennoch ist das mittlerweile meine Lesart des Islam. Auch wenn die Umsetzung in bestimmten Bereichen nicht leicht ist, sollte sie zumindest immer wieder angestrebt werden, es ist ein tagtägliches Training, und ich freue mich auf mehr Menschen, die ähnliche Grundwerte teilen. Dabei ist es mittlerweile sekundär, was sie genau glauben – auch eine agnostische oder atheistische Haltung ist eine Form des Glaubens.

Diese Offenheit habe ich nicht schon immer besessen, in meinen früheren Jahren war ich ziemlich dogmatisch, widmete mich vor allem der »Wahrheitsfindung« und erwartete von anderen, dass auch sie die »Beweise« anerkannten.

Was für eine Überheblichkeit dahintersteckte, wurde mir erst nach einigen Lektionen des Lebens klar, in denen mein Glaubenskonstrukt wie ein mürbe gewordenes Gebäude in sich zusammenbrach. Hätte mir jemand in meiner Jugend gesagt, dass ich einmal an allem zweifeln würde, ich hätte ihn für verrückt erklärt.

Nach den Zweifeln kam eine Zeit, in der ich mich kaum mehr mit meiner Religion beschäftigte, keine wirkliche

Verbindung zu meinem Schöpfer spüren konnte, in der mir immer, wenn ich den Koran doch einmal aufschlug, die Höllen- und Kriegsverse entgegensprangen, so dass ich ihn schnell wieder zuschlug.

Nach einiger Zeit jedoch entstand zaghaft etwas Neues, meine Augen waren bereit, die Verse in einem anderen Licht als in ihrer augenscheinlichen Wortbedeutung und historischen Erstarrung zu lesen. Verse, über die ich floskelhaft hinweggelesen hatte, bekamen einen tieferen Sinn, ich erkannte, wie viel von meinem Gottesbild Projektionen meines eigenen Mangels an Selbstliebe waren, und übernahm fortan die Verantwortung für meine Beziehung zu Gott.

Gott erfassen, das können wir eh nicht, aber nach Aussagen Mohammeds gibt es eine Resonanz von Gott, je nachdem, wie wir unsere Erwartungshaltung ihm gegenüber ausrichten und welche Eigenschaften wir selbst in uns kultivieren. So wie du von ihm behandelt werden möchtest, sollst du andere behandeln.

Worauf es mir ankommt, ist das Erreichen eines bestimmten Bewusstseins und das Schärfen der Achtsamkeit, das Auflösen des Egos, zurückzukehren zu unserem vergessenen Ursprung, das Erreichen des Zustands ständiger Verbundenheit mit dem Schöpfer.

Die Jahre haben mich gelehrt, dass ich von jedem etwas lernen kann, und selbst wenn ich widerspreche oder gänzlich anderer Meinung bin, so habe ich doch einen interessanten Einblick in die Lebenswelt eines anderen Menschen erhalten.

Dazu sagt der persische Dichter Hafis: Wenn jeder alles von dem anderen wüsste, es gäbe keinen Stolz mehr, keinen Hochmut.

Und nach dem Motto möchte ich lernen, alle Menschen als Geschwister zu betrachten, am Ende auch radikalisierte Menschen aus den verschiedensten Ecken. Ich möchte Fronten abbauen, Menschen zueinander führen statt voneinander weg. Der Fokus sollte nicht auf den Unterschieden liegen.

Es wäre wunderbar, wenn diese Moschee ein Startpunkt werden würde, eine Basis zur gegenseitigen Bereicherung und Begegnung, ein Ort der spirituellen Entfaltung und eine Plattform, von der aus Menschen zueinander finden, ein Ort der Sicherheit vor Verurteilungen und starren Anweisungen.

All das setzt natürlich voraus, dass man bereit ist, unterschiedliche Ansichten und auch kritische Fragen zum Islam und seinen Gläubigen zuzulassen – solange diese Diskussionen mit gegenseitiger Achtung geführt werden.

MIMOUN AZIZI[24]

Warum wir unsere Moschee nach Ibn Rushd und Goethe benannt haben

Die besondere Stellung des Menschen unter den göttlichen Geschöpfen beruht am ehesten darauf, dass er über die Fähigkeit verfügt, sich mit den transzendentalen Fragen, wie Kant sie nannte, zu beschäftigen. Dass er in der Lage ist, sich wissenschaftlich, philosophisch und theologisch mit der Frage nach der Existenz Gottes, nach dem Sinn der eigenen Existenz und der unsterblichen Seele auseinanderzusetzen. Seit jeher denken Menschen über diese existentiellen Themen nach, für sich allein oder im Austausch mit anderen. Nicht immer war es ungefährlich, sich öffentlich dazu zu äußern; viele haben im Laufe der Jahrhunderte mit ihrem Leben dafür bezahlt. Aber es gab auch Phasen, die solche philosophischen und theologischen Diskurse begrüßten. In der islamischen Geschichte gehört dazu das Goldene Zeitalter zwischen etwa 800 und 1200, in Europa die Zeit der Aufklärung im 18. Jahrhundert. Grund für solche

---

24 Dr. Mimoun Azizi, marokkanisch-deutscher Arzt, Politologe und Soziologe, ist Mitgründer der Moschee.

Entwicklungen ist nicht nur ein allgemeiner Zeitgeist, sondern es gehören immer auch herausragende Persönlichkeiten dazu. Diesen Freidenkern verdanken wir die Quantensprünge in der menschlichen Entwicklung. Sie sind es, die in uns Muslimen noch heute die Sehnsucht nach einer Zeit wecken, in der man frei und ohne Angst über Gott, den Menschen und die unsterbliche Seele diskutieren konnte.

Zu diesen Menschen, die uns faszinieren, die kultur- und religionsübergreifend dachten, gehören der muslimische Universalgelehrte Ibn Rushd, der 1126 im andalusischen Córdoba geboren wurde, und der deutsche Nationaldichter Johann Wolfgang von Goethe. Ibn Rushd sah im Philosophen die höchste »Klasse« innerhalb der islamischen Gesellschaft. Seiner Überzeugung nach kann Theologie ohne Philosophie nicht existieren. Mittels des philosophischen Diskurses suche der Mensch, sich Gott zu nähern und seine unsterbliche Seele zu erforschen. Fromme Menschen müssten zugleich Philosophen sein, denn die Philosophie, so Ibn Rushd, sei realitätsgebunden. Sie suche nach Gott! Die Seele des Philosophen vereinige sich nach dessen Tod mit dem Geist Gottes. Ibn Rushd strebte stets einen Austausch zwischen Theologie, Philosophie und Naturwissenschaften einerseits sowie den unterschiedlichen Kulturen und Religionen andererseits an. Er sah keinen Widerspruch zwischen tiefer Spiritualität und philosophisch-theologischer Spekulation über die Existenz Gottes.

Aber wo ist die Verbindung zum Universalgenie Goethe, der weder in Andalusien lebte, noch muslimischen Glaubens war? Er lebte nicht einmal zur selben Zeit wie Ibn Rushd, sondern wurde erst 1748 geboren. Dennoch existiert eine sehr starke geistige Verbindung zwischen diesen beiden Menschen, die bis heute Bewunderung und Erstaunen hervorrufen – und bei uns den starken Wunsch, ihre geistige Tradition fortzusetzen. Goethe war nicht nur ein begnadeter Dichter, Philosoph und Naturwissenschaftler, sondern auch ein Bewunderer der islamischen Mystik, Philosophie und Theologie. Er las die Ghaselen des persischen Dichters Hafis ebenso intensiv wie den Koran. Goethe war derjenige, der Voltaires Tragödie »Mahomet« von Vorurteilen befreite, als er sie ins Deutsche übersetzte und bearbeitete. Er selbst sah in Mohammed eine Seele voller herzlicher Liebe und Unschuld. Seine Beschäftigung mit dem Koran bezeichnete er als Hidschra, als Zuflucht bei Gott.

Die bekannte Islamwissenschaftlerin Annemarie Schimmel sagte zu Recht: »Zuerst kam Mohammed auf Umwegen zu Goethe, dann allerdings ging Goethe zu Mohammed.«

Der Dichter begann von sich aus, die arabische Sprache zu lernen, und setzte sich in »Dichtung und Wahrheit« mit dem Propheten des Islam auseinander. Im »West-östlichen Divan« heißt es: »Wenn Islam Gott ergeben heißt, im Islam leben und sterben wir alle.«

Goethe kam zu der Überzeugung, dass der Islam sich in vollkommener Übereinstimmung mit dem Christentum befindet. Ihn faszinierte das Spekulative in unserer Religion, und er beschäftigte sich bis zu seinem Tode damit.

Der Name unserer Moschee dient nicht nur dazu, diese beiden Menschen zu ehren, wir wollen ihr transkulturelles Denken und Handeln auch würdig fortsetzen. Die Ibn-Rushd-Goethe-Moschee in Berlin soll ein Ort der Begegnungen und des Austausches sein. Ein Ort der inneren Umkehr, des freien Denkens, des kritischen Diskurses im Sinne von Ibn Rushd und Goethe. An diesem Ort werden sich Philosophie und Theologie auf Augenhöhe begegnen und eine neue Brücke zwischen Orient und Okzident schlagen. Dabei werden wir geistig in die Vergangenheit reisen, gemeinsam mit anderen Menschen in der Gegenwart unseren Glauben leben und Blicke in die Zukunft werfen, eine Zukunft, die diese Moschee mitgestalten will.

MÜZEYYEN DREESSEN[25]

Bildung in der islamischen Welt

Brauchen wir eine Reform des Islam oder einen Euro-Islam, frage ich mich manchmal, oder sollten wir nicht einfach den Islam von seinen Fesseln befreien und die Vielfalt in ihm wieder zulassen? Diese Vielfalt, die zwischen dem 8. und 13. Jahrhundert den großen kulturellen Aufschwung in der Philosophie, den Naturwissenschaften, der Baukunst, der Medizin, den Sprach- und Geschichtswissenschaften hervorbrachte und zu einer Blüte der islamischen Welt führte, die auch die christliche Welt inspirierte? Die Kreuzzügler trafen damals auf eine Zivilisation, die ihnen weit überlegen war. So verwenden wir heute ganz selbstverständlich die Errungenschaften von muslimischen Gelehrten und Erfindern, die aus der arabischen Welt zu uns gelangten. Über viele dieser Errungenschaften habe ich durch eigenes Studium und nicht beim Unterricht in der Moschee erfahren.

Während das christliche Abendland in der Finsternis verharrte, wandte sich die islamische Welt dem Wissen

---

25 Müzeyyen Dreessen, Diplom-Sozialpädagogin und Diplom-Sozialarbeiterin, ist verheiratet mit dem evangelischen Theologen Thomas Dreessen. Das Paar engagiert sich seit 1984 in der interkulturellen und interreligiösen Dialogarbeit.

und der Erkenntnis zu. Als Europa noch kaum Infrastruktur hatte, verfügte Córdoba in Andalusien, das 711 von den Arabern eingenommen worden war und kurze Zeit später Hauptstadt der muslimischen Teile Spaniens wurde, bereits über Straßenbeleuchtung. Aus allen Teilen der Welt kamen Schüler und Studenten dorthin, um sich ausbilden zu lassen. Den Gelehrten standen im 10. Jahrhundert in Córdoba schon über 500 000 Handschriften zur Verfügung.

Muslimische Ärzte gründeten die ersten Krankenhäuser der Welt. Ohne die islamische Medizin wäre die westliche nicht denkbar. Die verschiedenen medizinischen Fachgebiete, die die muslimischen Ärzte entwickelten, waren erst tausend Jahre später auch im Westen zu finden. Das Buch und der spätere Kinofilm »Medicus« haben uns auf eindrucksvolle Weise mit dem Werk des persischen Arztes, Philosophen, Dichters, Astronomen, Alchemisten und Musiktheoretikers Ibn Sina (lat. Avicenna) bekannt gemacht.

Das Zentrum der medizinischen Forschung war im 8. und 9. Jahrhundert Bagdad, wo herausragende Ärzte praktizierten.

Die Algebra ist aus der arabischen Welt in den Westen gelangt, erfunden von dem persischen Mathematikgenie al-Khwarizmi (780–850), der ebenfalls die Algorithmen-Lehre entwickelte sowie die Dezimalzahlen und die Ziffer Null aus dem indischen in das moderne arabische Zahlensystem einführte.

Der erste Globus wurde bereits im 12. Jahrhundert von dem muslimischen Geographen Abu Abd Allah Muhammad al-Idrisi (1100–1166) konstruiert. Die sieben Kontinente mit wichtigen Handelsrouten, Seen und Flüssen,

Tälern und Bergen sowie großen Städten wurden auf dem 400 Kilogramm schweren Erdball mit purem Silber nachgebildet.

Sehr geschätzt in der arabischen Welt ist auch der im irakischen Basra geborene Abu Ali al-Hasan Ibn al-Haitham, lat. Alhazen (965–1039). Er war der bedeutendste Physiker des Mittelalters und leistete Wegweisendes auf den Gebieten der Mathematik, Astronomie und Physik. Außerdem gilt er als der Begründer der Optik.

Dies sind nur einige wenige Beispiele dafür, wie wichtig Bildung in der islamischen Welt damals war. Viele bekannte Persönlichkeiten des wissenschaftlichen Lebens, unzählige Schüler und Studenten aus der ganzen Welt gingen in diesen Jahrhunderten an diesen Orten der Weisheit und des Wissens ein und aus, bevor im 13. Jahrhundert der Niedergang der islamischen Blütezeit einsetzte, der leider immer noch nicht überwunden ist.

Wenn muslimische Familien sich heute genauso penibel, wie sie beim Einkaufen die Lebensmittel auf Inhaltsstoffe überprüfen, um Schweinegelatine auszuschließen, um die Bildung ihrer Kinder kümmern würden, wäre schon viel gewonnen.

Heute beten, fasten und pilgern wir kollektiv. Glaube wird zur Massenveranstaltung und zum Vorzeigeobjekt, wird politisch benutzt und missbraucht; Äußerlichkeiten, Dogmen und Regeln werden zum Lebensinhalt, der unseren Alltag prägt, und schränken Lebens- und Bildungsmöglichkeiten ein. Der Glaube wird nicht reflektiert, sondern blind ausgeführt. Widerspruch und Reflexion sind auch den meisten Imamen in den Moscheen hierzulande fremd, insbesondere den Importimamen aus dem Ausland. Eine historisch-kritische Auseinandersetzung mit den Inhalten der Religion findet dort kaum statt. Dabei legt der Koran an verschiedenen Stellen großen Wert auf Bildung und Vernunft und sagt uns zudem, dass niemand die Sünden oder die Last des anderen tragen kann und wird. Jeder ist selbst dafür verantwortlich, ob er gottgefällig lebt oder nicht. Die Rechenschaft dafür muss er oder sie vor Gott alleine ablegen. Vor niemand anderem sonst. In einem türkischen Sprichwort heißt es dazu passend: »Jedes Schaf wird an den eigenen Füßen aufgehängt.«

Muslime, die anderen vorschreiben wollen, wie sie zu leben, sich zu kleiden und die Gebote der Religion einzuhalten haben, erhöhen den moralischen Druck, fördern Hass, Polarisierung und als Folge den Extremismus. Für mich gehören jedoch Vernunft, Respekt, Barmherzigkeit und Vielfalt zu den Fundamenten des Islam.

Als Gläubige freue ich mich auf eine Moschee, die jeden Muslim und jede Muslimin so annimmt, wie er oder sie ist, und in der ein kritischer Diskurs möglich ist. Das Wort »barmherzig« ist nach meiner Kenntnis das am häufigsten vorkommende Wort im Koran. Gott hat uns mit den Regeln und Pflichten einen Rahmen für unser Leben gegeben und nicht ein Korsett angelegt. Ob wir diesen Rahmen liberal oder dogmatisch, menschenfreundlich oder menschenfeindlich auslegen, liegt an uns Muslimen. Bei unseren Fehlern ist Gott barmherzig.

MOUHANAD KHORCHIDE[26]

Ein Brief an Seyran Ateş

Liebe Seyran,

es ist überfällig, dass auch muslimische Frauen aktiv werden und sich in die Organisation der religiösen Praxis einbringen. Bis jetzt wurde dieses Gebiet stark den Männern überlassen, doch inzwischen beklagen sich immer mehr Frauen, dass viele Strukturen und theologische Positionen männlich geprägt sind. Die passive Rolle der muslimischen Frau in Fragen der religiösen Praxis wird heute meist mit einem patriarchalischen Bild begründet, das die Frau auf ein sexuelles Objekt reduziert, das man vor den Männern verstecken muss. In vielen islamischen Gesellschaften beobachtet man eine starke Sexualisierung des Geschlechterverhältnisses, und dies oft im Namen der Religion. In Schulklassen oder Lerngruppen werden Jungen und Mädchen getrennt, in manchen Milieus ist sogar das Handgeben zur Begrüßung zwischen Frauen und Männern verboten, nirgendwo gibt es Räume, wo die Geschlechter lernen können, unverkrampft,

---

26 Dr. Mouhanad Khorchide, Professor für islamische Theologie mit libanesischen Wurzeln, schrieb mir diesen Brief, nachdem ich ihn gefragt hatte, wie er meine Idee finde, eine geschlechtergerechte Moschee zu gründen.

aber »anständig« miteinander umzugehen. Das alles geschieht aus Angst vor sexueller Annäherung.

Das Tragen des Kopftuchs wird in manchen dieser patriarchalischen Strukturen damit begründet, dass die Reize der Frau vor den lüsternen Blicken des Mannes geschützt werden müssen; Frauen als Imaminnen sind verpönt, weil eine betende Frau vor einem Mann sexuell zu reizvoll sei; Frauen werden in Moscheen räumlich isoliert, damit sich die Männer auf das Gebet bzw. die Predigt konzentrieren können usw. Diese Übersexualisierung der Geschlechterbeziehung, in der die Frau vor dem Mann und der Mann vor der Frau geschützt werden muss, trägt enorm zur Reproduktion patriarchalischer Strukturen bei. Sie verhindert respektvolle Begegnungen zwischen den Geschlechtern, in denen nicht immer gleich eine gewisse Erotik mitschwingt.

Letztendlich geht es dem Islam um den Menschen als solchen, unabhängig von seinem Geschlecht. Dieselben Frauen, die ihr Kopftuch öffentlich mit dem Argument tragen, ihre Reize vor den Männern bedecken zu wollen, tragen es oft auch, wenn sie alleine zu Hause oder in Gemeinschaft mit anderen Frauen beten. Um die Bedeckung von Reizen kann es also nicht wirklich gehen. Ich habe daher ein Problem mit diesen sexuell getönten Begründungen, denn sie gehen stets auf Kosten spiritueller Deutungen.

Wir haben heute ein großes Wissensdefizit bei vielen Muslimen, vor allem bei denen, die meinen, Anwälte Gottes zu sein. Viele kennen ihr eigenes islamisches Erbe nicht mehr und meinen, dass manche heutige Position eine moderne Erfindung des Westens bzw. der Muslime im Westen sei, und lehnen diese daher pauschal ab. Nehmen wir zum Beispiel die Frage nach der Frau als Vorbeterin vor Männern. Heute wird dies von vielen Muslimen als verwestlichte Form des Betens verworfen. Dabei sah der sonst sehr konservative Gelehrte Ibn Taimīya (1263–1328) kein Problem darin, dass eine Frau als Imamin vor Männern betet. Er berief sich dabei auf die Position des bekannten Gelehrten Ahmad Ibn Hanbal, des Begründers einer der vier Rechtsschulen. Ibn Taimīya wird sonst gerade von Salafisten gerne zitiert, aber eben nur dort, wo es um seine radikalen Meinungen im Hinblick auf Andersdenkende geht. Positionen, die die Frau würdigen, werden unter den Teppich gekehrt und einfach verschwiegen. Daher finde ich deine Initiative, liebe Seyran, sehr wichtig und bereichernd für die innerislamische Vielfalt. Ich wünsche dir von ganzem Herzen sehr viel Erfolg und dass du vor allem die Herzen vieler Menschen erreichen mögest.

Herzliche Grüße,
Mouhanad

ELHAM MANEA[27]

Veränderung beginnt mit uns
Eine offene Moschee für alle

Ich erinnere mich noch immer an die Stimme der Frau, als sie mich fragte, ob ich ein gemischtes Gebet in London sprechen würde. »Inclusive Mosque Initiative« heißt ihre Organisation. Eine Moschee, in der alle Menschen in ihrer Vielfalt willkommen sind, gleich welchen Glaubens, gleich welcher religiösen Strömung, welchen Geschlechts oder welcher sexuellen Orientierung.

Eine Moschee für alle.

Es war im Sommer 2013, als wir miteinander sprachen. Ich führte gerade Recherchen für mein Buch »Women and Shari'a Law« durch und wollte Mitglieder ihrer Organisation interviewen. Da sie meine bisherige Arbeit kannte, lud sie mich zu einem Vortrag über das Konzept eines humanistischen Islam[28] ein.

Während eines Telefonats, in dem wir über die Details

---

27 Dr. Elham Manea, ägyptisch-jemenitisch-schweizerische Politikwissenschaftlerin, Autorin und Menschenrechtsaktivistin, ist Mitgründerin der Ibn-Rushd-Goethe-Moschee.

28 Das Thema meines vorherigen Buches: »Ich will nicht mehr schweigen: Der Islam, der Westen und Menschenrechte«.

der Veranstaltung sprachen, bat sie mich, das Gebet zu sprechen.

Ich schwieg. Dann sagte ich: »Ich bin nicht sicher, ob du mich haben willst. Ich bete ohne Kopftuch.«

Mit einem Lächeln in der Stimme erwiderte sie: »Das ist in Ordnung, wir akzeptieren unsere Imaminnen in der Art, wie sie beten, mit oder ohne Kopftuch.«

Das Gebet fand im August 2013 statt. Es war eine inspirierende Erfahrung, die zu mehreren gemischten Gebeten in Bern und Basel führte und zur Gründung der »Open Mosque Switzerland« durch meine Freundin Jasmin El-Sonbati und mich.

Die Zeit der Veränderung ist gekommen. Die Zeit für eine islamische Reformation. Moscheen sind nur ein Teil dieser Entwicklung.

Seyran Ateş hat gemeinsam mit einigen Mitstreiterinnen und Mitstreitern, zu denen auch ich gehöre, eine offene Moschee in Berlin gegründet. Sie geht damit einen neuen Weg, sich unserem islamischen Glauben anzunähern – ein historischer Wendepunkt. Ich fühle mich daher sehr geehrt von ihrer Einladung, das erste Gebet in der neuen Moschee zu leiten.

Die Ibn-Rushd-Goethe-Moschee bewegt sich in die gleiche Richtung wie andere bahnbrechende Initiativen. Es begann mit der Imamin Amina Wadud in New York, der »Inclusive Mosque Initiative« in London, Imamin Ani Zonneveld in den USA, Imamin Sherin Khankan in Dänemark und den beiden berühmten Moscheen in Kapstadt von Imam Muhsin Hendricks und Taj Hargey.

Das Argument, das gegen das Gebet von Frauen in einer Moschee mit Männern vorgebracht wird, beruht oft auf sexuellen Unterstellungen. Eine Frau könne einen

Mann durch ihre Anwesenheit ablenken. »Wir bewegen unsere Körper beim Beten in verschiedene Richtungen, der Körper einer Frau lenkt die Männer vom Beten ab. Wenn sie vor den Männern steht, werden sie sich auf ihren Rücken konzentrieren.« Mit diesem Argument werden Frauen aus Moscheen mit Männern ferngehalten.

Also, was wäre, wenn sie neben dem Mann steht? Was, wenn Männer auf der einen Seite beten und Frauen auf der anderen, aber in derselben Halle, im selben Raum? Auf diese Weise werden die verführerischen Rücken der Frauen die armen Männer nicht ablenken. Würde das ausreichen, um die Vorschriften zu ändern? Ich glaube nicht.

Moscheen, wie sie in vielen islamischen Gesellschaften gebaut und von muslimischen Gemeinschaften in europäischen Ländern nachgeahmt werden, spiegeln eine soziale Ordnung wider. Sie reflektieren ganz deutlich die gesellschaftliche Rolle der Frau. Eine Moschee, in der man nur Männer beten sieht, ist der Spiegel einer patriarchalischen Gesellschaft, in der die Männer die Kontrolle über den öffentlichen Raum haben. So einfach ist das. Eine Frau, die fordert, im selben Raum beten zu dürfen wie die Männer, verlangt nichts Alltägliches. Sie fordert eine Veränderung der gesellschaftlichen Ordnung.

Wo, wie und wann eine Frau beten soll, spiegelt ihren sozialen Status in ihrer Gemeinde wider. Sie wird aufgefordert, getrennt von den Männern zu beten, ihr Haar während des Gebetes zu bedecken – nicht nur in der Öffentlichkeit, sondern auch wenn sie alleine betet – und während ihrer Menstruation das Beten ganz einzustellen. All dies sind Einschränkungen, die ihr wegen ihres Geschlechts auferlegt werden. All dies sind Einschränkungen, die auf der gesellschaftlichen Überzeugung beruhen, dass eine Frau nicht so »vollständig« oder »perfekt« ist wie der Mann. Und zweifellos nicht mit ihm gleichwertig vor Gott, dem männlichen Gott!

Ebenso wird uns jetzt gesagt, dass es nicht möglich sei, eine Imamin zu haben.

Eine Frau sei zum Führen nicht geeignet.

Man sagt uns, die Gelehrten – alles Männer – stimmten darin überein, dass eine Frau kein Gebet leiten kann, geschweige denn ein Freitagsgebet.

»Es herrscht Einigkeit«, sagen sie.

Und diese Einigkeit beruht auf einem Sprichwort, das dem Propheten zugeschrieben wird: »Ein Volk, das von einer Frau geführt wird, wird nicht gedeihen.«

Dieses Sprichwort wird von Islamwissenschaftlern übrigens als »schwach« angesehen. Das heißt, Mohammed hat es wahrscheinlich gar nicht gesagt!

Uns wird auch erzählt, dass es jetzt nicht an der Zeit sei, sich mit solchen angeblich unbedeutenden Fragen zu beschäftigen: »Dringendere und ernsthaftere Themen sollten angesprochen werden, lasst uns keine Probleme aufwerfen, die zu Zwietracht führen, wir müssen vereint sein!«

Ich verstehe, dass Veränderung schwierig ist. Wenn man seit Jahrhunderten gewohnt ist, immer das Gleiche zu tun, fällt es natürlich nicht leicht, sich darauf einzulassen.

Ich verstehe auch, dass Veränderung uns erschrecken kann. Wer würde nicht erschrecken?

Veränderungen, die uns von den Komfortzonen unseres Denkens entfernen, stellen unsere Überzeugungen in Frage. Sie machen uns verwundbar.

Veränderungen erschüttern unseren Sinn für Ordnung und Sicherheit.

Ich verstehe das vollkommen.

Aber ich bin müde. Ich bin müde zu warten, in der Hoffnung, dass sich eines Tages etwas ändern wird.

Veränderung gibt es nur, wenn wir es verlangen.

Veränderung kann nur geschehen, wenn wir unsere Rechte einfordern.

Und unsere Moschee wird es nur dann geben, wenn wir sie bauen.

Es ist an der Zeit, unsere Annahmen über die Rolle von Frauen in einem Gotteshaus und in der Gesellschaft in Frage zu stellen.

Die Zeit für Veränderung ist jetzt, nicht morgen, nicht in einem Monat, nicht in einem Jahr. Jetzt!

Die Zeit für Veränderung ist heute. Wir fordern sie respektvoll ein, als ein Zeichen der Liebe zu unserer Religion und unserer Gemeinschaft. Als ein Zeichen der Akzeptanz des universellen Gleichheitsgrundsatzes.

Wenn ich bete, bete ich als Mensch, nicht als Frau, ich stehe neben einem anderen Menschen – einem Mann – und bete mit ihm, gleichwertig vor Gott, einem Gott ohne Geschlecht.

DANKSAGUNG

Ich bedanke mich beim Ullstein Verlag für die Realisierung dieses Buchprojektes. Es ist aber nicht nur das Buch, dessen Entstehung der Verlag vorangetrieben hat, sondern indirekt auch die Moscheegründung. Wenn ich beim Schreiben nicht gezwungen gewesen wäre, mich sehr konkret und sehr intensiv mit meinem Vorhaben zu beschäftigen, wäre die Moschee 2017 noch nicht eröffnet worden. Das möchte ich hier ausdrücklich betonen. Durch die Festlegung eines Veröffentlichungstermins wurden die beiden Projekte plötzlich so miteinander verbunden, dass acht Jahren Beschäftigung mit der Idee einer liberalen Moschee endlich Taten folgten. Während ich schrieb, konnte ich mich gleichzeitig sehr viel mehr als zuvor auf die für die Gründung notwendigen Schritte konzentrieren. Der Ullstein Verlag hat so gesehen einen wichtigen Impuls für die Moscheegründung gegeben. Tausend Dank dafür.

Dieses Buch sollte eigentlich schon Anfang 2017 fertig werden, doch der Putschversuch in der Türkei brachte meine gesamten Planungen durcheinander. Vielen Dank, dass mir deshalb etwas mehr Zeit eingeräumt wurde.

Meiner Lektorin Claudia Schlottmann gebührt ebenfalls mein ganz besonderer Dank. Wir hatten schon zuvor zusammengearbeitet, doch dieses Thema war für uns beide eine besonders große Herausforderung. Die Struktur in meinem Kopf musste sich immer wieder neu sortieren und ordnen. Ich selbst bin mit diesem Buch gewachsen und hoffe, an diesem Thema noch weiter zu wachsen. Manches ist auf dem Weg liegengeblieben, von manchem Gedankengang musste ich mich ohne Gram verabschieden. Claudia Schlottmann war bei diesem Prozess eine ausgenommen kluge, sortierte und kritische Fragestellerin. Ich danke ihr für ihre Geduld in Zeiten, in denen es aufgrund des Durcheinanders in meinem beruflichen und privaten Leben immer wieder zu Verzögerungen kam. Die gemeinsamen Gespräche halfen mir, meine Gedanken zu strukturieren. Claudia Schlottmann hat diesem Buch den Schliff gegeben, so dass es verständlich und gut lesbar ist. Sie ist eine Meisterin ihres Handwerks. Tausend Dank für die sehr gute Zusammenarbeit.

Ich danke den vielen Menschen, die mir bereitwillig Interviews gegeben haben. Wenn diese Gespräche auch nicht direkt sichtbar sind, ihr Inhalt und ihr Spirit sind in dieses Buch eingeflossen.

Danke an all diejenigen, die eigene Texte zu diesem Buch beigesteuert haben. Eure Beiträge sind eine große Bereicherung.

Danke an alle, die jetzt an der Eröffnung der Moschee mitwirken und ihr dadurch Leben einhauchen.

Meiner bezaubernden und klugen Tochter danke ich für ihre Nachsicht und Geduld, wenn ich in den letzten zwei Jahren manchmal noch weniger Zeit für sie hatte als zuvor. Sie versteht, dass ich mit der Moscheegründung ein besonderes Projekt realisiere und gemeinsam mit anderen versuche, etwas Gutes für die Gesellschaft zu tun, was am Ende allen, auch ihr, zugutekommen wird. Danke, meine Perle!

Vielen Dank an meinen Bruder, den Malermeister Cemal Ateş, und den »Arbeitskreis Werkkunst Zitadelle Spandau«, eine ausgesprochen sympathische Truppe von »Künstlern« im Handwerk. Sie haben unseren Raum gestrichen und malerisch gestaltet.

Vielen Dank an meinen Bruder Ahmet Ateş, der die Waschräume und Toiletten hergerichtet hat, von Anfang an dabei war und an die Idee geglaubt hat.

Mein besonderer Dank gilt auch meiner Schwester Serpil Saraç, die immer an meine Idee geglaubt und mich bestärkt hat, sowie meinem Neffen Tugay, der 2009 als Elfjähriger beim ersten Treffen dabei war und jetzt als Neunzehnjähriger Gemeindemitglied geworden ist, um sich um die Belange der jungen Menschen zu kümmern.

Vielen Dank an meine Mama, die mir das Beten beigebracht und regelmäßig mit mir den Koran geübt und gebetet hat. Danke, Mama, dass Du bereit warst, zur Eröffnung der Moschee nach Berlin zu kommen. Danke für Deine Liebe und Toleranz und dass Du dazu beigetragen hast, mir die Freude an meiner Religion zu erhalten.

Danke, Herr Minister Schäuble, dass Sie immer wieder betont haben, dass sich die liberalen Muslime organisieren müssen.

PRÄAMBEL DER
IBN RUSHD-GOETHE MOSCHEE
GGMBH

Im Namen des barmherzigen und gnädigen Gottes, der den Menschen in seiner Vielfalt geschaffen hat, soll die Gesellschaft dazu beitragen, das Zusammenleben von Menschen islamischen Glaubens in Deutschland nach den Regeln der Allgemeinen Erklärung der Menschenrechte der Vereinten Nationen und des Grundgesetzes für die Bundesrepublik Deutschland zu gestalten. Dabei sollen nicht nur Männer und Frauen, sondern auch die verschiedenen Richtungen des Islam, wie Sunniten, Schiiten, Aleviten und andere Ausrichtungen des Islam, sowie Menschen aller sexuellen Orientierungen und Identitäten in allen Beziehungen vollkommen gleichberechtigt sein.

Religiöse Grundlage des Vereins ist ein säkularer, liberaler Islam, der weltliche und religiöse Macht (*din wa daula*) voneinander trennt und sich um eine zeitgemäße und geschlechtergerechte Auslegung des Koran und der Hadithen bemüht.

Die Gesellschaft sieht sich darin in der Tradition historischer Vordenker eines liberalen, aufgeklärten Islam wie Rumi (Mevlana) und Ibn Rushd. Deren Lehren basieren auf der Liebe als der Hauptkraft des Universums, aber auch auf Vernunft und Eigenverantwortung. Folgender Vers wird Rumi zugeschrieben:

»Komm! Komm! Wer du auch bist!

Wenn du auch Götzendiener oder Feueranbeter bist.

Komm wieder! Dies ist die Tür der Hoffnung nicht der Hoffnungslosigkeit.

Auch wenn du Tausendmal dein Versprechen gebrochen hast.

Komm! Komm wieder!«

Ferner stammen von ihm 7 Ratschläge, denen wir uns verpflichtet fühlen. Sie lauten:

1. Sei großzügig und hilfsbereit wie ein Fluss.
2. Sei mitleidig und barmherzig wie die Sonne.
3. Sei wie die Nacht beim Bedecken der Fehler anderer.
4. Sei wie ein Toter bei Wut und Erregung.
5. Sei bescheiden und schlicht wie die Erde.
6. Sei wie das Meer vergebend und nachsichtig.
7. Entweder zeig dich, wie du bist, oder sei so, wie du dich zeigst.

Darüber hinaus soll den Lehren von Gläubigen, Sufis und anderen islamischen Gelehrten, die sich für Toleranz und Frieden unter Andersdenkenden eingesetzt haben, eine Plattform geschaffen werden.

Namhafte islamische Gelehrte standen mit ihrem Leben und ihrem Wirken für den Brückenschlag zwischen Islam und Aufklärung, bemühten sich stets um Toleranz und Weltfrieden. Nicht zu vergessen der großartige Johann Wolfgang von Goethe. Ein Dichter und Denker, der im Islam die Liebe zur Natur und Gott in der Natur entdeckte.

Gerade in diesen Zeiten des 21. Jahrhunderts, in denen der Islam immer mehr nur mit Terror in Verbindung gebracht wird, sehen wir es als unsere Aufgabe an, aufzuzeigen, dass der Islam selbstverständlich mit Demokratie vereinbar ist.

Uns ist es ein besonderes Anliegen, unsere Kinder zu toleranten und offenen Menschen zu erziehen, die anderen Menschen mit Liebe, Neugier und Verständnis begegnen. In diesem Sinne soll unsere Moschee ein Ort der Vielfalt sein, wo Liebe und der Glaube an den liebenden und barmherzigen Gott uns vereint.

Selbstverständlich stehen unsere Türen auch denen offen, die sich zum Monotheismus (Judentum und Christentum) bekennen, denen, die an andere Götter glauben, und auch denen, die an keinen Gott glauben, um mit uns in den Dialog zu treten. Der Glaube an Gott, der alles erschaffen hat, schließt das unserer Ansicht nach mit ein.

§ 1 Name und Sitz
Der Name der Gesellschaft lautet:
Ibn Rushd-Goethe Moschee gGmbH.
Die Gesellschaft hat ihren Sitz in Berlin.

LITERATUR

Abdel-Aziz, Mohamed: *Gebete im Islam. Wie beten die Muslime?* Zürich 2013

Abdel-Samad, Hamed: *Der islamische Faschismus. Eine Analyse.* München 2014

ders.: *Der Koran. Botschaft der Liebe, Botschaft des Hasses.* München 2016

Al-Buhari: *Die Sammlung der Hadithe.* Ausgewählt, aus dem Arab. übers. und hrsg. von Dieter Ferchl, Stuttgart 1991

al-Daghistani, Raid: *Muhammad al-Gazali. Erkenntnislehre und Lebensweg.* Freiburg im Breisgau 2014

al-Ghazali, Abu Hamid Muhammad: *Das Buch der Ehe.* Übersetzt und kommentiert von Hans Bauer, Lympia/Nikosia, Zypern 2016

al-Jabri, Mohammed Abed: *Kritik der arabischen Vernunft. Die Einführung.* Aus dem Frz. von Vincent von Wroblewsky und Sarah Dornhof, Berlin 2009

al-Khalili, Jim: *Im Haus der Weisheit. Die arabischen Wissenschaften als Fundament unserer Kultur.* Aus dem Engl. von Sebastian Vogel, Frankfurt am Main 2013

al-Nawawi, Yahya Ibn Sharaf: *Das Buch der vierzig Hadithe.* Aus dem Arab. übers. und hrsg. von Marco Schöller, Frankfurt am Main 2007

Aslan, Reza: *Kein Gott außer Gott. Der Glaube der Muslime von Muhammad bis zur Gegenwart.* Dt. von Rita Seuß, München 2006

Averroes (d. i. Ibn Rushd): *Die entscheidende Abhandlung. Die Untersuchung über die Methoden der Beweise.* Aus dem Arab. übers. und hrsg. von Patric O. Schaerer, Stuttgart 2010

Bardakoğlu, Ali: *Religion und Gesellschaft. Neue Perspektiven aus der Türkei.* Köln 2008

Ben-Mhenni, Lina: *Vernetzt Euch!* Aus dem Frz. von Patricia Klobusiczky, Berlin 2011

Bering, Dietz: *War Luther Antisemit? Das deutsch-jüdische Verhältnis als Tragödie der Nähe.* Berlin 2014

Boutayeb, Rachid/Roes Michael: *Der eifersüchtige Gott. Ein Gespräch.* Aschaffenburg 2013

Burmester, Silke: *Beruhigt euch!* Köln 2012

Dalai Lama: *Der Appell des Dalai Lama an die Welt. Ethik ist wichtiger als Religion.* Mit Franz Alt, Wals bei Salzburg 2016

Decker, Doris: *Frauen als Trägerinnen religiösen Wissens. Konzeptionen von Frauenbildern in frühislamischen Überlieferungen bis zum 9. Jahrhundert.* Stuttgart 2013

Goethe, Johann Wolfgang von: *West-östlicher Divan.* München 2006

ders.: *Dichtung und Wahrheit.* München 2012

Groß, Markus/Ohlig, Karl-Heinz (Hg.): *Vom Koran zum Islam. Schriften zur frühen Islamgeschichte und zum Koran.* Berlin 2009

Habermas, Jürgen: *Zwischen Naturalismus und Religion. Philosophische Aufsätze.* Frankfurt am Main 2005

Hafis: *Gedichte aus dem Diwan.* Stuttgart 2015

Hessel, Stéphane: *Empört euch!* Aus dem Frz. von Michael Kogon, Berlin 2010

ders.: *Engagiert euch!* Im Gespräch mit Gilles Vanderpooten. Aus dem Frz. von Michael Kogon, Berlin 2011

Hirsi Ali, Ayaan: *Reformiert euch! Warum der Islam sich ändern muss.* Aus dem Engl. von Michael Bayer, München 2015

Huntington, Samuel P.: *Kampf der Kulturen. Die Neugestal-*

tung der Weltpolitik im 21. Jahrhundert. Aus dem Amerikan. von Holger Fliessbach, München 2002

Ibn al-Djauzi, Abu l-Faradj: *Das Buch der Weisungen für Frauen.* Aus dem Arab. übers. und hrsg. von Hannelies Koloska, Frankfurt am Main und Leipzig 2009

Ibn Arabi, Muhyiddin: *Abhandlung über die Liebe.* Aus dem Frz. ins Dt. übers. und mit zusätzlichen Anm. versehen von Wolfgang Herrmann, Zürich 2009 (das Original erschien 1238 in Damaskus)

Ibn Ishaq, Muhammad: *Das Leben des Propheten.* Aus dem Arab. von Gernot Rotter, Kandern im Schwarzwald 2014

Ibn Rushd, Muhammad Ibn Ahmad: *Maßgebliche Abhandlung.* Aus dem Arab. übers. und hrsg. von Frank Griffel, Berlin 2010

Ibn Saad: *At-tabqat al-kubra.* Beirut 1980

Irving, Washington: *Erzählungen von der Alhambra.* Köln 2017

Karakoyun, Ercan: *Die Gülen-Bewegung. Was sie ist, was sie will.* Freiburg 2017

Keller-Messahli, Saïda: *Islamistische Drehscheibe Schweiz. Ein Blick hinter die Kulissen der Moscheen.* Erscheint 2017

Khorchide, Mouhanad: *Islam ist Barmherzigkeit. Grundzüge einer modernen Religion.* Freiburg im Breisgau 2015

ders.: *Scharia – der missverstandene Gott. Der Weg zu einer modernen islamischen Ethik.* Freiburg im Breisgau 2016

Khoury, Adel Theodor u. a. (Hg.): *Krieg und Gewalt in den Weltreligionen. Fakten und Hintergründe.* Freiburg im Breisgau 2003

Der Koran. Aus dem Arab. von Max Henning. Einleitung und Anmerkungen von Annemarie Schimmel, Stuttgart 1991

Der Koran. Übers. von Adel Theodor Khoury unter Mitwirkung von Muhammad Salim Abdullah, Gütersloh 2011 (5. Aufl.)

Der Koran. Erschlossen und kommentiert von Adel Theodor Khoury, Düsseldorf 2005

Der Koran. Übers. und kommentiert von Adel Theodor Khoury, Gütersloh 2007

Der Koran. Übersetzung von Rudi Paret, Stuttgart 2007

Der Koran. Vollständige Übersetzung mit umfangreichem Kommentar von Ali Ünal, Frankfurt am Main 2015

Krämer, Gudrun: Geschichte des Islam. München 2017

Krüger, Karen: Eine Reise durch das islamische Deutschland. Berlin 2016

Lahbabi, Mohamed Aziz: Der Mensch: Zeuge Gottes. Entwurf einer islamischen Anthropologie. Ausgewählt, übers. und kommentiert von Marcus Gneer, Freiburg im Breisgau 2011

Lessing, Gotthold Ephraim: Nathan der Weise. Dramatisches Gedicht in fünf Aufzügen. Stuttgart 2000

Lings, Martin: Muhammad. Sein Leben nach den frühesten Quellen. Kandern im Schwarzwald 2015

Loth, Otto: Das Classenbuch Des Ibn Sa'd. Einleitende Untersuchungen über Authentie und Inhalt nach den handschriftlichen Überresten. Leipzig 1869

Luxemburg, Christoph: Die syro-aramäische Lesart des Koran: Ein Beitrag zur Entschlüsselung der Koransprache. Berlin 2000

Manea, Elham: Women and Shari'a Law. London/New York 2016

dies.: Ich will nicht mehr schweigen: Der Islam, der Westen und die Menschenrechte. Dt. von Maria Buchwald, Freiburg 2009

Mommsen, Katharina: Goethe und der Islam. Frankfurt am Main/Leipzig 2001 dies.: *Goethe und 1001 Nacht.* Berlin 1981

Nagorni, Klaus (Hg.): *Religion und Eros. Erotik und Sexualität in Judentum, Christentum und Islam.* Karlsruhe 2007

Öztürk, Yaşar Nuri: *Der verfälschte Islam.* Aus dem Türk. von Nevfel Cumart, Düsseldorf 2007

Şahinöz, Cemil: *Das Gebetsbuch. Handbuch zum islamischen Gebet.* Istanbul 2011

Sandkühler, Bruno: *Begegnung mit dem Islam. Lebensformen und Perspektiven einer Religion.* Stuttgart 2005

Schimmel, Annemarie (Hg.): *Nimm eine Rose und nenne sie Lieder. Poesie der islamischen Völker.* Aus dem Arab. und Pers. übers. und hrsg. von Annemarie Schimmel, Frankfurt am Main 2004

Schirach, Ferdinand von: *Terror. Ein Theaterstück und eine Rede.* München 2016

Schmitz, Dominic Musa: *Ich war ein Salafist. Meine Zeit in der islamistischen Parallelwelt.* Berlin 2016

Schreiber, Constantin: *Inside Islam. Was in Deutschlands Moscheen gepredigt wird.* Berlin 2017

Staguhn, Gerhard: *Gott und die Götter. Die Geschichte der großen Religionen.* München 2006

Strohmaier, Gotthard: *Avicenna.* München 2006

Yousafzai, Malala (mit Patricia McCormick): *Malala. Meine Geschichte.* Aus d. Engl. von Maren Illinger, Frankfurt am Main 2014

Zietelmann, Arnulf: *Die Weltreligionen.* Bundeszentrale für politische Bildung (Hg.), Bonn 2002

Žižek, Slavoj: *Blasphemische Gedanken. Islam und Moderne.* Aus dem Engl. von Michael Adrian, Berlin 2015

ders.: *Der neue Klassenkampf. Die wahren Gründe für Flucht und Terror.* Aus dem Engl. von Regina Schneider, Berlin 2015